KB140009

환태평양시대 중국소비론

환태평양시대 중국소비론

이중희
김경환
김성자 지음

이 저서는 2016년 정부(교육부)의 재원으로 한국연구재단 대학인문역량강화사업(CORE)의 지원을 받아 수행된 저서임

머리말

    환태평양지역은 21세기 세계 경제의 핵심지역으로 부상하였다. 세계경제의 중심축이 환태평양지역, 특히 미국과 중국을 중심으로 재편되고 있는 것이다. 그 가운데 중국의 변화가 우리에게 큰 영향을 미치고 있다. 1992년 한·중 수교 이후 우리나라와 중국과의 관계는 과거 수천 년에 걸친 양국의 우의(友誼)가 급물살을 타게 되었다. 중국은 우리나라 제1의 무역대상국으로 자리 잡았고 그에 따른 인적교류도 왕성해 졌다. 특히 2000년대 들어 한류열풍으로 우리나라의 다양한 문화콘텐츠가 중국으로 유입되었다. 중국경제가 빠르게 발전하는 동안 중국인들의 소득과 소비수준 또한 향상되었다. 그에 따라 중국인의 소비력은 세계 소비시장을 이끄는 동력이 되고 있다. 2013년 기준 중국인이 중국과 해외에서 구매한 명품구매 총액은 1,020억 달러로 전 세계 판매액의 47%에 달했다. 중국 소비에 관해 연구해 오던 집필진은 아직 한국에 최근 중국소비의 변화에 관한 책이 출판되지 않았음을 알고 『환태평양시대 중국소비론』을 기획하게 되었다. 그간 연구해 온 결과물들을 편집하고 중국소비의 최신 자료들을 정리하여 독자들로 하여금 중국의 소비구조 변화와 중국인들의 소비추세를 한 눈에 이해할 수 있도록 하였다.

이 책은 이중희, 김경환, 김성자의 공동 작업으로 집필되었다. 제1부는 중국소비시장의 개황에 대해 다루었다. 1978년 세계에서 빈곤국가 중 하나였던 중국은 현재 미국과 어깨를 나란히 하는 국가로 발전하였다. 전 세계는 미국과 중국을 G2 혹은 차이메리카라 부르며, 중국이 미국을 제치고 세계 경제의 1위로 도약할 날이 머지않았다고 보고 있다. 지금의 눈부신 경제발전을 처음 이끈 사람은 덩샤오핑(邓小平)이다. 덩샤오핑은 기존의 중공업발전전략을 포기하고 대외에 중국시장을 개방하고 노동을 중심으로 한 경제발전전략을 채택하였다. 그 결과 중국은 경제 전 분야에서 놀라운 발전을 이룩하였다. 중국의 경제적 위상은 아시아뿐만 아니라 전 세계에 영향을 미치고 있다. 2016년 중국의 구매력평가 기준으로 GDP는 이미 미국을 추월하였고 1인당 GDP는 1만 6,000달러를 초과함으로써 소비가 경제발전을 이끄는 단계에 도달했다. 특히 선진국형 소비행태가 나타나는 1인당 GDP 2만 달러를 초과하는 성(省)이 8개에 달하며 대부분의 1-2선 도시도 2만 달러가 넘는다. 이미 소비는 중국 경제발전의 핵심적인 성장동력(新引擎)이 되었다.

제2부은 크게 세 개의 장으로 구성되어있다. 첫 번째 장에서는 1985년부터 2015년 사이에 도시 소비 추세를 살펴보았다. 먼저 7개의 소비 항목의 추세를 살펴본 후, 생존형(의식주)·발전형·향유형 소비로 나누어 각각의 추세와 증감 요인을 살펴본다. 1985년부터 2015년 사이 발전형 소비의 증가 비율이 가장 높았으며, 생존형 소비의 증가 비율이 가장 낮았다. 두 번째 장에서는 7개의 소비 항목

가운데 한 항목의 사례를 집중적으로 분석하여 보았다. 여기서는 식품소비를 사례로 택하였다. 1985년부터 2014년 사이에 도시 주민의 식품 소비의 추세는 다원화의 특성을 보였다. 세 번째 장에서는 소비 양극화의 실태를 살펴 본 후, 소비 양극화의 요인을 검토하였다. 세계 금융 위기 이전부터 중국에서 소비 양극화 현상이 존재하였고, 세계 금융 위기 이후에는 소비 양극화 추세가 선진국이나 다른 신흥국가에 비해서 더욱 뚜렷하였다.

제3부는 크게 네 개의 장으로 구성되었다. 3부에서는 중국 최대 소비도시 중 하나인 베이징시의 소비구조 변화와 교통·통신비의 소비구조 변화, 소득계층별 문화소비추세 및 문화소비의 소비행위 변화에 대해 다루었다. 첫 번째 장에서는 베이징 도시주민의 소비구조가 생계를 위한 필수소비 위주에서 삶의 질을 중시하는 향유형 소비위주로 빠르게 전환하였다. 전체적인 소비구조를 살펴보면 주거비를 제외한 생존형 소비항목의 지출비중은 감소하는 추세이고, 발전형·향유형 소비항목의 지출비중은 정도의 차이는 있지만 증가하는 추세이다.

두 번째 장에서는 베이징시 교통·통신비의 소비구조 변화를 살펴보았다. 이 글은 2014년도에 작성된 글로 통계자료를 업데이트 하지 않았다. 2012년도까지의 데이터를 통해 분석한 예측을 현재 중국인의 소비와 비교해 보고자 함이다. 베이징 도시주민의 소득과 소비수준이 향상되고 2009년부터 시행되었던 교통·통신과 관련된 소비촉진정책의 실시로 해당분야의 소비가 급격하게 증가하였다. '이러한 추세는 향후 중국의 교통·통신 분야의 빠른 발전으로 이어질 것이다.' 또 '인터넷의 발전으로 전자상거래 규모도 급증할 것이다.'

'인터넷과 스마트폰을 통해 소비하는 소비자의 규모가 급증 할 것이다.'라고 예측하였다. 2012년부터 5년이 흐른 지금 중국인의 교통·통신 분야의 소비는 상상을 초월할 정도의 발전과 변화를 보여주고 있다. 이에 대한 상세한 내용은 제4부를 통해 알 수 있다.

세 번째 장에서는 베이징시 소득계층별 문화소비추세를 분석하였다. 이 글은 중국의 지역 간 격차가 존재하듯 한 지역 내 소득계층 간 격차가 뚜렷함으로 소득계층별 소비연구의 필요성을 국내에서 처음으로 제시한 글이다. 이 글 역시 2014년도에 작성된 글로 통계자료를 업데이트 하지 않았다. 당시의 베이징시 문화소비와 네 번째 장에서 설명할 현재의 베이징시 문화소비의 현황과 비교해 보고자 함이다. 이 글에서는 고소득계층일수록 문화소비 중 해외여행소비가 급증하고 있는데 중국정부의 아웃바운드 관광정책 발전, 주 5일 근무제 도입과 유급휴가제에 따른 여가시간 확대는 베이징시 주민의 해외여행소비 증가의 중요한 요인으로 작용하였다.

네 번째 장에서는 베이징 도시주민의 문화소비에 대한 소비행위 변화를 분석하였다. 이 글은 통계데이터 상으로는 밝힐 수 없는 중국인들의 문화소비의 현황과 특징을 도출하고자 베이징시 주민을 대상으로 심층면담을 실시하여 작성되었다. 분석결과 2008년 베이징 올림픽을 기점으로 문화소비구조의 변화가 시작되었다. 특히 문화오락서비스비에 대한 지출비중이 급격하게 증가하였다. 또 여행소비가 급증하였는데 국내여행에만 국한된 것이 아니라 최근 몇 년 사이 해외여행소비가 활발하게 이루어지고 있다. 아울러 문화소비욕구가 증가하였다. 특히 여행소비에 대한 소비의욕이 강했다. 심층면담 결과 향후 소득이 증가한다면 문화소비 중 여행소비에 가장 많이 지출할 것이라고 답하여 여행소비에 대한 소비욕구가 강한 것으로 드러났다. 세 번째 장에서 고소득계층일수록 해외여행소비가 급증한 것으로 나타났으나 네 번째 장에서는 불과 몇 년이 지나지 않아 전 소득계층에서 해외여행을 즐기고 있는 것으로 나타났다. 그러나 교육소비에 있어서는 소득계층 간 격차가 크다.

제4부는 크게 네 개의 장으로 구성되었다. 4부는 중국의 모바일소비에 대해 다루었다. 중국의 소비혁명은 바로 모바일에서 폭발적으로 일어나고 있다. 2017년 7월 기준 중국의 모바일네티즌은 7억 5,000만 명으로 인터넷네티즌의 96.3%가 모바일네티즌이다. 수요의 측면에서 보면 모바일네티즌의 증가가 모바일소비를 이끌고 있는 것이다. 공급의 측면에서 보면 공유경제, 왕훙경제, O2O마케팅, 신소매 등이 모바일을 통해 풍부한 콘텐츠를 제공하고 있다. 4부에서는 이러한 모바일소비의 현황을 파악하고 구조를 분석하고자 하였다. 아울러 4부에서는 다양한 사진 자료와 도표를 통하여 독자들이 중국 모바일소비에 대한 쉬운 이해를 돕고자 하였다.

첫 번째 장에서는 모바일소비 규모와 현황을 살펴보았다. 중국의 모바일 소비시장은 2011-2015년 기간 동안 연평균 100% 이상 증가하여 2조 1,000억 위안(한화 355.4조 원)이 되었고 2019년이면 5조 5,000억 위안(한화 930.8조원)으로 증가할 전망이다. 모바일소비가 성장하는 배경은 모바일결제시장의 발전과 관련이 크다. 모바일결제시장의 발전은 IT기술의 발전, 스마트폰의 보급 확대, QR코드의 사용 등이 주요 원인이다. 중국은 이미 현금 없는 사회로 진입하고 있다. 현금을 소지하고 다니는 인구도 빠르게 감소하고 있으며 큰 백화점에서 거리의 노점상까지 어디서나 QR코드로 결제가 가능하다.

두 번째 장에서는 공유경제의 발전배경과 현황을 살펴보았다. 공유경제의 발전배경은 공유플랫폼의 발전과 유휴자원의 이용 증가이다. 공유경제는 숙박, 자동차, 자전거, 지식콘텐츠, 의료 등 다양한 업종으로 확대되고 있다.

세 번째 장에서는 중국판 파워블로거인 왕홍과 왕홍경제의 개념과 발전과정을 살펴보았다. 모바일 기기와 인터넷이 발전하면서 1인 미디어가 발전하였고 그 가운데 실시간동영상을 통해 제품을 소개하고 직접 유저와 소통하는 왕홍경제가 주요 마케팅 수단이 되고 있다, 특히 왕홍이 기업과 연계되면서 영향력이 더욱 증가하고 있다.

네 번째 장에서는 O2O서비스와 신소매의 개념과 발전을 살펴보았다. 알리바바의 마윈회장은 미래 온라인-오프라인-물류가 결합된 신소매가 소매시장을 장악할 것이라고 주장하였다. 신소매의 가장 큰 장점은 비용절감과 고객의 체험이다. 이를 통해 정적으로 고객이 제품을 구매하게 하는 것이 아니라 동적으로 제품을 구매하게 만드는 것이 미래 신소매이다. 중국은 모바일을 통한 경제 규모가 폭발적으로 성장하고 있다. 빅데이터, AI 등과 연결된 모바일소비는 이후 중국경제의 핵심적인 성장 동력이 될 것이다.

끝으로 저자들의 졸고가 출판 될 수 있도록 도움을 주신 코어사업단에 깊은 감사의 마음을 전한다. 집필진은 좋은 책이 되도록 노력하였으나 중국소비에 관한 세세한 부분까지 담지 못하여 부족한 부분이 많다. 앞으로 중국소비에 관해 지속적인 연구를 통하여 부족한 부분들을 채워 나가도록 할 것이다. 부디 독자들이 이 책을 통해 중국의 소비사회와 소비변화를 이해하는데 도움이 되기를 바래본다.

2017년 8월

저자 이중희·김경환·김성자

목 차

제1부 　　　　　　　　　　　　　　김경환

제2부   이중희

제3부   김성자 · 이중희

제4부   김경환

제 1 부

제1장 환태평양시대 중국 소비의 발전

1. 환태평양시대 중국경제의 발전과정

(1) 환태평양시대의 도래

2차 세계대전 이후 환태평양지역은 급속한 경제성장을 이루었다. 환태평양은 태평양에 닿아있는 국가들을 가리키는데 남북아메리카, 캄차카반도, 일본열도, 필리핀제도와 뉴기니를 거쳐 뉴질랜드에 이르는 지역을 말한다. 19세기 이후 북미지역의 발전과 1950년대 이후 일본의 고도성장, 1970년대 이후 한국을 비롯한 타이완, 홍콩 등의 발전, 그 이후 아세안 국가의 발전은 세계경제의 중심을 환태평양으로 이동시켰다. 특히 1978년 중국이 개혁개방을 시행함으로써

<그림 1-1> 환태평양지역 주요 국가의 GDP 비교(2016)

단위: 억 달러

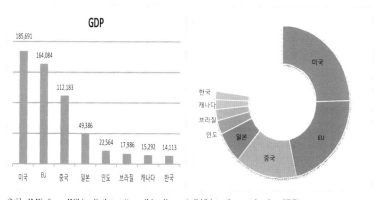

출처: IMF from Wikipedia(https://en.wikipedia.org/wiki/List_of_countries_by_GDP).

환태평양지역은 세계경제 발전을 이끄는 핵심지역이 되었다(이종호, 1992: 38). 20세기를 지나 21세기에 접어들면서 환태평양시대가 전 세계 경제의 핵심지역으로 부상한 것이다.

환태평양지역이 세계에서 차지하는 비중도 증가하였다. <그림 1-1>을 보면, 미국 24.7%, 중국 14.9%, 일본 6.6%, 캐나다 2.0%, 한국 1.9% 등으로, 환태평양지역이 전 세계 GDP의 50%를 넘는다.

21세기 환태평양지역이 세계경제의 핵심지역이 된 것은 메가FTA의[1] 상황을 통해서도 확인할 수 있다. <그림 1-2>는 환태평양지역을 중심으로 추진되고 있는 메가 FTA인 TPP(환태평양경제동반자협정)와 RCEP(역내포괄적경제동반자협정)의 주요 참여 국가이다.

<그림 1-2> 환태평양지역 TPP와 RCEP 참여국 현황

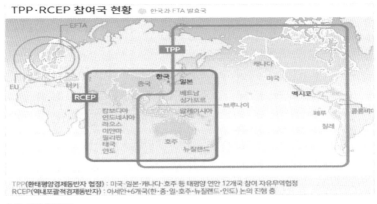

출처: 김현우(2016).

TPP는 미국과 일본을 중심으로 추진되고 있는 환태평양지역의 메가FTA다. 주요 참가국은 미국과 일본을 포함하여 캐나다, 멕시코,

---

1) 메가FTA란 다수의 협상국이 참여하는 무역자유화협정을 말한다.

페루 등 환태평양에 접한 아메리카 국가와 베트남, 싱가포르, 말레이시아 등 아시아의 환태평양연안국가와 호주, 뉴질랜드의 오세아니아지역 등 12개국이다. 비록 미국의 트럼프대통령 취임이후 TPP의 탈퇴를 선언하였음에도 일본을 중심으로 계속해서 추진되고 있다(조은아, 2017.5.22). RCEP는 중국을 중심으로 한국, 일본 등 동북아시아지역과 베트남, 필리핀 등 ASEAN국가와 호주, 뉴질랜드 등 환태평양지역 국가와 주변 아시아지역 16개국이 참여하고 있다. 21세기 추진되고 있는 주요 메가FTA가 환태평양지역을 중심으로 추진되고 있는 것이다.

21세기 환태평양지역이 세계경제의 중심지로 인식되는 원인은 전세계 GDP의 1위와 2위인 미국과 중국이 환태평양지역에 위치해 있다는 점이다. 세계경제의 패권을 놓고 자웅을 겨루는 두 나라가 이지역에 위치해 있는 것이다. 1978년 세계에서 빈곤국가의 하나였던 중국은 21세기 들어 미국과 어깨를 나란히 하는 국가로 발전하였다. 전 세계는 미국과 중국을 G2 혹은 차이메리카라 부르며[2] 중국이 미국을 제치고 세계 경제의 1위로 도약할 날이 멀지 않다고 보고 있다. 세계경제의 중심축이 환태평양지역, 특히 미국과 중국을 중심으로 재편되고 있는 것이다.

---

2) G2(Group of 2)는 미국과 중국을 일컫는 말로, 2006년 블룸버그 통신의 저명 칼럼니스트 윌리엄 페섹이 앞으로 세계경제는 G2가 주도할 것"이라며 처음 사용했다. 2008년 서브프라임 사태로 인한 글로벌 경제위기 속에서 중국의 경제적 위상이 급부상하면서 G2라는 용어의 사용이 급증하고 있다. 로버트 졸릭 세계은행 총재는 2009년 3월 "세계경제가 회복하려면 미국과 중국이라는 두 개의 엔진이 주요 20개국(G20) 경제를 끌고 가야 한다"며 중국의 역할을 강조하기도 했다. 차이메리카(Chimerica)는 중국(China)과 미국(America)의 합성어이다. 니얼 퍼거슨 하버드대 교수와 모리츠슐라리크 독일 베를린자유대 교수가 2007년 12월 국제경제정책 학술지 '국제금융'에 게재한 글에서 사용한 신조어로, 미국과 중국의 경제적 상호의존 상태를 뜻한다. 이들은 '차이메리카와 글로벌 자산 시장 붐'이라는 기고에서 전 세계 육지면적의 13%, 인구의 4분의 1, 국내총생산(GDP)의 3분의 1을 차지하는 중·미 양국의 경제적 공생관계가 21세기 초입 세계 경제 활황을 이끌었다고 분석했다(네이버 지식백과사전).

(2) 중국경제의 발전과정

중국의 경제발전을 이끈 사람은 덩샤오핑(邓小平)이다. 덩샤오핑은 기존의 중공업발전전략을 포기하고 대외에 중국시장을 개방하고 노동을 중심으로 한 경제발전전략을 채택하였다. 덩샤오핑은 시장이라는 것은 자본주의뿐만 아니라 사회주의국가에서도 경제를 발전시키기 위해 필요하다고 역설하고 이를 전 사회분야에 적극적으로 수용하였다.

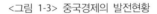

<그림 1-3> 중국경제의 발전현황

출처: https://image.baidu.com

덩샤오핑식 경제발전의 핵심은 소강사회(小康社会)의 건설이다. 소강사회란 경제적인 개념이며 사회적인 개념이기도 하다. 소강사회란 국민 모두가 잘사는 사회란 뜻이다. 소강사회란 용어는 시경 대야 민로편(诗・大雅・民劳)에 "백성들이 고생스러우니 그들이 유복하게 생활할 수 있도록 힘써야한다(民亦劳止, 汔可小康)"에 처음 등장하였다. 즉 소강사회란 단순히 국민 모두가 빈곤한 상태를 벗어나 잘사는 선진국 수준의 사회를 말한다. 덩샤오핑은 1979년 12월 6일 중국을 방문한 일본수상인 오하라 마사요시(大平正芳)을 접견할 때 소강사회란 용어를 공식적으로 제시하였다(百度百科).

이를 실현하기 위해 덩샤오핑이 제시한 발전전략이 3단계 발전전략(三步走)이다. 3단계 발전전략은 세 단계의 발전과정을 거쳐 중국 국민 모두가 잘사는 수준에 이르게 하는 것이다.

<그림 1-4> 중국의 3단계 발전전략

출처: https://baike.baidu.com(검색일: 2017.8.1).

첫 번째 단계가 1981년부터 1990년에 GDP를 1980년의 2배 수준으로 증가시켜 국민의 기본적인 의식주를 해결하는 것이 목표였다(百度百科). 1980년의 GDP인 4,587.6억 위안으로 계산하면 1986년 1조 376.2억 위안으로 6년 만에 달성되었다. 두 번째 단계는 1990년부터 2000년에 GDP를 1990년의 2배 수준으로 증가시켜 국민이 초보적으로 소비를 향유하는 소강사회에 도달하는 것이 목표였다. 1980년의 수치를 근거로 계산하면 1990년 1조 8,872.9억 위안으로 이미 1990년에 목표를 달성하였다. 세 번째 단계는 2000년대 중반 GDP를 2000년의 4배로 증가시켜 중등국가 수준에 도달하는 것이다. 이 단계에 도달하면 중국 국민 모두가 문화, 여가생활 등을 즐기며 부유한 생활을 향유할 수 있게 하는 것이 목표였다. 1980

년을 기준으로 계산하면 2010년 41조 3,030.3억 위안으로 덩샤오핑이 계획한 3단계 발전전략은 기본적으로 달성되었다. 그러나 중국경제는 양적으로는 덩샤오핑의 계획을 초과하여 이미 세 번째 단계에 도달하였으나 빈부격차 확대, 환경문제, 수출주도형 경제발전의 한계 등 다양한 문제에 직면해 있다.

이러한 문제에 대한 해법으로 등장한 것이 전면적인 소강사회(全面小康社会)의 건설이다. 전면적인 소강사회는 2012년 중국공산당 제18차 당대표대회 보고 시에 등장한 용어로 2020년까지 일인당 GDP를 2000년의 4배 수준으로 증가시키는 것이다. 2000년 중국의 일인당 GDP인 7,942위안(당시 환율)946달러로 계산하면 2010년 30,876위안(당시 환율 4,382달러)으로 목표치를 초과하였다(中为咨询, 2016.8.15.). 이러한 수치 외에도 전면적인 소강사회는 민간소비의 확대, 소비주도형 경제로의 전환, 도농, 지역 간 균형발전 등 새로운 경제개혁에 대한 내용을 담고 있다. 전면적인 소강사회는 중국경제 전반의 새로운 발전방향이라 할 수 있다.

2. 중국경제 성장의 성과

(1) GDP의 성장

1978년 개혁개방 이후 중국경제는 고속성장을 거듭하여 세계경제의 중심국가로 성장하였다. 1978년 3,678억 위안(약 600억 달러)에 불과하던 중국의 명목GDP는 2015년 68조 9,052억 위(약 11조 7,953억 달러)안으로 연평균 9.6%씩 성장하였다. 이는 동기간 세계 경제성장률 2.9%를 크게 상회하는 수치이다(罗思义, 2017.3.13).

2000년대 들어 연평균 10%를 상회하던 중국의 GDP성장률은 2012년 이후 7%대로 하락하였고 2015년 이후 6%대로 하락하였지만 GDP총량은 계속해서 증가하여 2030년에는 150조 위안을 초과할 전망이다.

<그림 1-5> 중국의 GDP와 성장률 변화

단위: 억 元, %

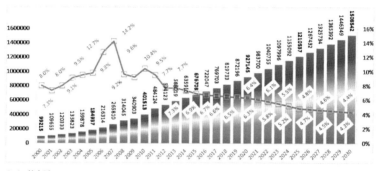

출처: 韩晓平(2016.7.12)

<표 1-1>을 보면, 2017년 중국의 명목GDP는 11조 7,953억 달러로 미국보다 7조 달러 이상 적으나 구매력평가 기준 GDP는 23조 1,944억 달러로 미국을 4조 달러 가까이 초과하고 있다. 그러나 많은 경제 전문가들은 중국이 명목GDP에서도 미국을 추월하는 것은 시간문제라고 주장한다. 미국의 경제주간지인 포브스는 2030년 중국의 산업생산이 미국을 제치고 1위로 올라설 것이라고 예측하였다 (곽상순, 2017.7.17).

<표 1-1>은 세계 제1위에서 7위까지의 명목GDP와 구매력평가 GDP를 표시한 것이다. 2017년 기준 미국이 19조 4,171억 달러로 1위를 차지하고 있으며 중국이 11조 7,953억 달러로 2위에 위치해 있다. 뒤이어 일본, 독일, 영국, 인도, 프랑스 등이 위치해 있다.

단위: 억 달러

국가	미국	중국	일본	독일	영국	인도	프랑스
명목	194,171	117,953	48,412	34,233	24,968	24,545	24,204
PPP	194,171	231,944	54,202	41,347	29,054	94,893	28,331

출처: IMF World Economic Outlook(April 2017)

반면 구매력평가를 기준으로 한 GDP는 이미 중국이 미국을 추월하였다. 2017년 기준 중국의 구매력평가 기준 GDP는 23조 1,944억 달러로 미국을 제치고 1위이다. 3위인 일본과는 19조 달러의 격차가 난다.

전 세계 GDP에서 중국이 차지하는 비중도 크게 증가하였다. <그림 1-5>는 세계 주요 국가의 GDP 비중 변화를 나타낸 것이다. 2000년 4.8%였던 중국의 GDP가 전 세계에서 차지하는 비중이 2016년 14.9%로 크게 증가하였다. 반면 세계 1위인 미국은 동 기간 34.0%에서 24.7%로 하락하였고 일본은 16.0%에서 6.6%로 크게 하락하였다. 그 외에 독일, 영국, 프랑스 등도 2000년에 비해 GDP 비중이 하락하였다. 중국의 경제가 성장함에 따라 전 세계에서 차지하는 비중과 위상이 점점 상승하고 있음을 알 수 있다.

---

3) 2017년 4월 기준, 한국의 명목GDP는 1조 4,981억 달러로 세계 12위를 차지하고 있으며 PPP기준 GDP는 2조 297억 달러로 14위이다.

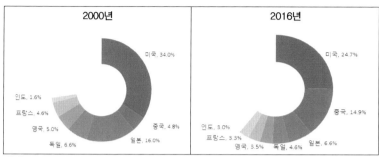

<그림 1-6> 전 세계 GDP 비중 변화(2000, 2016)

출처: World Development Indicators database(2000): World Bank, World development Indicator Database(17 April 2017).

(2) 중국 1인당 GDP의 성장

GDP가 증가함에 따라 1인당 GDP도 증가하고 있다. <그림 1-7>을 보면, 1978년 385위안에 불과하던 중국의 1인당 GDP는 2015년 50,251위안으로 증가하였다. 이는 연평균 14.1% 증가한 수치이다. 당시 환율을 기준으로 하면 1978년 중국의 1인당 GDP는 190달러로 전 세계 188개국 가운데 175위였는데(赵振华, 2015.12.24.) 2017

<그림 1-7> 중국의 1인당 GDP 변화(1978-2015)

단위: 元

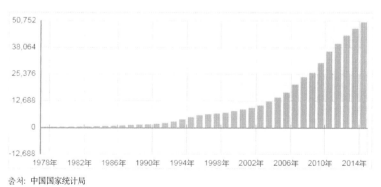

출처: 中国国家统计局

년 현재 8,481달러로 214개국 가운데 74위로 상승하였다. 베이징대학 교수이자 전 세계은행 부총재인 린이푸(林毅夫)에 따르면, 2020년 중국의 1인당 GDP는 12,700달러에 달해 고소득국가 수준에 도달할 예정이다(李迅雷, 2016.4.4.).

일반적으로 1인당 GDP가 8,000달러가 되면 마이카, 마이룸, 여행 등 개인소비욕구가 나타나게 되고 10,000달러가 되면 문화, 레져, 쇼핑 등으로 소비욕구가 확대되고 20,000달러가 되면 선진국처럼 헬스케어 등 건강, 안전 등과 관련한 소비가 증가하게 된다(오성진, 2017.5.22.). 블룸버그의 계산에 따르면, 구매력평가를 기준으로 한 중국의 1인당 GDP는 16,676달러를 초과함으로써 문화, 레져 등 개인의 여가와 관련된 소비가 증가하고 있다(陈俊安, 2017.6.27).

(3) 성별(省別) GDP 및 1인당 GDP

중국은 홍콩, 마카오특별행정구를 제외하고 31개의 성, 자치구와 특별시로 구성되어 있다. 그 가운데 GDP 규모가 가장 큰 지역은 광동성이다. 2016년 말 기준 광동성의 GDP는 7조 9,512.05억 위안으로 당시 환율로 환산하면 1조 1,447.34억 달러이다. 이는 세계 제12위인 한국 전체 GDP와 거의 맞먹는다. 광동성에 이어 장쑤성, 산동성, 저장성, 허난성 등이 뒤를 잇는다. GDP 규모가 1조 달러가 넘는 성이 2개이며, 10개 성 가운데 쓰촨성, 후베이성, 후난성을 제외하고는 모두 동부지역에 위치해 있다.[4] 구매력을 기준으로 한 GDP가 1

---

[4] 중국의 동부지역은 河北省 北京市 天津市 山东省 江苏省 浙江省 上海市 广东省 海南省 福建省, 辽宁省 11개 지역이며 중부지역은 河南省 安徽省 湖北省 江西省 湖南省, 吉林省 黑龙江省 8개 지역이며 서부지역은 陕西省 四川省 云南省 贵州省 广西自治区 甘肃省 青海省 宁夏自治区 西藏自治区 新疆自治区 内蒙古自治区 重庆市 12개 지역이다. 중국 국가통계국은 辽宁省, 吉林省 黑龙江省 3성을 분리하여 동북지역이라 부른다.

조 달러를 넘는 성은 5곳에 이른다.

<표 1-2> 성별 GDP(2016)

순위	지역	GDP (억 元)	명목 GDP (억 달러)	PPP 기준 (억 달러)
1	광동성(广东省)	79,512.05	11,447.34	22,510.04
2	장쑤성(江苏省)	76,086.17	10,954.11	21,540.17
3	산동성(山东省)	67,008.20	9,647.16	18,970.17
4	저장성(浙江省)	46,484.98	6,692.43	13,160.00
5	허난성(河南省)	40,160.01	5,781.83	11,369.39
6	쓰촨성(四川省)	32,680.50	4,705.01	9,251.92
7	후베이성(湖北省)	32,297.91	4,649.92	9,143.61
8	허베이성(河北省)	31,827.90	4,582.26	9,010.55
9	후난성(湖南省)	31,224.70	4,498.29	8,845.45
10	푸젠성(福建省)	28,519.15	4,105.90	8,073.84
11	상하이시(上海市)	27,466.15	3,954.30	7,775.73
12	베이징시(北京市)	24,899.30	3,584.75	7,049.05
13	안후이성(安徽省)	24,117.90	3,472.25	6,827.83
14	랴오닝성(辽宁省)	22,037.88	3,172.79	6,238.97
15	산시성(陕西省)	19,165.39	2,759.24	5,425.77
16	**네이멍구자치구(内蒙古)**	**18,632.57**	**2,682.53**	**5,274.92**
17	장시성(江西省)	18,364.40	2,643.92	5,199.00
18	광시장족자치구(广西)	18,245.07	2,626.74	5,165.22
19	톈진시(天津市)	17,885.39	2,574.96	5,063.39
20	충칭시(重庆市)	17,558.76	2,527.93	4,970.92
21	헤이룽장성(黑龙江省)	15,386.10	2,215.13	4,355.84
22	지린성(吉林省)	14,886.23	2,143.17	4,214.33
23	윈난성(云南省)	14,869.95	2,140.82	4,209.72
24	산시성(山西省)	12,928.34	1,861.29	3,660.04
25	구이저우성(贵州省)	11,734.43	1,689.40	3,322.04
26	신장위구르자치구(新疆)	9,617.23	1,384.59	2,722.66
27	간수성(甘肃省)	7,152.04	1,029.68	2,024.76
28	하이난성(海南省)	4,044.51	582.29	1,145.01
29	닝샤회족자치구(宁夏)	3,150.06	453.51	891.79
30	칭하이성(青海省)	2,572.49	370.36	728.28
31	시짱자치구(西藏)	1,148.00	165.28	325.00

주: 달러 기준 명목GDP= GDP(위안화)*6.9459(2016년 말 환율)
　　PPP GDP= 명목 GDP*1.9664배(<표 1>을 기준으로 환산)
출처: 中国国家统计局: 각 성별 统计局.

<표 1-3> 성별 1인당 GDP(2016)

순위	지역	인구 (천 명)	1인당 GDP (元)	1인당 GDP (달러)	PPP GDP (달러)
1	톈진시(天津市)	1,546.95	115,617	16,645	32,731
2	베이징시(北京市)	2,172.90	114,590	16,498	32,441
3	상하이시(上海市)	2,415.27	113,719	16,372	32,194
4	장쑤성(江苏省)	7,976.30	95,390	13,733	27,005
5	저장성(浙江省)	5,590.00	83,157	11,972	23,542
6	푸젠성(福建省)	3,839.00	74,288	10,695	21,031
7	네이멍구자치구(内蒙古)	2,520.10	73,936	10,645	20,931
8	광동성(广东省)	10,849.00	73,290	10,552	20,749
9	산동성(山东省)	9,946.64	67,368	9,699	19,072
10	충칭시(重庆市)	3,016.55	58,208	8,380	16,479
11	후베이성(湖北省)	5,885.00	54,882	7,901	15,537
12	지린성(吉林省)	2,752.32	54,086	7,787	15,312
13	랴오닝성(辽宁省)	4,377.80	50,340	7,247	14,251
14	산시성(陕西省)	3,812.62	50,268	7,237	14,231
15	닝샤회족자치구(宁夏)	667.88	47,165	6,790	13,353
16	**후난성(湖南省)**	**6,783.03**	**46,063**	**6,632**	**13,041**
17	하이난성(海南省)	910.82	44,405	6,393	12,571
18	칭하이성(青海省)	593.46	43,347	6,241	12,272
19	허베이성(河北省)	7,424.92	42,866	6,171	12,135
20	허난성(河南省)	9,480.00	42,363	6,099	11,993
21	신장위구르자치구(新疆)	2,359.73	40,756	5,868	11,538
22	헤이룽장성(黑龙江省)	3,799.20	40,498	5,830	11,465
23	장시성(江西省)	4,565.63	40,223	5,791	11,387
24	쓰촨성(四川省)	8,204.00	39,835	5,735	11,277
25	안후이성(安徽省)	6,143.61	39,257	5,652	11,114
26	광시장족자치구(广西)	4,838.00	37,712	5,429	10,676
27	시짱자치구(西藏)	323.97	35,435	5,102	10,032
28	산시성(山西省)	3,681.60	35,116	5,056	9,941
29	구이저우성(贵州省)	3,529.50	33,247	4,787	9,412
30	윈난성(云南省)	4,741.80	31,359	4,515	8,878
31	간수성(甘肃省)	2,609.95	27,403	3,945	7,758

주: 달러 기준 1인당 GDP= GDP(위안화)*6.9459(2016년 말 환율)
　　PPP 1인당 GDP= 명목 GDP*1.9664배(<표 1>을 기준으로 환산)
출처: 中国国家统计局; 각 성별 统计局.

특별시인 상하이시의 명목 GDP는 3,954.30억 달러, 베이징시는 3,584.75억 달러에 달한다. 상하이시만 하더라도 세계 GDP 29위인 노르웨이(3,920억 달러)보다 크며 베이징시는 이스라엘(3,400억 달러)을 능가한다. 성(省)급이 아니라 도시 하나 규모가 웬만한 국가의 GDP와 맞먹는 것이다.

광둥성의 구매력평가 기준 GDP는 2조 2,510.04억 달러로 이탈리아(2조 3,031억 달러)에 이어 세계 12위에 위치할 수 있다. 중부지역에 있는 허난성만 하더라도 타이완(1조 1,771억 달러)에 이어 세계 23위에 위치할 수 있다. 1978년 개혁개방 당시 약 600억 달러에 불과하던 중국의 GDP는 39년 만에 197배 증가하였고 30개 성이 1978년 당시 전체 GDP규모를 상회하는 수준에 이른다. 중국 성 가운데 중위값의 GDP를 가진 성은 네이멍구자치구이다. 네이멍구자치구의 GDP는 1조 8,632.57억 위안이며 달러로 환산한 명목GDP는 2,682.53억 달러이며 구매력평가를 기준으로 하면 5,274.92억 달러이다. 네이멍구자치구보다 상위에 있는 성 가운데 동부지역은 9개이며 중부지역이 4개, 서부지역이 2개로 동부지역이 60%를 차지한다.

중국의 1인당 GDP도 개혁개방 이후 큰 폭으로 증가하였다. 1978년 190달러에 불과하던 1인당 GDP는 8,481달러(2017.4)로 45배 증가하였다. 성별로 보면 톈진시의 1인당 GDP가 115, 617위안으로 가장 높고 베이징시 114,590위안, 상하이시 113,719위안 순으로 뒤를 잇는다. 달러로 환산하면 톈진시 16,645달러, 베이징시 16,497달러, 상하이시 16,372달러이다. 1인당 GDP는 특별시 세 곳이 상위권에 위치해 있다. 성(省)은 장쑤성이 95,390위안으로 가장 높고 저장성 83,157위안, 푸젠성 74,288위안, 네이멍구자치구 73,936위안, 광둥성 73,290위안으로 뒤를 잇는다. 이를 달러로 환산하면 장쑤성

13,733달러, 저장성 8,3157달러, 푸젠성 10,695달러, 네이멍구자치구 10,645달러, 광동성 10,552달러로 8개 성, 시, 자치구가 10,000달러를 넘는다.

<그림 1-8> 주요 성별 1인당 GDP

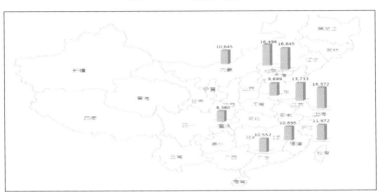

그러나 구매력평가를 기준으로 하는 GDP는 이미 대부분의 성, 시, 자치구가 기본적으로 소비욕구가 일어나는 8,000달러를 상회하고 있으며, 특히 텐진시, 베이징시, 상하이시, 장쑤성, 저장성, 푸젠성, 네이멍구자치구, 광동성, 산동성 9개 지역은 선진국형 소비기준인 20,000달러를 초과하고 있다.<그림 1-5>를 보면, 네이멍구자치구와 충칭시를 제외하면 나머지는 1인당 GDP 상위지역은 동부지역이 차지하고 있다. 네이멍구자치구는 석탄산업과 희토류 수출을 중심으로 한 자원산업이 주를 이루고 있으며(中国投资谘询网, 2015.7.23), 충칭시는 중서부지역 가운데 GDP 증가속도가 가장 빠르다(人民网, 2017.3.16).

중국 성 가운데 중위값의 1인당 GDP를 가진 성은 후난성이다.

후난성의 1인당 GDP는 46,063위안이며 달러로 환산한 명목 1인당 GDP는 6,632달러이며 구매력평가를 기준으로 하면 13,041달러이다. 후난성보다 상위에 있는 성 가운데 동부지역은 9개이며 중부지역이 1개, 서부지역이 5개로 동부지역이 60%를 차지한다. GDP에 비해 1인당 GDP는 서부지역이 강세를 보이고 있다.

(4) 주요 도시별 GDP 및 1인당 GDP

중국의 도시 경쟁력도 경제가 발전함에 따라 강화되고 있다. 2017년 5월 중국의 유력 매체인 띠이차이징(第一财经)은 2017년 5월 "최신 비즈니스 매력도시(城市商业魅力)" 명단을 발표하였다. 띠이차이징은 비즈니스자원의 집약도, 도시의 허브기능, 도시민의 활력도, 생활방식, 미래 발전가능성을 고려하여 1선도시(一线城市) 4곳, 신1선도시(新一线城市) 15곳, 2선도시(二线城市) 30곳, 3선도시(三线城市) 70곳, 4선도시(四线城市) 90곳, 5선도시(五线城市) 129곳을 선정하였다. 먼저 1선도시는 전통적으로 경제가 발전한 베이징시, 상하이시, 광저우시, 선쩐시가 선정되었고 신1선도시에는 최근 경제가 발전하고 소비성장률이 높은 청두시, 항저우시, 우한시, 충칭시, 난징시, 텐진시, 쑤저우시, 시안시, 창사시, 선양시, 칭다오시, 정저우시, 다롄시, 동관시, 닝보시가 선정되었다. 2선도시로는 샤먼시, 푸저우시, 하얼빈시, 창춘시, 온저우시, 난닝시, 옌타이시, 주하이시, 우루무치시 등이 선정되었고, 3선도시에는 웨이팡시, 구이린시, 뤄양시, 린이시, 지린시, 잉커우시 등이 선정되었다. 신1선도시를 보면 동부지역이 9곳이고 중부지역이 3곳, 서부지역이 3곳이다. 2선도시는 동부지역이 19곳, 중부지역이 4곳, 서부지역이 7곳이다.

<표 1-4> 도시등급별 명단

도시등급	개수	도시명
1선도시	4	北京市、上海市、广州市、深圳市
신1선도시	15	成都市、杭州市、武汉市、重庆市、南京市、天津市、苏州市、西安市、长沙市、沈阳市、青岛市、郑州市、大连市、东莞市、宁波市
2선도시	30	厦门市、福州市、无锡市、合肥市、昆明市、哈尔滨市、济南市、佛山市、长春市、温州市、石家庄市、南宁市、常州市、泉州市、南昌市、贵阳市、太原市、烟台市、嘉兴市、南通市、金华市、珠海市、惠州市、徐州市、海口市、乌鲁木齐市、绍兴市、中山市、台州市、兰州市
3선도시	70	潍坊市、保定市、镇江市、扬州市、桂林市、唐山市、三亚市、湖州市、呼和浩特市、廊坊市、洛阳市、威海市、盐城市、临沂市、江门市、汕头市、泰州市、漳州市、邯郸市、济宁市、芜湖市、淄博市、银川市、柳州市、绵阳市、湛江市、鞍山市、赣州市、大庆市、宜昌市、包头市、咸阳市、秦皇岛市、株洲市、莆田市、吉林市、淮安市、肇庆市、宁德市、衡阳市、南平市、连云港市、丹东市、丽江市、揭阳市、延边朝鲜族自治州、舟山市、九江市、龙岩市、沧州市、抚顺市、襄阳市、上饶市、营口市、三明市、蚌埠市、丽水市、岳阳市、清远市、荆州市、泰安市、衢州市、盘锦市、东营市、南阳市、马鞍山市、南充市、西宁市、孝感市、齐齐哈尔市
4선도시	90	乐山市、湘潭市、遵义市、宿迁市、新乡市、信阳市、滁州市、锦州市、潮州市、黄冈市、开封市、德阳市、德州市、梅州市、鄂尔多斯市、邢台市、茂名市、大理白族自治州、韶关市、商丘市、安庆市、黄石市、六安市、玉林市、宜春市、北海市、牡丹江市、张家口市、梧州市、日照市、咸宁市、常德市、佳木斯市、红河哈尼族彝族自治州、黔东南苗族侗族自治州、阳江市、晋中市、渭南市、呼伦贝尔市、恩施土家族苗族自治州、河源市、郴州市、阜阳市、聊城市、大同市、宝鸡市、许昌市、赤峰市、运城市、安阳市、临汾市、宣城市、曲靖市、西双版纳傣族自治州、邵阳市、葫芦岛市、平顶山市、辽阳市、菏泽市、本溪市、驻马店市、汕尾市、焦作市、黄山市、怀化市、四平市、榆林市、十堰市、宜宾市、滨州市、抚州市、淮南市、周口市、黔南布依族苗族自治州、泸州市、玉溪市、眉山市、通化市、宿州市、枣庄市、内江市、遂宁市、吉安市、通辽市、景德镇市、阜新市、雅安市、铁岭市、承德市、娄底市

출처: https://baike.baidu.com

중국의 GDP 성장률이 증가함에 따라 각 도시의 GDP와 1인당 GDP도 증가하고 있다. 특별시인 베이징시, 상하이시, 텐진시, 충칭시를 제외한 주요 도시의 GDP와 1인당 GDP는 <표 1-5>와 같다. 1선도시인 광저우시와 선전시의 GDP는 성급 가운데 15위인 산시성

(陝西省) 전체 GDP를 초과한다.

<표 1-5> 주요 도시별 GDP와 1인당 GDP(2016)

도시등급	도시명	GDP (억 元)	1인당 GDP (달러)	PPP GDP (달러)
중국평균			8,481	16,676
1선도시	광저우	19,610.94	20,912	41,122
	선전	19,492.60	23,566	46,340
신1선도시	청두	12,170.23	11,153	21,932
	항저우	11,050.49	17,642	34,691
	우한	11,912.61	16,168	31,793
	난징	10,503.02	18,291	35,968
	쑤저우	15,475.09	20,967	41,230
	시안	6,257.18	10,348	20,348
	창사	9,323.70	18,062	35,517
	선양	6,712.00	11,654	22,916
	칭다오	10,011.29	15,660	30,793
	정저우	7,994.20	12,028	23,651
	다롄	7,731.64	16,967	33,364
	동관	6,827.67	11,909	23,418
	닝보	8,541.11	15,715	30,901
2선도시	샤먼	3,784.25	14,115	27,755
	푸저우	6,197.77	11,897	23,395
	우시	9,210.02	20,365	40,046
	허페이	6,274.30	11,596	22,803
	쿤밍	4,300.43	9,273	18,234
	하얼빈	6101.60	8,237	16,197
	지난	6,536.12	12,428	24,438
	포우산	8,630.00	16,721	32,880
	창춘	5,928.55	11,100	21,827
	원저우	5,045.40	7,967	15,667
	스자좡	5,857.80	7,881	15,496
	난닝	3,703.39	7,632	15,008
	난창	4,354.99	11,824	23,250
	구이양	3,157.70	9,836	19,342
	타이위안	2,955.60	9,853	19,375
	우루무치	3,000.00	12,165	23,922
	란저우	2,264.23	8,234	16,191

주: 달러 기준 1인당 GDP= GDP(위안화)*6.9459(2016년 말 환율)
　　PPP 1인당 GDP= 명목 GDP*1.9664배(<표 1>을 기준으로 환산)
출처: 각 성별 統計局: 각 도시별 統計局

신1선도시인 청두시, 우한시, 난징시, 쑤저우시, 칭다오시도 GDP 규모가 1조 위안을 초과한다. 2선도시에서는 우시시, 포우산시 등이 8,000억 위안을 초과하여 GDP 규모가 비교적 큰 도시에 속한다. 1인당 명목GDP는 1선도시인 광저우시와 선전시는 20,000달러를 초과하였고 구매력을 기준으로 하면 40,000달러를 초과하며 선진국 수준에 도달해 있다.

신1선도시의 1인당 명목GDP는 대부분의 도시가 10,000달러를 상회하며 구매력을 기준으로 하면 20,000-40,000달러 수준으로 역시 준 선진국 수준에 도달해 있다. 2선도시의 1인당 명목GDP는 대부분의 도시가 7,000-10,000달러 수준이며 구매력을 기준으로 하면 15,000-30,000달러 수준으로 거의 한국과 맞먹는 규모이다.

중국 전체의 1인당 GDP인 8,841달러와 비교하면, 1선도시는 모두 크게 초과하고 있으며, 신1선도시는 중국 전체 평균을 초과하고 있다. 2선도시는 우시 샤먼 등 일부 도시는 평균을 초과하고 있으나 일부 도시는 못 미친다.

3. 중국소비시장의 성장

중국은 개혁개방이후 투자와 수출에 의존한 경제발전방식을 통해 연평균 9.6%의 고속성장을 이루었다. 그러나 2008년 글로벌 금융위기 이후 수출이 감소하면서 점차 소비주도의 경제발전방식으로 전환하고 있다. 이를 통해 경제성장률이 하락하더라도 투자와 수출에 대한 의존도를 줄이고 소비를 확대시키고자 중국정부는 노력하고 있다.

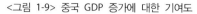

<그림 1-9> 중국 GDP 증가에 대한 기여도

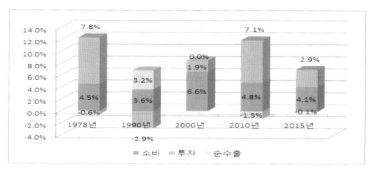

출처: 中国国家统计局

<그림 1-9>를 보면, 1978년 GDP 증가의 기여도에서 소비가 4.5% 투자가 7.8% 순수출(수출-수입)이 -0.6%를 차지하던 것이 2000년에는 소비가 6.6% 투자가 1.9%, 순수출이 0.0%로 투자의 비중이 줄고 소비의 비중이 늘어났다. 2008년 글로벌 금융위기 직후인 2010년에는 소비 4.8%, 투자 7.1%, 순수출 -1.3%로 투자의 비중이 늘고 순수출이 GDP증가에 차지하는 비중이 감소하였다.

2015년에는 소비의 공헌도가 4.1%인 반면 투자는 2.9%로 감소하였고 순수출은 여전히 마이너스 상태를 보이고 있다. 투자와 순수출이 저조한 가운데 중국정부는 소비의 증가를 통해 GDP를 증가시키고자 다양한 정책을 시행하고 있다. 이에 따라 비록 GDP 증가율은 하락하였으나 소비규모는 계속해서 증가하고 있다.

(1) 소비규모 변화

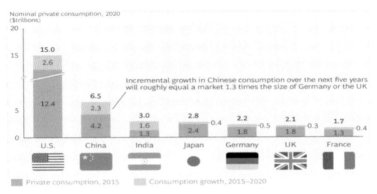

<그림 1-10> 중국 최종소비규모

출처: Economist Intelligence Unit, BCG Analysis, WebForum.org

1978년 1558.6억 위안에 불과하던 중국의 사회소비품소매총액은 2015년 30조 930.8억 위안으로 연평균 15.3%씩 성장하고 있다(国家统计局). <그림 1-10>은 2015년 세계 주요 국가의 소비총액 규모와 2015-2020년간 소비총액 성장 예측치이다. 보스턴 컨설팅그룹의 조사에 따르면, 2015년 12.4조 달러로 소비총액 1위인 미국은 향후 5년간 약 2.6조 달러가 증가하여 2020년에는 15.0조 달러 규모가 될 것으로 예측하였다. 이는 연평균 3.9%씩 증가한 수치이다.

중국의 소비시장은 2011-2015년 간 연평균 4,000-5,000억 달러씩 성장하고 있는데 이는 매년 1-1.5개의 한국 전체 소비시장이 생겨나고 있는 것이다(곽복선, 2016: 10). 중국은 2015년 4.2조 달러에서 향후 9.1%씩 성장하여 2020년에는 약 6.5조 달러로 증가할 것으로 예측하였다. 이는 소비총액 규모로는 미국의 2.6조 달러에 이어 두 번째이며 증가율도 인도의 18.2%에 이은 두 번째 큰 폭으로 증가한 수치이다. 미국의 소비가 GDP에서 차지하는 비중이 70%인 점을 감안하면 중국의 소비 증가가 빠르게 증가하는 것을 알 수 있다.

<그림 1-11> 민간소비 가운데 도시와 농촌소비 비중 변화

단위: 억 元

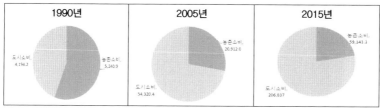

출처: 中国国家统计局

특히 중국 도시의 소비 증가가 두드러진다. <그림 1-11>에 따르면, 1978년 전체 민간소비 가운데 44.5%에 불과하던 도시소비는 2005년 72.2%로 증가하였고 2015년에는 77.8%로 증가하였다. 중국 소비의 대부분이 도시에서 이루어지고 있음을 알 수 있다. 1인당 소비액도 큰 폭으로 증가하였다. 1980년 도시주민의 1인당 소비지출액은 405위안이었으며 농촌주민은 138위안이었으나 2015년 현재 도시주민은 27,201위안으로 증가하였고 농촌주민은 9,679위안으로 증가하였다. <그림 1-9>에서 보면 1990년대 중반 이후 1인당 소비지출액이 큰 폭으로 증가하였으며 2000년대 들어 증가폭이 더욱 상승하는 것을 알 수 있다. 반면 도시와 농촌 간의 소비지출액 격차는 더욱 확대되고 있다. 1980년 도시주민(1,404위안)의 44.7%였던 농촌주민의(627위안) 1인당 소비지출액은 2005년 28.3%로 축소되었고 2015년 35.6%로 약간 회복되었으나 여전히 큰 차이를 보이고 있다.

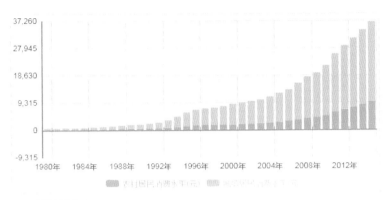

<그림 1-12> 도시와 농촌주민의 1인당 소비지출액 변화

단위: 元

출처: 中国国家统计局

도시와 농촌의 소비지출액 격차가 축소된 이유는 소비주도의 경제성장을 위해서는 농촌의 소비확대가 필수적이라고 중국정부가 판단하여 대대적인 정책적 지원을 하고 있기 때문이다. 예컨대 2009년 농촌주민이 가전제품과 자동차를 구매할 시 보조금을 지급하는 가전하향(家电下乡)과 자동차하향(汽车下乡)등을 시행하였고(이진국, 2016: 3) 농민공의 임금 증가를 위해 임금인상을 위해 12.5개년 계획(2011-2015년) 기간 동안 최저임금 기준을 2배로 인상시키는 "임금배증계획"을 실시하였다. 그리고 농촌토지 등의 재산권 개혁을 통해 농촌주민의 소득향상을 지원하고 있다.

(2) 성별 소비규모

각 성별로 경제격차가 크기 때문에 소비시장도 큰 차이를 보인다. 민간소비시장이 가장 큰 성은 광동성이다. 광동성의 2015년 소비지

<표 1-6> 성별 민간소비지출액 및 1인당 소비지출액(2015)

순위	지역	소비지출액 (억 元)	주민 1인당 소비지출액 (元)	도시1인당 소비지출액 (元)	농촌1인당 소비지출액 (元)
1	광동성(广东省)	28,438.58	20,976	25,673	11,103
2	장쑤성(江苏省)	25,245.17	20,556	24,966	12,883
3	산동성(山东省)	20,308.37	14,578	19,854	8,748
4	저장성(浙江省)	15,858.82	24,117	28,661	16,108
5	허난성(河南省)	13,720.97	11,835	17,154	7,887
6	쓰촨성(四川省)	12,073.44	**13,632**	19,277	9,251
7	상하이시(上海市)	11,089.56	34,784	36,946	16,152
8	후난성(湖南省)	11,011.49	14,267	19,501	9,691
9	랴오닝성(辽宁省)	10,393.93	17,200	21,557	8,873
10	후베이성(湖北省)	10,167.87	14,317	18,192	9,803
11	허베이성(河北省)	9,499.11	13,031	17,587	9,023
12	안후이성(安徽省)	8,522.46	12,840	17,234	8,975
13	베이징시(北京市)	8,471.40	39,200	36,642	15,811
14	푸젠성(福建省)	7,961.52	18,850	23,520	11,961
15	광시장족자치구(广西)	6,645.66	11,401	16,321	7,582
16	**장시성(江西省)**	**6,598.11**	12,403	16,732	8,486
17	윈난성(云南省)	6,354.25	11,005	17,675	6,830
18	헤이룽장성(黑龙江省)	6,304.36	13,403	17,152	8,391
19	산시성(陕西省)	5,813.49	13,087	18,464	7,901
20	충칭시(重庆市)	5,665.43	15,140	19,742	8,938
21	산시성(山西省)	5,251.42	11,729	15,819	7,421
22	네이멍구자치구(内蒙古)	5,225.24	17,179	21,876	10,637
23	톈진시(天津市)	4,993.12	24,162	26,230	14,739
24	구이저우성(贵州省)	4,530.88	1,0414	16,914	6,645
25	지린성(吉林省)	4,027.40	13,764	17,973	8,783
26	신장위구르자치구(新疆)	3,187.11	12,867	19,415	7,698
27	간수성(甘肃省)	3,079.86	10,951	17,451	6,830
28	하이난성(海南省)	1,543.89	13,575	18,448	8,210
29	닝샤회족자치구(宁夏)	1,143.92	13,816	18,984	8,415
30	칭하이성(青海省)	888.70	13,611	19,201	8,566
31	시짱자치구(西藏)	283.66	8,246	17,022	5,580

출처: 中国国家统计局

출액은 2조 8,438.58억 위안으로 가장 많고 장쑤성, 산동성, 저장성, 허난성 등이 뒤를 잇는다. 특별시인 상하이시는 1조 1,089.56억 위안으로 가장 높고 베이징시 8,471.40억 위안, 충칭시 5,665.43억 위안, 텐진시 4,993.12억 등이다. 2015년 환율(1달러=6.4895위안)로 계산하면 광동성은 4,382억 달러, 장쑤성은 3,890억 달러로 2015년 한국 전체 소비지출액인 3,500억 달러를 상회하고 있다. 반면 칭하이성과 시짱자치구는 1,000억 위안 미만의 소비시장을 보유하고 있다.

1인당 소비지출액은 상하이시가 45,816위안으로 가장 높고 베이징시, 텐진시 등 특별시의 1인당 소비지출이 비교적 많고 성급으로는 장쑤성, 저장성, 광동성 등이 많다. 도시주민과 농촌주민의 1인당 소비지출액도 베이징시, 텐진시 등이 가장 많고 성급으로도 장쑤성, 저장성, 광동성 등이 많다. 반면 1인당 소비지출액이 적은 성은 시장자치구로 8,758위안이며 간수성, 허베이성, 구이저우성, 윈난성, 광시장족자치구 등이 뒤를 잇는다.

중국 성 가운데 중위값의 민간소비시장을 가진 성은 장시성이다. 장시성의 민간소비지출액은 6,598.11억 위안이다. 장시성보다 상위에 있는 성 가운데 동부지역은 9개이며 중부지역이 4개, 서부지역이 2개로 동부지역이 60%를 차지한다. 1인당 소비지출액의 중위값을 가진 성은 쓰촨성이다. 쓰촨성의 주민 1인당 소비지출액은 13,632위안이고 쓰촨성보다 상위에 있는 성 가운데 동부지역은 9개, 중부지역이 3개, 서부지역이 3개이다.

(3) 주요 도시별 소비지출액 및 1인당 소비지출액

<그림 1-13> 중국의 도시화율 변화

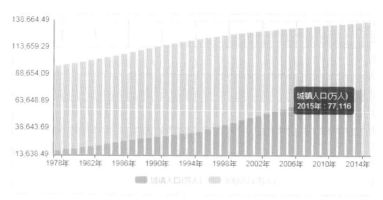

출처: 中国国家统计局

중국의 주요 도시의 소비시장도 확대되고 있다. 특히 도시를 중심으로 소비가 이루어지기 때문에 도시규모가 클수록 도시화 수준이 높을수록 소비시장은 비례해서 확대된다. 1978년 도시인구 1억 9,780만 명, 도시화율이 17.9%에 불과하던 중국은 2015년 현재 도시인구 7억 7,116만 명, 도시화율은 56.1%로 증가하였다. 이는 매년 1,618.1만 명의 도시인구가 생기는 셈이다. 2015년 현재 중국의 도시인구는 7억 7,116만 명으로 세계인구 3위인 미국(3억 2,000여만 명)의 2배가 넘는다. 다시 말하면 도시규모만으로 중국은 미국 전체 소비시장의 2배가 넘는 규모를 차지한다.[5]

중국의 도시화가 확대되고 도시면적이 확대됨에 따라 도시의 소

---

5) 중국의 도시인구 기준은 두 가지가 있다. 하나는 城市이고 다른 하나는 城鎮이다. 城市는 일반적인 도시를 가리키며 행정명칭으로 市만을 가리킨다. 城鎮은 城市+鎮을 말한다. 鎮은 농촌행정조직인 향(乡) 인민정부의 소재지와 현(县)급인민정부가 승인한 경제가 비교적 발달된 농촌경제, 문화와 생활의 중심지를 말한다. 즉 성진은 도시에 농촌행정조직 가운데 경제가 비교적 발달된 지역을 포함하는 성시보다 큰 개념이다 (Baidu.Baike).

비시장도 확대되고 있다. 2017년 5월 중국의 유력 매체인 띠이차이 징(第一财经)은 2017년 5월 "최신 비즈니스 매력도시(城市商业魅力)"의 분류기준에 따라 주요 1선도시, 신1선도시, 2선도시의 소비시장 규모를 나타낸 것이 <표 1-7>이다.

<표 1-7>을 보며 1선도시의 소비시장이 비교적 크다. 소비시장이 가장 큰 도시는 1선도시는 상하이시이며, 2015년 기준 소비지출액은 1조 1,089.56억 위안에 이른다. 뒤이어 베이징시(8,471.40억 위안), 충칭시(5,665.43억 위안), 톈진시(4,993.12억 위안), 광저우시(4,432.55억 위안), 청두시(4,228.83억 위안)이다. 신1선도시의 소비시장 규모는 대부분이 2,000억 위안 이상이고 2선도시는 1,000억 위안이상이다.

소비의 77.8%가 도시에서 이루어지기 때문에 도시화율은 소비에 큰 영향을 미친다. <표 1-7>를 보면 1선도시의 도시화율은 중국 평균인 56.1%를 크게 초과한 80% 이상이다. 선쩐시는 이미 시 전체가 도시화되어 100% 도시주민으로 구성되어 있고 베이징시 86.5%, 상하이시 87.6%, 광저우시 85.5%를 차지하고 있다. 신1선도시도 모두 중국 평균을 초과하고 있으며 특히 동관시 88.8%, 다롄시 84.9%, 톈진시 82.6%, 난징시 81.4%, 우한시 79.4% 등의 도시화율이 비교적 높다. 2선도시도 포우산시 94.4%, 샤먼시 88.9%, 란저우시 81.0% 등으로 비교적 높다. 1선도시, 신1선도시, 2선도시 대부분이 도시화가 상당히 진행된 것을 알 수 있다.

도시주민의 1인당 소비지출액도 1선도시는 모두 30,000위안을 초과하였으며 신1선도시는 항저우시(33,818위안), 쑤저우시(31,136위안) 등이 높은 수준이며 2선도시는 우시시(29.466위안), 원저우시(29,438위안) 등이 비교적 높다.

<표 1-7> 주요 도시별 민간소비지출액 및 1인당 소비지출액(2015)

도시등급	도시명	상주인구 (만 명)	도시화율 (%)	소비지출액 (억 元)	1인당 소비지출액 (元) 도시	1인당 소비지출액 (元) 농촌	1인당 가처분소득 (元) 도시	1인당 가처분소득 (元) 농촌
중국평균			56.1		21,392	9,223	31,195	11,422
1선 도시	베이징	2172.9	86.5	8,471.40	36,642	15,811	52,859	20,569
	상하이	2419.7	87.6	11,089.56	36,946	16,152	52,962	23,205
	광저우	1350.1	85.5	4,432.55	35,753	15,925	46,735	19,323
	선전	1137.9	100.0	3,682.13	32,359		44,633	
신1선도시	톈진	1547.0	82.6	4,993.12	26,230	14,739	34,101	18,482
	충칭	3048.4	62.6	5,665.43	19,742	8,938	27,239	10,505
	청두	1465.8	71.5	4,228.83	21,650	12,249	33,476	17,690
	항저우	901.8	75.3	2,727.08	33,818	19,334	48,316	25,719
	우한	1060.8	79.4	2,299.43	23,943	12,940	36,436	17,722
	난징	823.6	81.4	2,078.43	27,794	14,041	46,104	19,483
	쑤저우	1061.6	74.8	2,920.83	31,136	16,761	50,400	25,700
	시안	815.7	66.9	1,480.18	22,415	9,518	33,188	14,072
	창사	743.2	74.4	1,948.70	29,753	15,954	39,961	23,601
	선양	829.1	63.9	1,641.06	25,870	9,037	36,643	13,486
	칭다오	909.7	70.0	1,962.63	26,052	11,127	40,370	16,730
	정저우	956.9	69.7	1,797.02	21,692	12,080	31,099	17,125
	다롄	698.7	84.9	1,631.48	25,824	9,441	35,889	14,667
	동관	825.4	88.8	2,309.51	29,001	19,889	39,793	24,225
	닝보	782.5	71.1	2,051.86	29,645	17,800	47,852	26,469
2선 도시	샤먼	386.0	88.9	1,058.10	28,929	15,262	42,607	17,558
	푸저우	750.0	67.7	1,579.10	24,825	13,152	34,982	15,203
	우시	651.1	75.4	1,710.36	29,466	16,469	45,129	24,155
	허페이	779.0	70.4	1,327.31	20,049	9,879	31,989	15,733
	하얼빈	1066.5	63.0*	1,894.95	22,962	8,924	30,978	13,375
	지난	713.2	68.0	1,974.81	26,319	8,597	39,889	14,232
	포우산	743.1	94.9	2,059.53	28,396	15,050	39,757	22,063
	원저우	911.7	68.0	2,276.18	29,438	15,464	44,026	21,235
	난창	530.3	71.6	944.75	21,396	8,788	31,942	13,693
	구이양	462.2	73.3	885.23	22,532	9,875	27,241	11,918
	란저우	369.3	81.0	658.65	20,156	7,940	27,088	9,621

주: 소비지출액은 1인당 소비지출액과 도시화율을 기반으로 필자 계산
　　하얼빈시는 예측치임. 2013년 기준 상주인구 1064만 명, 도시화율은 63%였음(hewenlu, 2015.2.4.).
출처: 国家统计局: 각 도시별 统计局: 각 도시별 国民经济和社会发展统计公报.

주요 도시의 소비지출을 통해 확인해야 하는 것은 소비성향이다. 소비성향이란 소득에 대한 소비의 비율이다. 즉 소득 가운데 소비가 차지하는 비율이다. 일반적으로 소득과 소비는 비례해서 나타난다.[6] 먼저 중국 도시와 농촌의 소득을 비교하면, 2000년 2.79:1이었던 도시와 농촌의 소득격차는 2010년 3.23:1로 확대되었다가 2015년 2.73:1로 축소되었다. 2010년 이후 중국정부의 삼농문제(농촌, 농업, 농민) 해결을 위해 농촌의 재산권 개혁, 농촌소득 확대를 위해 지원한 결과이다. 소비지출 격차를 보면 2000년 2.99:1에서 2010년 3.07:1로 확대되었다가 2015년 2.32:1로 축소되었다.

<표 1-8> 중국 도시와 농촌의 소득지출 격차

단위: 元

구분	2000년	2010년	2015년
도시주민 1인당 가처분소득(A)	6,280	19,109	31,195
도시주민 1인당 소비지출(B)	4,998	13,471	21,392
농촌주민 1인당 가처분소득(C)	2,253	5,919	11,422
농촌주민 1인당 소비지출(D)	1,670	4,382	9,223
도농소득격차(A/C)	2.79	3.23	2.73
도농소비지출격차(B/D)	2.99	3.07	2.32
도시주민 소비성향(B/A)	79.6%	70.5%	68.6%
농촌주민 소비성향(D/C)	74.1%	74.0%	80.7%

출처: 각 연도 国民经济和社会发展统计公报; 곽복선(2016, 14)에서 재인용.

소비성향을 보면, 도시의 소비성향은 2000년 79.6%에서 2010년 70.5%, 2015년 68.6%로 점차 감소하고 있다. 반면 농촌의 소비성향은 동 기간 74.1%, 74.0%, 80.7%로 오히려 확대되고 있다. 농촌의

---

6) 그러나 소득이 많아진다고 소비가 계속해서 증가하는 것은 아니다. 소득이 증가하더라도 저축이나 투자에 대한 비중을 증가시키거나 소비에 필요한 물건이나 서비스가 충분하다면 소득만큼 소비가 증가하지 않을 수도 있다.

소득증가 정책이 시행되면서 농촌의 소득이 증가하고 이에 비례하여 농촌의 소비성향도 증가하고 있다. <그림 1-14>는 주요 도시의 소비성향을 나타낸 것이다. <그림 1-14>를 보면, 2선도시인 하얼빈시를 제외하고 1선도시 신1선도시, 2선도시 대부분이 도시보다 농촌의 소비성향이 높다. 1선도시인 베이징시와 상하이시 도시주민의 소비성향은 각각 69.3%, 69.8%이고 농촌주민의 소비성형은 각각 76.9%, 69.6%이다. 상하이시는 도시와 농촌주민의 소비성향이 큰 차이가 없다. 신1선도시 가운데 서부지역에 위치한 충칭시의 도시주민과 농촌주민의 소비성향은 각각 72.5%, 85.1%로 격차가 비교적 크고 2선 도시인 샤먼시도 67.9%, 86.9%로 역시 격차가 크다. 소비 시장 공략의 각도에서 보면 소비성향이 큰 도시, 특히 농촌지역에 주목해야 한다. 중국정부가 농촌의 소득증가와 재산권개혁 정책을 시행하고 있기 때문에 농촌의 소비규모는 더욱 증가할 것이다.

<그림 1-14> 주요 도시별 도시와 농촌의 소비성향(2015)

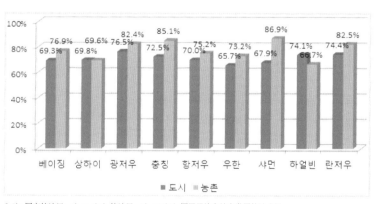

출처: 国家统计局: 각 도시별 统计局: 각 도시별 国民经济和社会发展统计公报.

참고문헌

강민지, "아태지역 경제통합 논의의 현황과 시사점", 「KIEP 오늘의 세계경제」 Vol.15 No.25, 2015.9.17.

곽복선, "중국 소비시장의 패러다임 변화와 진출방안", 「KERI 정책연구 16-08」, 2016.6.

곽상순, "중국, 미국 제치고 GDP 가장 많은 국가에 등극", 「일요서울」, 2017.7.17.

김현우, "오바마 행정부 TPP(환태평양경제동반자협정) 사실상 폐기", 「중앙일보」, 2016.11.15.

오성진, "소비여력 커진 中 지금이 투자적기", 「아주경제」, 2017.5.22.

이종호, "환태평양 지역의 경제협력에 관한 연구-동북아지역을 중심으로", 영남대 박사학위 논문, 1992.

이진국, "중국 소비시장의 변화와 대응방향", 「KDI FOCUS」통권 제65호, 2016.4.26.

조은아, "日등 11개 TPP 가입국, 11월까지 발효방안 마련", 「동아일보」, 2017.5.22.

陈俊安, "美媒: 中国人均GDP排名将大幅提升", 「环球网」, 2017.6.27.

国家统计局, 『中国统计年鑑』.

国投资谘询网, "네이멍구, 희토류 수출가격 지속 하락", 「中国投资谘询网」, 2015.7.23.

韩晓平, "十三五能源规划不能再搞竭泽而渔2.0", 「中国能源网, 2016.7.12.

人民网, "中, 2016년 GDP 지표 분석...동부지역 경제규모 가장 크고, 중서부지역 성장 잠재력 크다", 「人民网」, 2017.3.16.

李迅雷, "GDP高增长真相:中国离发达国家还有多远", 「凤凰财经」, 2016.4.4.

罗思义, "如果2020年中国实现全面小康」, 「新浪财经」, 2017.3.13.

赵振华, "为什么说我国经济发展的基本面是好的", 「光明网」, 2015.12.24.

각 성 및 도시통계국, 『統計年鑑』.

각 도시 통계국, 「2015年国民经济和社会发展统计公报」.

_____, 「2016年国民经济和社会发展统计公报」.

Hewenlu, "哈尔滨市国家新型城镇化综合试点工作方案要点", 「中商情报网」, 2015.2.4.

IMF, 「World Economic Outlook」, APRIL 2017.

Mauldin Economics, "China's total consumption will increase by 55% to $6.5 trillion by 2020", ValueWalk on June 27 2017, 2017.

SERVIZIO STUDI, "Conferenza interparlamentare per la politica estera, la sicurezza e la difesa comuni", 「2-4 settembre 2016, Bratislava」, 2016.

제 2 부

제2장 도시 소비구조의 변화

1. 소비유형의 정의

소비구조는 여러 가지 유형으로 분류할 수 있다. 첫째, 소비만족의 수준에 따라 생존형·발전형·향유형 소비로 나눈다. 둘째, 소비항목에 따라 식품, 의류, 가정설비용품·서비스, 의료보건, 교통·통신, 오락교육문화서비스, 거주, 기타 상품·서비스로 나눈다. 셋째, 소비 자료의 존재형식에 따라 실물소비와 노무소비로 나눈다. 넷째, 소비 자료의 경제특성의 따라 상품성 소비와 자급성 소비로 나눈다. 다섯째, 세계은행은 내구소비재, 비내구소비재 및 노무소비로 나눈다.

<그림 2-1> 중국 도시소비

출처: https://image.baidu.com

여기서는 소비만족의 수준에 따른 개념인 생존형·발전형·향유형 소비란 용어를 주로 활용할 것이다. 생존형 소비는 근로자가 노

동 소모를 채우는데 필수적인 소비이다. 발전형 소비는 확대 재생산
에 필수적인 소비이다. 향유형 소비는 노동자의 생활 수준을 제고하
고 향락 수요를 만족시킨다. 저급 소비 단계에는 의식주 소비의 비
중이 상대적으로 높지만, 소득이 높아짐에 따라 발전형·향유형 소
비의 비중이 늘어난다.

통상적으로 의식주 소비는 생존형 소비이고, 교육·교통통신·의
료보건은 발전형 소비이고, 오락문화서비스, 가정설비용품서비스,
내구소비재 지출, 기타 상품·서비스는 향유형 소비이다. 여기서는
먼저 도시 주민 전체 소비추세를 살펴보고, 생존형 소비, 발전형 소
비, 향유형 소비의 순으로 살펴본다.

2. 도시 주민 전체 소비추세

먼저 전체 소비추세를 살펴보자. <표 2-1>은 도시 주민 1인당 현
금소비 지출 절대금액 추이를 나타낸 표이다. 이 표에 의하면 기타
용품·서비스를 제외한 7개 소비항목 모두 절대 금액이 1985년부터
2015년 사이에 대폭 증가하였다.

<표 2-1> 도시 주민 1인당 현금소비 지출 절대금액 추이

(단위: 위안)

	1985	1990	1995	2000	2005	2010	2015
도시전체	673.2	1278.9	3537.6	4998.0	7942.9	13471.5	17887.0 (26.6배)
식품	351.7	693.8	1772.0	1971.3	2914.4	4804.7	6224.8 (17.7배)
의류	98.0	170.9	479.2	500.5	800.5	1444.3	1700.5 (17.4배)

거주	32.2	60.9	283.8	565.3	808.7	1332.1	1665.9 (51.7배)
가정설비용품·서비스	57.9	108.5	263.4	374.5	446.5	908.0	1298.7 (22.4배)
교통통신	14.4	40.5	183.2	427.0	996.7	1983.7	2889.8 (200.7배)
교육문화오락	55.0	112.3	331.0	669.6	1097.5	1627.6	2381.0 (43.3배)
의료보건	16.7	25.7	110.1	318.1	600.9	871.8	1153.7 (69.1배)
기타 용품·서비스	47.2	66.6	114.9	171.8	277.8	499.2	572.6 (12.1배)

주: 2015년의 ()안은 1985년을 기준으로 증가한 비율이다.
출처: 国家统计局a (各年度)

1985년에 비해 2015년에 증가한 비율을 보면, 교통통신(200.7배), 의료보건(69.1배), 거주(51.7배), 교육문화오락(43.3배), 가정설비용품·서비스(22.4배), 식품(17.7배), 의류(17.4배)의 순으로 높다. 발전형 소비인 교통통신비와 의료보건비의 증가율이 가장 높다. 교육문화오락비 가운데 교육비는 발전형 소비이며 문화오락비는 향유형 소비이지만, 분리해서 통계치를 제시하지 않고 교육비보다 문화오락비의 비중이 크기 때문에 여기서는 향유형 소비로 간주한다. 이런 기준에 따르면, 거주비를 제외하면 다음으로 교육문화오락비와 가정설비용품·서비스비를 포함하는 향유형 소비의 증가 비율이 높은 편이다. 거주비의 증가비율이 높은 편이지만, 식품비와 의류비를 포함하면 생존형 소비의 증가 비율이 가장 낮은 편이다.

여기서 8개 소비항목 각각의 정의를 살펴보자. <표 2-2>는 <중국 통계연감>에서 정의하는 항목별 내용을 나타낸 표이다. 이 표를 보면 각 항목의 내용을 알 수 있다.

<표 2-2> 항목별 내용

항목	내용
식품	식품, 담배, 주류
의류	복장, 복장 소재, 신발류, 기타 의류·액세서리, 복장 관련 가공서비스
거주	집세, 수도·전기·연료·관리요금, 주택대출금 할부금
가정 설비용품·서비스	가구, 실내장식품, 가정용 기구, 가정용 방직제품, 가정용 일용잡품, 개인용품, 가정서비스
교통통신	교통·통신 수단, 교통통신관련 서비스·수선유지비, 자동차보험
교육문화오락	교육, 문화, 오락
의료보건	의료기기, 약품, 의료서비스
기타 용품·서비스	상기 항목 이외의 기타 용품·서비스

출처: 国家统计局a (各年度)

<표 2-3> 도시 주민 1인당 현금소비 지출 비중 추이

(단위: %)

	1985	1990	1995	2000	2005	2010	2015
식품	52.25	54.25	50.09	39.44	36.69	35.67	34.80
의류	14.56	13.36	13.55	10.01	10.08	10.72	9.51
거주	4.79	6.98	8.02	11.31	10.18	9.89	9.31
가정 설비용품·서비스	8.60	10.14	7.44	7.49	5.62	6.74	7.26
교통통신	2.14	1.20	5.18	8.54	12.55	14.73	16.15
교육문화오락	8.17	11.12	9.36	13.40	13.82	12.08	13.31
의료보건	2.48	2.01	3.11	6.36	7.56	6.47	6.45
기타 용품·서비스	7.01	0.94	3.25	3.44	3.50	3.71	3.20

출처: 国家统计局a (各年度)

<표 2-3>은 도시 주민 1인당 현금소비 지출 비중 추이를 나타낸 표이다. <표 2-3>에 의하면, 식품비의 비중은 1985년의 53.31%에서 2015년의 34.80%로 급속히 감소하였다. 10년 단위로 보면 1985-1995년 사이에 2.16%포인트가 감소하였고, 1995-2005년 사이에는 13.40%포인

트가, 2005-2015년 사이에는 1.89%포인트가 감소하였다. 1995-2005년 사이에 감소폭이 큰 이유 가운데 하나는 이 시기에 의료보건비, 교통통신비, 교육문화오락서비스비의 증가폭이 컸기 때문이다.

감소폭이 가장 큰 항목은 의류비이다. 1985년에서 2015년 사이에 14.56%에서 9.51%로 감소하였다. 거주비는 1985년에서 2015년 사이에 4.79%에서 9.31%로 증가하였다. 거주비는 집세, 수도・전기・연료・관리요금, 주택대출금 할부금, 구입비 등을 모두 포함한다. 집세, 수도・전기・연료・관리요금, 주택대출금 할부금, 구입비 등은 카드, 이체 등 비현금으로 지출되지만 사실상 현금 소비에 포함된다. 중국의 경우 개혁개방이후 주택의 실물분배에서 혼합분배, 다시 화폐분배로 전환하였다. 그에 따라 거주공간에 대한 구입비와 할부금이 점차 늘어나는 추세였다. 또한 1990년대 이후 부동산가격의 급등도 거주비 상승의 한 요인이었다.

1985년에서 2015년 사이에 증가폭이 가장 큰 항목은 교통통신비이다. 1985년의 2.14%에서 2015년의 16.15%로 대폭 증가하였다. 다음으로 증가폭이 큰 것은 의료보건비이다. 1985년의 2.48%에서 2015년의 6.45%로 대폭 증가하였다. 셋째로 증가폭이 큰 것은 거주비이다. 넷째로 증가폭이 큰 것은 교육문화오락비이다. 1985년에서 2015년 사이에 8.17%에서 13.3%로 증가하였다. 가정설비용품・서비스비는 8.60%에서 7.26%로 오히려 감소하였다.

<표 2-4> 도시 주민 전체 소비지출 추이(2013-15)

(단위: 元)

	2013		2014		2015	
	현금	전체	현금	전체	현금	전체
도시전체	15453.0 (100)	18487.5 (100)	16690.6 (100)	19968.1 (100)	17887.0 (100)	21392.4 (100)
식품	5461.2 (35.34)	5570.7 (30.13)	5874.9 (35.20)	6000.0 (30.04)	6224.8 (34.80)	6359.7 (29.73)
의류	1551.5 (10.04)	1553.7 (8.40)	1626.6 (9.75)	1627.2 (8.14)	1700.5 (9.51)	1701.1 (7.95)
거주	1579.9 (10.22)	4301.4 (23.27)	1625.6 (9.74)	4489.6 (22.48)	1665.9 (9.31)	4726.0 (22.09)
가정 설비용품 · 서비스	1124.0 (7.27)	1129.2 (6.11)	1225.6 (7.34)	1233.2 (6.18)	1298.7 (7.26)	1306.5 (6.11)
교통통신	2313.6 (14.97)	2317.8 (12.54)	2631.5 (15.77)	2637.3 (13.21)	2889.8 (16.16)	2895.4 (13.53)
교육문화오락	1986.3 (12.85)	1988.3 (10.75)	2140.7 (12.83)	2142.3 (10.73)	2381.0 (13.31)	2382.8 (11.14)
의료보건	954.8 (6.18)	1136.1 (6.15)	1038.5 (6.22)	1305.6 (6.54)	1153.7 (6.45)	1443.4 (6.75)
기타 용품 · 서비스	481.7 (3.12)	490.4 (2.65)	527.1 (3.16)	532.9 (2.67)	572.6 (3.20)	577.5 (2.70)

출처: 国家统计局a (2016)

2013년부터 현금 지출과 함께 전체 소비지출이 중국통계연감에서
발표되기 시작했다. <표 2-4>는 2013-15년 도시 주민 전체 소비지출
추이를 나타낸 표이다. 이 <표 2-4>에서 대부분의 항목은 전체 소비
지출과 현금성 소비지출에서 큰 격차를 보이지 않는다. 하지만 거주
비는 큰 격차를 보인다. 거주비의 경우 2015년에 현금소비성지출은
1665.9위안에 불과하지만 2015년에는 4726.0위안에 이른다.

현금성 소비지출에는 협의의 현금뿐만 아니라 광의의 현금으로
지불한 것을 모두 포함한다. 다시 말하면 카드로 지불했다하더라도

광의로 보면 이것도 현금에 속한다. 거주비의 현금성 소비 지출에는 집세, 수도·전기·연료·관리요금, 주택대출금 할부금, 주택 구입비 등을 포함한다. 거주비의 전체 지출의 경우 자가 주택이라도 매달 월세를 지불한다고 간주하고 이를 거주비에 산입하기 때문에 격차가 커지는 것이다.

<표 2-4>에 의하면 2013년에서 2015년 사이에 발전형 소비는 증가하였고 향유형 소비는 소폭 증가하였다. 반면 생존형 소비는 감소하였다.

여기서 <표 2-1>의 1985년 각 항목별 현금소비의 절대수치에 대한 <표 2-4>의 2015년 각 항목별 전체소비지출의 절대치의 증가 비율을 계산해보자. 1985년에 비해 2015년에 증가한 비율을 계산해보면, 교통통신(201.1배), 거주(146.8배), 의료보건(86.4배), 교육문화오락(43.3배), 가정설비용품·서비스(22.6배), 식품(18.1배), 의류(17.4배)의 순으로 높다. 이를 <표 2-1>에서 제시한 현금 소비지출의 증가 비율의 순서와 비교해보자. 비교해보면 거주비의 증가 비율이 대폭 상승한 것을 제외하고 나머지는 유사한 결과를 보인다.

다시 말하면, 여전히 발전형 소비인 교통통신비와 의료보건비의 증가율이 가장 높다. 거주비를 제외하면 다음으로 교육문화오락비와 가정설비용품·서비스비를 포함하는 향유형 소비의 증가 비율이 높은 편이다. 거주비의 증가 비율이 높은 편이지만 식품비와 의류비를 포함하면 생존형 소비의 증가 비율이 가장 낮은 편이다.

3. 의식주(생존형) 소비

여기서는 먼저 거주비와 의류비를 살펴보고 식품비는 다음 장에서 자세히 살펴본다.

(1) 거주비

거주비는 <표 2-3>에 의하면 1985년부터 2000년 사이에는 4.79%에서 11.31%로 증가 하였다. 이후 감소하다가 2015년에는 9.31%로 하락하였다. 하지만 거주비의 절대 금액은 앞의 <표 2-1>에서 보듯이 1985년 32.2위안에서 2015년에 1665.9위안으로 51.7배 증가하였다. 1985년에 거주비는 8개의 소비항목 가운데 식품비, 의류비, 가정설비용품·서비스비, 교육문화오락비, 기타 용품·서비스비에 이어 6위에 거쳤다. 하지만 2015년에 거주비는 8개의 소비항목 가운데 식품비, 교통통신비, 교육문화오락비, 의류비에 이어 5위로 상승하였다. <표 2-4>로 보면 2015년 기준으로 거주비는 식품비에 이어 2위에 이른다.

1985년경에 거주비의 비중이 낮았던 이유는 다음과 같다. 개혁개방(1978년) 전에 도시 주민의 주택은 아주 낮은 임대료의 조건으로 배급되었다. 개혁개방(1978년) 이후부터 1998년 사이에는 도시 주민이 공유주택을 구입하기 시작하였다. 하지만 1985년경만 하더라도 아직 많은 도시 주민은 아주 낮은 임대료만 지불하고 주택을 사용하였다.

1985년부터 2015년 사이에 거주비가 전반적으로 상승한 이유는 다음과 같다. 첫째, 주택제도의 개혁이다. 전술한 것처럼 개혁개방

전에는 도시 주민은 대부분 공유주택을 아주 낮은 임대료를 지불하면서 임대하여 사용했었다. 하지만, 개혁개방 이후부터 1998년까지 도시 주민이 공유주택을 구입하기 시작하였다. 또한 도시 주민은 점차 매월 정기적으로 일정액을 미래 주택구매와 대출을 위한 적립금으로 납입하기 시작함에 따라 새로운 지출이 증가하여왔다. 1998년부터는 국가나 기업이 실물을 제공하던 주택을 더 이상 분배하지 않는 개혁 조치가 실시되기 시작했다. 따라서 국가나 기업은 더 이상 주택을 실물로 분배할 수 없게 되었고, 도시 주민은 주택을 직접 구매해야만 했다. 이는 주택 관련 비용 지출의 증가를 의미한다. 따라서 1993년부터 2000년까지 주택 관련 지출의 비중이 지속적으로 증가하였던 이유가 설명된다.

둘째, 거주 조건의 개선이다. 거주조건의 개선 가운데 하나는 1인당 평균 주택 면적의 증가이다(이중희, 2008:421). <표 2-5>는 도시 주민 1인당 평균 주택 면적의 연도별 추이이다. <표 2-5>에 의하면, 도시 1인당 주택면적이 1985년부터 2012년 사이에 10.0평방미터에서 32.9평방미터로 급격히 증가하였다. 1인당 주택 면적의 증가는 주택 관련 지출의 증가를 의미한다.

<표 2-5> 도시 1인당 주택건축 면적(평방미터)

1985	1990	1995	2000	2005	2010	2012
10.0	13.7	16.3	20.3	26.1	31.6	32.9

자료: 国家统计局 a (各年度)

셋째, 주택가격의 상승이다. 대도시를 중심으로 1985년부터 2015년 사이에 주택 가격은 지속적으로 상승해왔으며, 이는 도시 주민의 주택 구입 지출의 증가를 의미한다(이중희, 2008:421).

(2) 의류비

도시 가구지출 가운데 의류비와 관련하여 가장 중요한 변화는 도시 가구의 의류비 비중의 감소이다. <표 2-3>에서처럼, 1985년(14.56%)부터 2015년(9.51%)사이에 감소하였다. 7개 소비 항목 가운데 식품비와 함께 의류비의 감소폭이 가장 컸다. 1985년에 7개 소비 항목 가운데 비중에서 식품비 다음으로 2위였지만, 2015년에는 식품비, 교통통신비, 교육문화오락비에 이어 4위로 추락하였다. <표 2-4>에서 2015년 기준으로 보면, 식품비, 교통통신비, 교육문화오락비, 거주비에 이어 5위에 머무르고 있다. 의류비가 7개 소비항목 가운데 그 비중이 가장 하락한 소비 항목이라 할 수 있다.

<표 2-3>에서 보아도 의류비를 포함한 7개 소비항목 모두 절대금액이 1985년부터 2015년 사이에 대폭 증가하였다. 하지만 1985년에 비해 2015년에 증가한 비율을 보면, 교통통신(200.7배), 의료보건(69.1배), 거주(51.7배), 교육문화오락(43.3배), 가정설비용품·서비스(22.4배), 식품(17.7배), 의류(17.4배)의 순으로 높다. 다시 말하면 의류비의 증가율이 가장 낮은 셈이다.

의류비의 비중이 하락한 이유는 다음과 같다. 현대화의 주요 추세는 교통통신의 발달, 정보화, 즐기는 문화 확대, 주택 가격 상승 등이다. 하지만 의류비는 이런 요인에 영향을 받아 증가하는 소비 항목이 아니다. 중국 사회의 또 다른 추세는 고령화이다. 고령화는 오히려 의류비의 지출 감소를 야기하는 중요한 요인이었다. 한편 소득 증가에 따라 건강에 대한 관심이 늘어났다. 건강에 대한 관심은 건

강식품의 수요를 증가시키고 이것이 식품비의 증가요인으로 작용하였다. 하지만 의류비는 건강에 대한 관심의 증가와도 무관하다. 다시 말하면 현대화하거나 소득이 증가해도 의류비의 지출을 늘릴 요인은 등장하지 않았다는 것이다.

한편 의류의 고급화는 의류비의 절대 액을 증가시키는 요인이 되었다. 전체 지출 가운데 의류비의 비중은 감소하였지만, 의류비의 절대 액은 증가하였다. 1985년의 98.0위안에서 2015년의 1,700.5위안으로 대폭 증가하였다. 1985년경에 많은 중국인은 주로 회색·검은색 옷이나 초록색 군평상복(軍便裝)을 입었지만, 2015년에는 유행하는 각양각색의 의복을 입고 있다. 의류에 대한 태도도 "내구성, 실용성, 경제성, 미관"을 중시하는 정태적 관점으로 부터 "개성, 아름다움, 유행, 신분, 예술"을 중시하는 동태적 관점으로 변화하였다(이중희, 2008:409).

의류비 지출은 소득과 정비례 혹은 역비례 관계에 있지 않다. 오히려 중간 소득 가구의 의류비 지출 비중이 저소득·고소득 가구에 비해 높다. 소득 수준별 도시 가구의 소비지출의 2005년도 통계에 의하면, 의류비의 비중이 최저 소득 가구의 경우 7.84%이다. 반면, 중 소득 가구와 중상 소득 가구는 10.74%에 이르지만 최고 소득 가구의 경우 9.18%로 감소한다(이중희, 2008:409-10).

<표 2-6>는 의류비의 구성 변화를 나타낸 표이다. 의류비는 의류비, 신발류, 양말류, 모자류, 기타 의류비 등으로 구성되어있는데 <표 2-6>에서 보듯이 이 가운데 복장비가 대부분을 차지한다. 2003년의 경우 전체 의류비(637.7위안) 가운데 복장비(455.3위안)가 차지하는 비중은 71.4%에 이른다.

<표 2-6> 의류비의 구성 변화

(단위: 元)

	1997	2000	2003
의류비 전체	520.9	500.5	637.7
복장	328.2	337.2	455.3
신발·양말·모자·기타	129.4	130.8	-

주: <중국통계연감>이나 <중국통계적요>는 2004년 이후에는 의류비 전체 통계만 제시.
자료: 国家统计局 b (各年度)

4. 발전형 소비

(1) 교통비

전술한 것처럼 발전형 소비에는 교통통신, 의료보건, 교육 등이 있다. 이 가운데 교통통신비와 의료보건비의 증가폭이 다른 항목에 비해 가장 크다. 먼저 <표 2-3>에서 보듯이 1985년에서 2015년 사이에 교통통신비의 증가폭이 가장 컸다. 1985년의 2.14%에서 2015년의 16.15%로 대폭 증가하였다. 다음으로 증가폭이 큰 것은 의료보건비이다. 1985년의 2.48%에서 2015년의 6.45%로 대폭 증가하였다.

교통비는 소득수준과 정비례 관계에 있다. 소득수준별 도시 가구의 소비지출 통계에 의하면 교통비는 소득수준이 높을수록 급격히 증가하는 경향이다. 또한, 교통비 가운데 가정 교통수단 관련 비용도 소득수준이 높을수록 급격히 증가하는 경향이다. 즉, 자가용 구입 등을 포함하는 가정 교통수단 관련 비용의 경우, 최저 소득 가구의 경우 극히 낮은 수준인 반면, 최고 소득 가구의 경우 높은 수준에 이른다.

교통비가 증가하는 이유는 다음과 같다. 먼저 도시가 확대되고 교외화가 급속하게 진행됨에 따라 도시 교통이 보행과 자전거 등 전통적 수단으로부터 기동화로 전환하였다는데 있다. 기동화에는 공공교통수단(버스, 지하철, 택시)과 개별 교통수단(오토바이, 자가용)이 있다. 특히 2000년 이후 교통비의 급속한 증가가 돋보이는데 이는 자가용 구매와 크게 연관된다(이중희, 2008:413).

<표 2-7> 도시 주민 교통 및 통신 수단 관련 보유량

(단위 : 100가구당)

	1985	1990	1995	2000	2005	2010	2015
자전거	152.3	-	194.3	162.7	-	-	-
이동전화	-	-	-	19.5	137.0	188.9	223.8
자가용	-	-	-	0.5	3.4	13.1	30.0
오토바이	-	1.9	6.3	18.8	25.0	22.5	22.7
컴퓨터	-	-	-	9.7	41.5	71.2	78.5

자료: 国家统计局 a (各年度)

내구소비재 가운데 자가용은 교통비에 해당한다. <표 2-7>는 도시 주민 교통 및 통신 수단 관련 보유량을 나타낸 표이다. <표 2-7>에서 보듯이 자가용은 2000년에 100가구당 0.5대에 불과했지만 2015년에 30대로 급증하였다. 통신비와 관련되는 이동전화의 보유대수도 급증하였다.[7] 2000년에 100가구당 19.5대에서 2015년에 223.8대로 급증하였다. 휴대폰 보유량이 많아질수록 1인당 휴대폰 전화요금이 늘어나기 때문이다.

---

7) 휴대폰과 가정용 컴퓨터는 통신 공구에 포함될 수도 있고 문화오락용품에 포함될 수도 있다. 중국 국가통계국에서도 이에 대해 명확한 기준을 제시하지 않고 있다. 스마트폰이나 가정용 컴퓨터의 경우 통신비로 사용되는 비중은 적은 반면, 문화오락서비스비로 지출되는 금액은 훨씬 많다. 다시 말하면 스마트폰이나 가정용 컴퓨터를 영화, 게임, 전자 도서, TV시청, 라디오 방송, 음악 청취 등의 목적으로 사용하는 시간은 통신 목적으로 사용하는 시간보다 훨씬 크다.

<표 2-8> 자가용 보유량

(단위: 만 대)

연도	자가용 총 대수	승객용 자가용
1985	28.49	1.93
1990	81.62	24.07
1995	249.96	114.15
2000	625.33	365.09
2010	5,938.71	4,989.50
2015	14,128.0	12,762.2

출처: 国家统计局b(2016:146)

　　<표 2-8>는 도시와 농촌을 합친 자가용보유량의 통계이다. <표 2-8>에 의하면 승객용 자가용의 경우 1985년에서 2015년 사이에 1만9300대에서 2015년에 1억 2762만2천대로 급증하였다.

　　<표 2-7>과 <표 2-8>로부터 교통비의 급속한 증가는 자가용의 급증과 관련되어있다는 사실을 확인할 수 있다.

<그림 2-2> 중국의 자동차 현황

출처: https://image.baidu.com

(2) 통신비

통신비 또한 급격하게 증가하여 왔다. 통신비도 교통비와 마찬가지로 1985년부터 지속적으로 증가하였다. 통신비의 경우, 교통비와 달리 소득수준과 비례 관계에 있지 않다. 도시가구별 내구소비재 보유통계에 의하면, 통신비의 비중이 가장 높은 소득가구는 최고 소득가구가 아니라 중상 소득 가구이다.

통신비에는 휴대폰, 가정용 컴퓨터, 무전기, 전보, 가정용 전화, 편지, PC방 등의 사용이 있다. 통신비가 증가하여 왔던 이유는 먼저 각종 가정용 통신수단 사용을 늘려왔기 때문이다. 가정용 컴퓨터, 가정용 전화기, 휴대폰 등을 이용한 통신이 증가하여 왔기 때문이었다. 이는 가정용 컴퓨터와 휴대폰 보유대수의 증가를 보면 금방 알 수 있다(이중희, 2008: 415-6). <표 2-7> 도시주민 교통통신수단의 보유량의 통계에서 가정용 컴퓨터와 휴대폰의 증가가 가장 두드러진다. 가정용 컴퓨터의 경우, 2000년에 100가구당 9.7대에서 2015년에 78.5대로 급격히 증가하였다.[8] 휴대폰도 2000년의 19.5대에서 2015년의 223.8대로 급격히 증가하였다. 도·농 전체의 인터넷 사

<표 2-9> 이동전화 보급률(전체)

(단위: 100명당)

연도	이동전화 보급률
1995	0.30
2000	6.72
2005	30.26
2010	64.36
2015	92.49

출처: 国家统计局a(2016: 562)

---

8) 베이징의 가정의 경우, 인터넷을 사용하기 위해서 2007년 현재 원 100위안 가량을 납부해야한다.

용 가구 수가 급증하는 것도 통신비의 급증을 가져왔다.

<표 2-9>는 도시와 농촌을 포함한 전체 이동전화 보급률이다. 이동전화 보급률이 1995년에 100명당 0.30대에서 2015년에 100명당 92.49로 급증하였음을 알 수 있다.

<표 2-10>는 도시와 농촌을 포함하는 모바일 폰과 인터넷 사용자를 나타낸 표이다. <표 2-10>에 의하면 이동전화 사용자 수도 1990년의 1.8만 명에서 2015년의 13억 573만 8천명으로 급증하였다. 인터넷 사용자 수도 2000년에 2,250만 명에서 2015년에 6억 8,826만 명으로 급증하였다.

<표 2-10> 모바일 폰과 인터넷 사용자(전체)

(단위: 만 명)

연도	이동전화 사용자	인터넷 사용자 수
1990	1.8	
1995	362.9	
2000	8,453.3	2,250
2005	39,340.6	11,100
2010	85,900.3	45,730
2015	130,573.8	68,826

출처: 国家统计局b(2016: 157)

<표 2-11>는 중국 네티즌 규모와 인터넷 보급률을 나타낸 표이다. <표 2-11>는 도시와 농촌을 포함하는 통계이지만 도시의 추세를 상당히 반영하고 있다. 이 표에 의하면 2005년에서 2015년 사이에 네티즌 수가 1억 1,100만 명에서 7억 958만 명으로 급격히 증가하였음을 알 수 있다. 실제 보급률에서도 동기간에 8.5%에서 34.3%로 급증하였음을 알 수 있다. 실제 2010년대에 접어들어 모바일혁명이

라 할 정도 모든 분야에서 모바일 인터넷을 사용하는 라이프스타일 혁명이 진행되고 있다. 이로부터 이 기간에 통신비의 증가 요인을 확인할 수 있다.

<표 2-11> 중국 네티즌 규모와 인터넷 보급률

(단위: 만 명)

연 도	2005.12	2010.12	2015.12	2016.6
네티즌 수	11100	45730	68826	70958
보급률	8.5%	34.3%	50.3%	51.7%
휴대폰인터넷 사용자수	-	30274	61981	65637
휴대폰 인터넷 사용자수/전체네티즌수	-	66.2%	90.1%	92.5%

출처: CNNIC(각년도)

(3) 의료보건비

의료보건비도 그 비중이 가장 급속하게 증가한 항목 중 하나이다. 도시 주민 1인당 현금소비 지출통계인 <표 2-3>에 의하면, 의료보건비의 비중이 1985년부터 2015년 사이에 2.48%로부터 6.45%로 급속히 증가하였다. 의료보건비에는 비현금 지출이 상대적으로 많다. 비현금 지출을 포함하면 2015년에 6.75%에 이른다.

<표 2-12>는 위생총비용을 나타낸 표이다. 이 표를 보아도 도시 주민 1인당 위생비용 지출이 1990년의 158.82위안에서 2010년의 2,315.48위안으로 급속히 증가했다는 사실을 알 수 있다.

<표 2-12> 위생총비용

(단위: 억 元, %)

연도	위생 총비용	정부위생지출		사회위생지출		개인현금위생지출		1인당 위생비용 지출(위안)		위생 총 비용/ GDP
		절대값	총 위생 비용에서 차지하는 비중	절대값	총위생 비용에서 차지하는 비중	절대값	총 위생 비용에서 차지하는 비중	도시	농촌	
1978	110.2	35.44	32.16	52.25	47.41	22.52	20.43			3.00
1980	143.23	51.91	36.24	60.97	42.57	30.35	21.19			3.12
1985	279.00	107.65	38.58	91.96	32.96	79.39	28.46			3.07
1990	747.39	187.28	25.06	293.10	39.22	267.01	35.73	158.82	39.31	3.96
1995	2,155.13	387.34	17.97	767.81	35.63	999.98	46.40	401.28	101.48	3.51
2000	4,586.63	709.52	15.47	1,171.94	25.55	2,705.17	58.98	812.95	214.93	4.57
2005	8,659.91	1,552.53	17.93	2,586.40	29.87	4,520.98	52.21	1,126.36	315.83	4.62
2010	19,980.39	5,732.49	28.69	7,196.61	36.02	7,051.29	35.29	2,315.48	666.30	4.84
2015	40,974.64	12,475.28	30.45	16,506.71	40.29	11,992.65	29.27			5.98

출처: 国家统计局a(2016:726)

의료보건비의 급속한 증가는 다음과 같이 설명할 수 있다. 첫째, 인구구조의 고령화 추세이다. 고령층일수록 의료보건비의 지출을 더욱 늘릴 수밖에 없기 때문이다(范劍平, 2001:78; 이중희, 2008:412). <표 2-13>은 연령별 인구추세를 나타낸 표이다. 이 표에 의하면 65세 이상 인구비율이 1982년에 4.91%에 그쳤지만 2015년에는 무려 10.5%에 이른다. 이로 보건대 고령화가 의료보건비 지출의 중요한 요인이라는 사실을 예상할 수 있다.

둘째, 소득수준의 향상에 따라 전 계층 모두 건강에 대한 관심을 갖고 있기 때문에 의료보건 관련 지출을 늘린다. 소득수준별 도시 가구의 소비지출통계에 의하면 의료보건비의 비중은 가구의 소득수준별로 격차를 보이지 않는다. 다시 말하면, 저소득층이라도 의료보건비는 일정수준 지출하기 때문에 소득수준의 격차와 의료보건비의 격차는 크지 않다.

<표 2-13> 연령별 인구(%)

	1982	1990	2000	2005	2010	2015
0-14세	33.59	27.69	22.89	20.30	16.60	16.50
15-64세	61.50	66.74	70.15	72.00	74.53	73.00
65세 이상	4.91	5.57	6.96	7.70	8.87	10.50

출처: 国家统计局a(2005, 2006, 2011, 2016)

셋째, 의료보장제도의 개혁에 따라 단위보다 개인의 의료보건 관련 보험 부담이 증가하여 왔다는 점이다. 이는 도시 보험료 지출의 급속한 증가로부터 확인할 수 있다.

1980년대 초까지 중국인은 보험에 들지 않고 있었다. 1990년대 초에 이르렀어도 중국인은 보험을 신뢰하지 않았고, 보험가입은 돈 낭비로 생각하였다. 1990년대 중반이후 중국인의 보험 가입은 증가하기 시작했으며, 가입방식에서도 단위가 집단적으로 가입하던 방식으로부터 개인이 각각 보험에 가입하는 방식으로 전환하였다(이중희, 2008:412).

<표 2-14> 의료위생기구

(단위: 개)

연도	병원	종합병원	중의	전문의원
1978	9,293	7,539	447	643
1980	9,902	7,859	678	694
1985	11,955(100)	9,197(100)	1,485(100)	938(100)
1990	14,377	10424	2115	1,362
1995	15663	11586	2361	1,445
2000	16318	11872	2453	1,543
2005	18703	12982	2620	2682
2010	20918	13681	2778	3956
2015	27587(231)	17430(190)	3267(220)	6023(642)

주: 2015년도의 ()은 1985년도를 100으로 했을 때 수치이다.
출처: 国家统计局a(2016)

1980년 중국에서 보험업무가 재개된 이래, 총 보험료 수입은 1980년에 3억 위안에도 못 미치다가 2006년 말에 5,643억 위안으로 증가하였다(国家统计局b, 2007:88). 이는 매년 평균 32% 씩 증가한 것이다. 이 가운데 가장 중요한 보험 종류는 생명보험인데, 1995년 경부터 급속하게 증가하였다. 총 보험료 수입 가운데 생명보험의 비중은 1980년에 0.44%이었다가 2002년에 65.2%로 증가하였을 정도이다(卢泰宏, 2005:9-10; 이중희, 2008:412).

넷째, 의료보건수준의 개선이다. 병원의 증가, 위생인원의 증가가 두드러진다. 이는 <표 2-14>와 <표 2-15>에서도 확인된다.

<표 2-14>는 도시와 농촌을 모두 포함하는 의료위생기구의 추이를 나타낸 표이다. 도시와 농촌을 포괄하지만 도시의 의료위생 기구의 추세를 반영한 것으로 볼 수 있다. 이 표에 의하면 병원의 경우 1985년에 비해 2015년에 2.31배 증가하였다.

<표 2-15> 1,000명당 위생 기술 인원

(단위: 명)

연도	위생기술 인원		의사		간호사	
	도시	농촌	도시	농촌	도시	농촌
1980	8.03	1.81	3.22	0.76	1.83	0.20
1985	7.92	2.09	3.35	0.85	1.85	0.30
1990	6.59	2.15	2.95	0.98	1.91	0.43
1995	5.36	2.32	2.39	1.07	1.59	0.49
2000	5.17	2.41	2.31	1.17	1.64	0.54
2005	5.82	2.69	2.46	1.26	2.10	0.65
2010	7.62	3.04	2.97	1.32	3.09	0.89
2015	10.20	3.90	3.70	1.60	4.60	1.40

출처: 国家统计局a(2016: 710)

<표 2-15>는 1,000명당 위생관련 종사자를 나타낸 표이다. 이 표에 의하면 의사는 1,000명당 1985년의 3.35명에서 2015년의 3.70명으로 증가하였다. 간호사는 1,000명당 1985년의 1.85명에서 2015년의 4.60명으로 급증하였다. <표 2-14>와 <표 2-15>로 보아 1985년에서 2015년 사이에 의료보건 조건이 대폭 개선됨에 따라 도시 주민들은 개선된 의료보건을 더욱 활용함으로써 자연 의료보건비의 지출을 늘리게 되는 셈이다.

5. 향유형 소비

(1) 문화오락비

향유형 소비에는 문화오락비와 가정설비용품·서비스비가 있다. 먼저 문화오락비를 살펴보자. <표 2-1>에서 1985년에서 2015년 사이의 증가 비율을 보면, 교통통신(200.7배), 의료보건(69.1배), 거주(51.7배) 다음으로 교육문화오락(43.3배)의 증가율이 높다.[9] 중국국가통계국이 2015년에 교육비와 문화오락비를 분리해서 통계치를 제시하지 않지만 교육비에 비해 문화오락비의 증가율이 높기 때문에 1985-2015년 사이에 문화오락비의 증가율은 43.3배보다 높을 것으로 추정된다.

---

[9] 전술한 것처럼 교육문화오락비 가운데 교육비는 발전형 소비이며 문화오락비는 향유형 소비이지만, 분리해서 통계치를 제시하지 않고 교육비보다 문화오락비의 비중이 크기 때문에 여기서는 향유형 소비로 간주한다.

<그림 2-3> 중국의 문화오락 현황

출처: https://image.baidu.com

<표 2-16> 문화오락비의 내용

구분	내용
문화오락용품	휴대전화, 칼라TV, VCD 플레이어, 비디오 플레이어, 오락기, 가정용 컴퓨터, 음향기기, 라디오, 녹음기, 캠코더, 카메라, 피아노, 중·고급 악기
문화오락서비스	여행(국내여행, 해외여행), 오락(TV, 영화, 라디오방송, 애니메이션, 공연예술, 신문, 잡지, 도서, 기타)

자료: 김성자(2017:9)

　　<표 2-16>는 문화오락비에 포함되는 항목을 나타낸 표이다. 전술한 것처럼 휴대폰이나 가정용 컴퓨터는 통신비의 통신공구로 사용되는 금액보다 문화오락용품으로 사용되는 금액이 훨씬 크다. 문화오락비를 구성하는 중요한 항목은 문화오락용품과 문화오락서비스이다. <표 2-16>는 문화오락용품과 문화오락서비스에 속하는 소항목을 나타낸 표이다. 전술한 것처럼 휴대전화와 가정용 컴퓨터는 통신용으로 사용되는 빈도보다 문화오락용으로 사용되는 빈도가 훨씬 높기 때문에 <표 2-16>에서는 이들이 문화오락비로 분류되고 있다.

　　<표 2-17>는 도시 주민 문화오락용품 보유량을 나타낸 표이다.

<표 2-17>에서 칼라TV의 보유량은 2005년에 이르면 거의 한계점에 이르고 2010년에서 2015년 사이에 137.4에서 122.3으로 오히려 감소하였다. 이는 휴대폰이나 가정용 컴퓨터가 칼라TV의 기능을 일부 대체하기 때문이다. 문화오락용품에 속하는 VCD플레이어, 비디오 플레이어, 오락기, 음향기기, 라디오, 녹음기, 캠코더, 카메라, 피아노, 중·고급 악기 등도 칼라TV의 추세와 유사하거나 오히려 더 감소하는 추세이다. <표 2-17>에서 2000년에서 2015년 사이에 휴대폰과 가정용 컴퓨터의 보유량이 급격히 상승하였다는 사실을 확인할 수 있다. 따라서 문화오락비의 증가는 휴대폰과 가정용 컴퓨터의 구입과 사용에 기인한다는 사실도 확인할 수 있다.

<표 2-17> 도시 주민 문화오락용품 보유량

(단위 : 100가구당)

	1985	1990	1995	2000	2005	2010	2015
컬러TV	17.2	59.0	89.8	116.6	134.8	137.4	122.3
휴대폰	-	-	-	19.5	137.0	188.9	223.8
컴퓨터	-	-	-	9.7	41.5	71.2	78.5

자료: 国家统计局a(各年度)

문화오락비의 가장 큰 증가 요인 가운데 하나는 국내외 여행이다. <표 2-18>는 중국내 여행 상황을 나타낸 표이다. <표 2-18>에 의하면 1994년부터 2015년 사이에 여행자수가 5.24억 명/횟수에서 40.0억 명/횟수로 크게 증가하였음을 알 수 있다. 특히 도시 주민의 여행자 수가 농촌 주민에 비해 월등하게 빠른 속도로 증가하였음을 알 수 있다. 물론 이 기간에 도시 주민의 수가 농촌 주민의 수보다 빠르게 증가한 것도 작용하였다. 하지만 도시 인구의 증가 비율을 고려하면 도시 인구의 증가 비율보다 도시 주민의 여행자 수의 증가 비율이 더욱 빠르다는 점을 확인할 수 있다.

<표 2-18> 중국 내 여행상황

연도	여행자 수			여행자 1인당 평균 지출액		
	(억 명/횟수)	도시주민	농촌주민	(위안)	도시주민	농촌주민
1994	5.24	2.05	3.19	195.3	414.7	54.9
1995	6.29	2.46	3.83	218.7	464.0	61.5
2000	7.44	3.29	4.154	426.6	678.6	226.6
2005	12.12	4.96	7.16	436.1	737.1	227.6
2010	21.03	10.65	10.38	598.2	883.0	306.0
2015	40.00	28.02	11.88	857.0	985.5	554.2

출처: 国家统计局b(2016:142)

또한 도시 주민 여행자 1인당 평균 지출액의 증가도 도시 문화오락비의 또 다른 증가 요인이다. <표 2-18>에서 보면, 1994년부터 2015년 사이에 도시 주민의 경우 여행자 1인당 평균 지출액이 414.7위안에서 985.5위안으로 상승하였다는 점도 도시 문화오락비의 증가요인이다.

<그림 2-4> 중국의 여행 현황

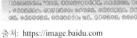

출처: https://image.baidu.com

(2) 가정설비용품 · 서비스

가정설비 · 용품 · 서비스(household facilities, articles and services) 와 가정용 내구소비재의 비중은 감소하여 왔다. 먼저 도시 주민 1인 당 현금소비 지출 비중 추이를 보여주는 <표 2-3>에서 보듯이 가정 설비용품 · 서비스비는 8.60%에서 7.26%로 오히려 감소하였다.[10] 이는 가정설비용품 · 서비스나 가정용 내구소비재에 대한 지출이 다 른 항목보다 상대적으로 포화점에 이르렀기 때문이다.

하지만, 가정설비용품 · 서비스 지출의 비중은 소득 수준과 정비 례 관계에 있음을 알 수 있다. 예컨대, 2005년에 그 지출 비중이 최 저 소득 가구의 경우 3.51%에 불과한 반면, 소득 수준이 상승할수 록 그 비중도 상승하여 최고 소득 가구의 경우 6.72%에 이르렀다. 이는 고소득 가구일수록 실내 설비용품이나 가정 서비스에 대한 지 출을 중시하여 왔기 때문이다(이중희, 2008:410).

2004년에 리챵(李强)은 이미 중국 가정 내부의 설비 종류가 많고, 부유 가정 내부의 설비 용품의 호화스런 정도는 심지어 선진국의 가정 을 초월하고 있다고 평가하고 있다(李强, 2004:268). 가정설비용품 · 서 비스 가운데 가정용 내구 소비재의 비율에서 고소득 가구와 저소득 가구의 격차는 더욱 두드러진다. 2005년에 내구소비재의 경우 최저 소득 가구의 비율은 1.0%에 불과한 반면, 최고 소득 가구는 3.46% 에 이른다(이중희, 2008:410).

---

10) 가정설비용품 · 서비스 가운데 일부인 가정용 내구소비재도 <표 4-1>에 의하면, 1993년부터 2005 년 사이에 5.0%에서 2.7%로 감소하였다(이중희, 2008:410).

<표 2-19> 도시 주민 가정설비용품 보유량

(단위 : 100가구당)

	1985	1990	1995	2000	2005	2010	2015
세탁기	48.3	78.4	89.0	90.5	95.5	96.9	92.3
냉장고	6.6	42.3	66.2	80.1	90.7	96.6	94.0
에어컨	-	0.3	8.1	30.8	80.7	112.1	114.6
전자레인지	-	-	-	17.6	47.6	59.0	-

자료: 国家统计局 a (各年度)

이는 도시 100가구당 내구소비재 보유 비율을 보여주는 <표 2-19> 도시 주민 가정설비용품 보유량에서도 확인할 수 있다. <표 2-19>에서 세탁기, 냉장고는 2000년경 이전에 이미 포화점에 이른 내구소비재이다.[11] 중국 도시 가정에서 보유한 가정설비용품은 대체로 이러한 유형이다.

<표 2-19>에 의하면, 일부 가정설비용품은 2000년 이후에도 보유 비율이 급격히 상승하여왔다. 에어컨과 전자레인지는 <표 2-19>에서처럼 2000년 이후에도 보유 비율이 급격히 증가하였음을 알 수 있다.[12] 하지만 에어컨이나 전자레인지도 2010년에 이르면 이미 포화점에 이른다.

이들은 소득 수준이 높은 가구부터 구입하는 품목들이다. 다시 말하면, 이로부터 소득 수준이 높은 가구부터 세탁기나 냉장고와 같은 생활 필수품의 보유에 그치지 않고, 에어컨, VCD 플레이어, 전자레인지와 같은 가정용 내구소비재까지 보유하는 경향임을 알 수 있다.

전반적으로 내구소비재는 농촌과 대비된다. 2006년의 보급률 통계를 보면, 냉장고는 22.5, 세탁기는 43.0, 에어컨은 7.3에 불과하다

---

11) 스테레오, 카메라 등도 여기에 해당한다.

12) VCD 플레이어도 여기에 해당한다.

(国家统计局b, 2007:125). 도시에 비해서 내구소비재의 보유 비율이 전반적으로 낮은 수준이며, 에어컨 같은 새로이 소비열기가 있는 내구소비재에서 격차가 큼을 알 수 있다(이중희, 2008:411).

제3장 식품소비[13)

중국인은 의식주 가운데 식(食)을 가장 중시하는 문화적 전통을 갖고 있다. 식생활이나 식품소비추세는 중국의 소득수준 향상, 산업구조 변화, 과학기술 변화, 식품유통채널 변화 등에 따라 급격히 변화해왔다. 특히 1990년대 이후 그 변화는 심대하다. 식품소비 추세는 소득수준에 직접적인 영향을 받는다. 가장 빈곤할 때는 기본적인 배고픔을 해소하는 양식 섭취에 집중할 수밖에 없다. 배부른 단계가 지나고 중류생활수준에 이르면 새로운 식품 소비의 비중을 늘린다. 부유한 수준에 이르면 새로운 식품 소비의 비중을 더욱 늘린다. 중국에서는 생활수준에 따라 빈곤 단계, 원바오 단계, 샤오캉 단계, 부유 단계로 나눌 수 있다.

식품소비의 양상은 생활수준뿐만 아니라 글로벌 식품트렌드와 식품유통채널 혁신의 영향도 받는다. 가공식품이 전 세계적으로 확산되고 중국에서는 현대적인 식품유통채널의 등장이 가공식품의 소비를 부추긴다. 또한 소득계층 차이에 따라 식품소비의 패턴도 차이가 있다. 이러한 식생활의 변화는 농촌보다 생활수준이 급상승하는 도

---

13) 식품비 부분은 이중희(2016)를 수정 보완한 것이다.

시에서 더욱 급격하다. 한편 전체 소비 가운데 식품비가 차지하는 비중은 여전히 크고 향후 상당기간 가장 클 것으로 예상된다.

여기서는 중국의 도시주민의 식생활 변화를 알기위해서 식품소비의 추세 변화를 분석한다. 즉, <중국통계연감>이나 <중국통계적요> 등 각종 공식적 통계자료를 활용해서 1990년대 이후 식품비의 소비변화를 살펴보고자 한다. 원바오 단계, 샤오캉 단계, 부유 단계에 각각 단일한 식품소비추세에서 점차 다원적 소비추세로 전환해가고 있음을 보일 것이다. 상위단계로 전환함에 따라 소득수준이 높은 단계에서 많이 소비하는 식품항목이 늘어나기 때문에 이에 대해 분석할 예정이다. 또한 소득수준별·도농별 소비항목의 차이도 보일 것이다. 고소득층이 저소득층에 비해 어떤 항목을 더 소비하는지 명시적으로 드러날 것이다.

1. 식품비에 대한 기존 연구

그동안 중국의 소비지출 항목 가운데 그 비중이 늘어나는 교육문화오락서비스비, 교통통신비, 의료보건비 등에 관심을 기울여왔다. 반면, 상대적으로 그 비중이 감소하는 식품비의 지출구조에 대한 연구는 등한시해왔다. 실제 중국의 식품소비연구도 거의 없었다. 소득수준의 향상에 따라 식품비의 비중, 즉 엥겔계수는 하락한다는 것을 철칙으로 믿어왔기 때문이기도 하다.

반면 중국에는 식품 소비에 대한 연구가 존재한다(李哲敏, 2008; 李幸·文博, 2004; 裴明君·肖玉巧 2013; 瞿凤英 等, 2005; 中商情报网, 2013). 본 연구와 관련된 李哲敏(2007)을 보자. 국제연합(UN) 식량

농업기구는 엥겔계수에 따라 몇 가지 생활단계로 구분하고 있다. 60% 이상은 빈곤단계, 50-60%이상은 원바오(온포) 단계, 40-50%는 샤오캉(소강) 단계, 20-40%는 부유단계, 20% 이하는 최부유 단계로 보고 있다(李幸·文博, 2004).[14] 이에 의거해서 李哲敏(2007)은 식품 각 항목의 소비추세를 파악하고 있다. 李哲敏(2007)의 논지는 다음과 같다.

"민이식위천"(民以食为天)은 "백성은 식량을 생존의 근본으로 여긴다"는 뜻이다. 여기서 식(食)은 먼저 양식을 말한다. 양식은 기초 중의 기초이다. 원바오의 핵심기준은 양식이다. 원바오 단계에 진입할 때까지는 식품소비의 증가는 먼저 양식소비의 증가로 나타난다. 소비구조는 뚜렷이 단일성을 보인다. 원바오 단계에 진입한 후 식품소비에서 부식품과 동물성식품의 소비가 증가함에 따라 소비구조도 다원화추세를 보인다. 한편 원바오에 진입한 후 의료보건, 교통통신, 문화오락, 특히 교육방면의 지출을 늘림에 따라 식품비 지출을 늘리는데 제약을 받는다.

원바오 단계부터 샤오캉 단계로 전환하는 시점에서, 즉 1990년대 중·후반 이래 상품경제가 발전하고 대외개방이 확대되고 통일시장이 형성되어왔다. 이에 따라 식품의 종류와 스타일이 풍부해진다. 사람들은 식품구조를 개선하고 소비의 질적 수준을 높이고 식품의 다양화된 소비를 추구한다. 또한 사람들은 고비타민, 고단백, 저지방, 저콜레스트롤 식품을 선호한다(李哲敏, 2007:27-28).

---

14) 원바오는 "배부르다", 샤오캉은 "중류생활수준"이라는 뜻이다.

2. 식품소비 전체추세

앞의 <표 2-3> 도시 주민 1인당 소비 지출 추이에 의하면, 식품비의 비중은 1985년의 53.31%에서 2015년의 29.73%로 급속히 감소하였다. 10년 단위로 보면 1985-1995년 사이에 3.22%포인트가 감소하였고, 1995-2005년 사이에는 13.40%포인트가, 2005-2015년 사이에는 6.96%포인트가 감소하였다. 1995-2005년 사이에 감소폭이 큰 이유 가운데 하나는 이 시기에 의료보건비, 교통통신비, 교육문화오락서비스비의 증가폭이 컸기 때문이다.[15]

<그림 3-1> 중국 도시·농촌의 엥겔계수

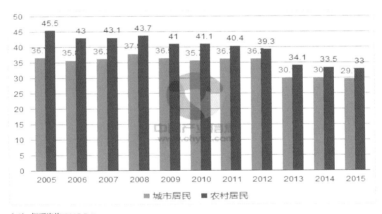

출처: 智研咨询(2017.7.4).

<그림 3-1>은 중국 도시-농촌의 엥겔계수이다. 2005년 도시와 농

---

15) 엥겔계수가 증가하던 시기도 있었다. <표 2-3>에서 1985-1990년 사이에 오히려 엥겔계수가 소폭 증가하였다. <표 2-3>에는 없지만 2009년에는 36.52%로 전년도 엥겔계수보다 오히려 소폭 증가하였다. 이 시기 전 세계적인 곡물가격의 급등에 따라 곡물사료를 사용하는 돼지고기값의 급등에 따른 것이다.

촌의 엥겔계수는 각각 36.7%, 45.5%였다. 엥겔계수는 꾸준히 감소하여 2015년 29.7%, 33.0%로, 2005년 대비 각각 7.0%p, 12.5%p 하락하였다.

한편 엥겔계수가 급감했지만, 식품비의 1인당 지출액의 절대금액은 오히려 대폭 증가하였다. 다시 말하면, 1985년의 351.72위안에서 2015년의 6359.7위안으로 18.1배나 증가하였다. 이는 식품지출액으로 매년 300.4위안씩이나 늘린 셈이 된다.

전술한 엥겔계수에 따른 생활단계에 따르면, 1995년경까지가 원바오 단계(50-60)이며, 1990년대 후반의 샤오캉 단계(40-50)를 거쳐 2000년경부터 부유단계(20-40)에 진입하였음을 알 수 있다.

<표 3-1>은 1993년부터 2012년 사이의 도시주민의 주요항목별 1인당 식품비 지출을 나타낸 표이다. 2012년 이후는 다른 기준에 의한 통계라서 여기서 제시하지는 않았다. 외식비의 경우 중국통계연

<표 3-1> 도시주민 주요항목별 1인당 식품비 지출

(단위: 위안)

항목	1993	2001	2005	2010	2012
식품 전체	1,058.20	2,014.02	2,914.39	4,804.71	6,040.85
양식	129.96	188.13	242.16	385.51	458.53
육류·조류·가공제품	250.36	413.54	564.91	914.22	1,183.59
알(蛋)류	47.07	56.78	71.48	98.02	119.00
수산물	71.35	151.99	188.80	326.86	408.92
우유·유제품	19.76	80.06	138.62	198.47	253.57
외식비	211.9(1997년)	329.0	608.5	1,020.9	1,316.9

주: 1. 외식비는 1992년의 통계치가 아니라 1997년의 통계치임
　　2. 양식(糧食): 곡류, 카사바(木薯), 고구마, 감자 등
　　3. 유제품(奶制品): 우유·양젖을 주원료로 한 가공제품. 요쿠르크(酸奶), 분유(乳粉), 연유(炼乳), 유지방(乳脂肪), 치즈(干酪), 우유아이스크림(乳冰淇淋), 견락소(카세인, 干酪素), 유당(乳糖), 우유절편(奶片) 등
　　4. 알(蛋)류는 계란 등
출처: 国家统计局a(各年度); 외식비의 출처는 国家统计局b(各年度)

감(中国统计年鉴)이나 중국통계적요(中国统计摘要)에서 1993년의 통계치를 제시하지 않고 있는 관계로 1997년도를 기준연도로 했다.

외식비는 2005년부터 절대액(608.5위안)이 가장 큰 항목이 되었으며 2012년에도 계속 절대금액에서 가장 큰 항목이었다. 다음으로 육류·조류·가공제품은 1993년과 2001년에 절대 액이 가장 큰 항목이었다가 2005년부터는 외식비 다음의 순위로 하락하였다. 수산물도 2010년에는 양식보다 절대금액이 적었지만 2012년에는 양식을 제치고 절대금액이 3위인 항목으로 상승하였다.

<그림 3-2> 중국의 식품비 소비 현황

출처: https://image.baidu.com

전술한 샤오캉·부유단계의 기간설정에 의거해서, <표 3-1>의 1993-2001년 사이를 샤오캉 단계로, 2001-2012년 사이를 부유단계로 본다. 이를 토대로 각 단계별 증가비율과 연평균 증가율과 전체 기간의 증가비율을 나타낸 표가 <표 3-2>이다.

먼저 샤오캉 단계에는 식품 전체의 연평균 증가율은 11.3%이다. 샤오캉 단계에 증가율이 높은 항목은 우유·유제품(38.2%), 수산물(14.1%), 외식비(13.8%)의 순이다.[16] 증가율이 낮은 항목은 알류

(2.6%), 양식(5.6%), 육류·조류·가공제품(8.2%)이다. 전술한 것처럼 원바오 단계에 진입할 때까지는 식품소비의 증가는 양식소비의 증가로 나타난다. 원바오 단계에 진입하면 양식에 대한 지출 증가율은 둔화되고 우유·유제품, 수산물 등의 증가율이 높음에 따라 다원화추세가 시작된다. 샤오캉 단계에 이르러 외식비를 늘리는 것도 예상된 결과이다.

<표 3-2> 도시주민 주요항목별 1인당 식품비 지출의 비율 단계별 변화

(단위: %)

기간	1993~2001		2001~2012		1993~2012	
단계	샤오캉		부유		전체	
	연단위	기간	연단위	기간	연단위	기간
식품전체	11.3	90.3	18.2	200.0	24.8	470.9
양식	5.6	44.8	13.1	144.0	13.3	252.8
육류·조류·가공제품	8.2	65.2	16.9	186.2	19.6	372.8
알류	2.6	20.6	10.0	109.6	8.0	152.8
수산물	14.1	113.0	15.4	169.0	24.9	473.1
우유·유제품	38.2	305.2	19.7	216.7	62.3	1183.2
외식비	13.8	(55.3)	27.3	300.3	34.8	521.5

출처: <표 3-1>을 토대로 필자가 작성

다음으로 2001-2012년의 부유단계에 이르면, 식품전체의 연평균 증가율은 18.2%이다. 부유단계에 증가율이 높은 항목은 외식비(27.3%), 우유·유제품(19.7%), 육류·조류·가공제품(16.9%)의 순이다.

증가율이 낮은 항목은 알류(10.0%), 양식(13.1%)의 순이다. 부유

---

16) 유제품·요쿠르트시장 급속 증가. 버터

단계에도 원바오 단계와 동일하게 알류나 양식 등 기초식품의 증가율은 낮고 외식비, 우유·유제품의 증가율이 높아진다는 점은 동일하다. 특기할 것은 부유단계에 접어들면 원바오 단계와 역으로 우유·유제품보다 외식비의 증가율이 더 높아진다는 점이다.

1993년에서 2012년 전 기간을 보면 우유·유제품(62.3%), 외식비(34.8%), 수산물(24.9%)의 증가율이 평균보다 높다.

<표 3-3>은 주요상품에 대한 도시 주민 1인당 구매량을 나타낸 표이다. 2012년과 그 이전에는 중국국가통계국이 도시와 농촌을 분리해서 조사했다. 하지만 2013년부터는 도시와 농촌 가구를 동일한 기준에 의해 통합 조사하였다. 다시 말하면 2013년부터는 도농통합

<표 3-3> 주요 상품에 대한 도시 주민 1인당 구매량

(단위: kg)

항목	1985	1990	1995	2000	2005	2010	2012	2014
양식	134.76	130.72	97.00	82.31	76.98	81.5	78.8	117.2
채소 (미가공)	144.36	138.70	116.47	114.74	118.58	116.1	112.3	104.0
식물성 기름	5.76	6.40	7.11	8.16	9.25	8.8	9.1	10.8
돼지고기	16.68	18.46	17.24	16.73	20.15	20.7	21.2	20.8
소고기·양고기	2.04	3.28	2.44	3.33	3.71	3.8	3.7	3.4
조류 (닭고기 등)	3.24	3.42	3.97	5.44	8.97	10.2	10.8	9.1
알(蛋)류 (미가공)	6.84	7.25	9.74	11.21	10.40	10.0	10.5	9.8
수산물	7.08	7.69	9.20	11.74	12.55	15.2	15.2	14.4
우유	-	4.63	4.62	9.94	17.92	14.0	14.0	-
과일	-	41.11	44.96	57.48	56.69	54.2	56.1	-
술	7.80	9.25	9.93	10.01	8.85	7.0	6.9	-
설탕	2.52	2.14	1.68	1.70	-	-	-	1.3
담배(갑)	36.12	35.12	28.58	27.50	-	-	-	-
견과류	-	3.21	3.04	3.30	-	-	-	3.7

주: 1. 2013년부터는 도농통합조사에 의거해서 이전과는 조금 다른 기준임.
　　2. 양식은 1985-2012년까지는 가공양식(加工粮), 2014년에는 미가공양식(原粮)임
출처: 国家统计局 a (各年度)

조사에 의거해서 항목이 이전과는 조금 다른 기준이기 때문에 2013
년 이후와 그 이전을 동일하게 비교할 수 없다. 예컨대 양식의 경우
2012년까지는 가공양식(加工糧)이며, 2013년 이후 부터는 미가공 양
식(原糧)이어서 <표 3-3>에서 보듯이 2013년 이후에 오히려 양식은
늘어난다.

<표 3-3>은 원바오 단계(1985-95), 샤오캉 단계(1995-2000), 부유
단계(2000-2012)로 나눌 수 있다. 단계별 증가율과 전 기간 증가율
을 나타낸 표가 <표 3-4>이다. <표 3-4>에서 원바오 단계에 증가율
이 높은 항목은 알류(4.2%), 수산물(3.0%), 술(2.7%), 식물성기름
(2.3%), 조류(2.3%), 소고기·양고기(2.0%), 과일(0.9%), 견과류
(0.5%), 돼지고기(0.3%) 등이다. 감소한 항목은 설탕(-3.3%), 양식
(-3.3%), 채소(-1.9%) 등이다.

원바오 단계에 점차 양식이나 채소 등 식물성 식품의 소비량을 줄
이고 점차 동물성식품인 알류, 수산물, 조류, 소고기·양고기의 소비
량을 늘리고 있음을 알 수 있다. 육류 가운데에서도 다원화추세가
있어 기본 식품인 돼지고기보다 조류나 소고기·양고기의 소비량을
늘리고 있음을 알 수 있다. 또 동물성 식품인 알류의 소비량도 늘리
고 있으며, 건강식품인 수산물의 소비량도 늘리고 있음을 알 수 있다.

<표 3-4> 주요상품에 대한 도시 주민 1인당 구매량: 단계별 변화

(단위: %)

| | 1985~1995 | | 1995~2000 | | 2000~2012 | | 1985~2012 | |
| | 원바오 | | 샤오캉 | | 부유 | | 전체 | |
	연단위	기간	연단위	기간	연단위	기간	연단위	전체
양식	-3.3(11)	-32.5	-3.0(11)	-15.1	-0.4(10)	-4.3	-1.5(11)	-41.5
채소 (미가공)	-1.9(10)	-19.3	-0.3(9)	-1.5	-0.2(8)	-2.1	-0.8(10)	-22.2

식물성기름	2.3(4)	23.4	3.0(7)	14.8	1.0(5)	11.5	2.1(5)	58.0
돼지고기	0.3(8)	3.3	-0.6(10)	-3.0	2.2(4)	26.7	1.0(8)	27.1
소고기·양고기	2.0(6)	19.6	7.3(3)	36.5	0.9(6)	11.1	3.0(4)	81.4
조류 (닭 고기등)	2.3(5)	22.5	7.4(2)	37.0	8.2(1)	98.5	8.6(2)	233.3
알류 (미가공)	4.2(1)	42.4	3.0(6)	15.1	0.5(7)	-6.3	2.0(6)	53.5
수산물	3.0(2)	30.0	5.5(5)	27.6	2.5(3)	29.5	4.2(3)	114.7
우유	-0.02(9)	(-0.2)	23.0(1)	115.1	3.4(2)	40.8	9.2(1)	(202.3)
과일	0.9(7)	(9.4)	5.6(4)	27.8	-0.2(9)	-2.4	1.7(7)	(36.5)
술	2.7(3)	27.3	0.2(8)	0.8	-2.6(11)	-31.1	-0.4(9)	-11.5
설탕	-3.3	-33.3	0.2	1.2	-	-	-1.7	(-48.4)
담배(갑)	-2.1	-20.9	-1.0	-4.8	-	-	-	-
견과류	-0.5	-5.3	1.9	9.6	-	-	0.6	(15.3)

주: ( )안의 숫자는 11개 항목의 순위

샤오캉 단계에 증가율이 높은 항목은 우유(23.0%), 조류(7.4%), 소고기·양고기(7.3%), 과일(5.6%), 수산물(5.5%), 알류(3.0%) 등이다. 감소율이 높은 항목은 양식(-3.0%), 돼지고기(-0.6%), 채소(-0.3%) 등이다. 샤오캉 단계에서도 양식이나 식물성 식품의 소비량은 줄이고 기본적 육류식품인 돼지고기 소비량도 줄이고 있다. 반면 샤오캉 단계에 우유의 소비량이 증가한다는 점이 두드러진다. 다음으로 육류 가운데서도 소비량을 늘리는 점도 두드러진다. 이는 조류(가금육)은 소비자들이 건강에 좋다는 인식을 갖고 있고 가공식품으로 이 시기에 대량 판매됨에 따라 쉽게 구입할 수 있기 때문이다(이준·조영삼·최재영, 2014). 소고기·양고기의 소비량 증가는 육류 내에서도 다원화 추세로 해석 할 수 있다.

부유단계에 증가율이 높은 품목은 조류(8.2%), 우유(3.4%), 수산물(2.5%) 등이다. 감소율이 높은 항목은 술(-2.6%), 양식(-0.4%), 과일(-0.2%), 채소(-0.2%) 등이다. 부유단계에는 조류와 수산물의 급격한 증가가 돋보인다.[17] 부유단계에는 각종 현대적인 시장에서 판매되는 가공식품의 대한 수요가 더욱 늘어난다. 가공식품은 조류와 수산물을 말하는 것이기도 하다.[18] 조류고기(닭고기, 오리고기 등)와 수산물을 가공한 식품은 돼지·소·양고기를 가공한 식품보다 더욱 상품화되어있음에 따라 소비자들이 시장에서 이를 적극 구매하는 것이다.[19] 하지만 여전히 돼지고기가 차지하는 비중은 2012년에 21.2kg, 2014년에 20.8kg이어서 여전히 가장 큰 비중을 차지한다. 한편, 부유단계에도 여전히 식물성 식품인 양식과 채소의 소비량 감소가 나타난다.

전 기간에 걸쳐 건강식품을 선호하는 추세가 나타날 것으로 생각한다. 설탕의 소비량은 가장 큰 비율로 감소하였다. 이는 소득수준 향상과 건강에 대한 관심도의 증가에 따른 당연한 결과이다. 전술한 것처럼 식물성 식품인 채소의 소비는 줄이고 점차 동물성 식품의 소비는 늘리는 다원화 추세가 나타난다. 하지만, 채소의 경우 중국인들은 소득수준의 향상에 따라 양적으로 감소하였지만 점차 질적으로 건강에 좋은 채소를 선호하게 된다.

3. 소득수준별 소비차이

여기서는 소득수준별·도농별 소비격차를 살펴보자. 도시와 농촌

---

17) 육류의 다원화는 최근 당나귀 고기의 폭발적인 소비증가에서도 나타난다.

18) 최근 중국어선이 불법조업을 불사하면서까지 어획량을 늘리려는 이유는 수산물 소비의 급증과 무관하지 않다.

19) 조류고기와 수산물의 냉동가공식품이 돼지·소·양고기의 냉동가공식품보다 훨씬 많다.

간의 격차는 소득격차이기 때문에 도농 간 소비격차는 소득계층별 소비격차와 흡사하다. <표 3-5>는 도시 주민의 소득계층별 항목별 1인당 식품소비를 나타낸 표이다. 소득수준별로 7개 그룹으로 나눈 표이다. 최하위 10%그룹과 최상위 10%그룹의 식품항목별 소비격차를 비교하는 이유는 소득계층별 식품항목별 격차를 뚜렷이 알 수 있기 때문이다.

식품전체 지출액을 보면 최상위 10%가 최하위 10%보다 식품에 대해 3.12배 더 지출하고 있음을 알 수 있다. 최상위 10%와 최하위 10% 간의 소비 비율을 보면, 수산물(4.43배)과 우유·유제품(3.37배)이 평균(3.12배)보다 높다. 이는 소득 수준 향상에 따라 수산물과 우유·유제품의 소비가 늘어난다는 앞의 연구 결과와 일치한다.

<표 3-5> 도시 주민 소득계층별 항목별 1인당 식품 소비(2012)

(단위: 元)

항목	전체	최하10%	차하10	중하20	중20	중상20	차상10	최상10
소비전체	16,674.32	7,301.37 (100)	9,610.41	12,280.83	15,719.94	19,830.17	25,796.93	37,661.68 (516)
식품 전체	6,040.85	3,310.41 (100)	4,147.35	5,028.58	6,061.37	7,102.41	8,560.96	10,323.06 (312)
양식	458.53	364.97 (100)	385.75	426.03	473.18	501.69	542.74	564.46 (155)
육류·조류·가공제품	1,183.59	767.51 (100)	946.71	1,088.30	1,249.37	1,341.13	1,480.40	1,555.67 (203)
알(蛋)류	119.00	84.30 (100)	96.64	112.02	125.68	133.33	142.42	147.05 (175)
수산물	408.92	173.39 (100)	235.60	308.75	412.72	522.70	630.61	768.17 (443)
우유·유제품	253.57	125.75 (100)	169.02	208.34	260.07	308.80	365.39	423.34 (337)

주: ( )는 최상위와 최하위의 비율
출처: 国家统计局 a (2013:382-3)

또한 수산물이 가장 큰 차이를 보이는 것으로 보건대, 향후 소득 수준이 증가하면 수산물 소비가 급증할 것이라는 예상도 가능하다. 양식(1.55배), 알류(1.75배), 육류·조류·가공제품(2.03배)이 평균(3.12배)보다 낮다. 고소득층일수록 양식의 지출액을 더 줄인다. 이것도 앞의 연구결과와 일치한다.

<표 3-6>은 1인당 구매량을 도시와 농촌 간에 비교한 표이다. 전술한 것처럼 도시와 농촌은 사실 소득이 높은 계층과 소득이 낮은

<표 3-6> 1인당 구매량 : 도농비교(2014)

(단위: kg)

	농촌	도시	순위
양식(미가공)	167.6(100)	117.2(69.9)	19
-곡물	159.1(100)	106.5(66.9)	20
-고구마·감자류	2.4(100)	2.0(83.3)	17
-두(콩)류	6.2(100)	8.6(138.7)	8
식용유	13.6(100)	11.2(82.3)	18
-식물성기름	12.7(100)	10.8(85.0)	16
채소·버섯	88.9(100)	104.0(116.9)	12
-생채(신선채소)	87.5(100)	100.1(114.4)	13
육류	22.5(100)	28.4(126.2)	11
-돼지고기	19.2(100)	20.8(108.3)	14
-소고기	0.8(100)	2.2(275)	2
-양고기	0.7(100)	1.2(171.4)	7
조류	6.7(100)	9.1(135.8)	10
수산물	6.8(100)	14.4(211.7)	3
알류	7.2(100)	9.8(136.1)	9
우유·유제품	6.4(100)	18.1(282.8)	1
과일(말린 것 포함)	30.3(100)	52.9(174.5)	5
-생과일	28.0(100)	48.1(171.7)	6
-견과류	1.9(100)	3.7(194.7)	4
설탕	1.3(100)	1.3(100)	15

주: ( )은 도시/농촌의 비율
출처: 国家统计局a(2015:186, 192)

계층의 비교와 흡사하다. <표 3-6>에서 ()은 도시/농촌의 비율이다. 이를 토대로 순위를 매긴 것이 오른쪽의 번호이다. 다시 말하면 도시의 배수가 높은 순위이다. 우유·유제품(2.828배), 소고기(2.75배), 수산물(2.117배), 견과류(1.947배), 생과일(1.717배), 양고기(1.714배), 두류(1.387배), 알류(1.361배), 조류(1.358배)의 순이다. 이는 소득수준 향상에 따라 나타난 앞의 연구결과와 일치한다.

순위가 낮은 항목인 곡물(0.669), 고구마·감자류(0.833), 식물성 기름(0.85)은 도시주민보다 농촌주민의 구매량이 많다. 돼지 고기(1.083), 신선 채소(1.144)는 다음으로 순위가 낮다. 이것도 전술한 결과와 일치한다.

4. 소결

지금까지 내용을 요약하면 <표 3-7>과 같다. 엥겔계수에 의하면 1980년 이전까지는 빈곤단계에 해당한다. 이 시기의 특징은 기본적인 배고픔을 충족하기 위한 양식소비가 증가하고 식물성 소비 중심의 단일성을 그 특징으로 한다. 개혁·개방 이후 1980년대 초반부터 1995년까지가 대체로 원바오 단계에 해당한다. 이 단계는 알류, 수산물, 조류(가금육), 소고기, 양고기의 소비량이 양적으로 늘어나는 특징을 갖고 있다. 반면 양식, 채소 등 식물성 식품의 소비량은 양적으로 감소하고 있다. 이 단계에 다원화가 시작되는 추세가 나타난다.

샤오캉 단계에도 우유, 조류, 소고기, 양고기, 과일, 수산물, 알류의 소비량이 양적으로 늘어나는 추세가 심화되고 있다. 양식, 채소 등 식물성 식품의 소비량이 양적으로 감소하는 추세도 원바오 단계와 마찬가지로 샤오캉 단계에도 계속되고 있다. 다원화 추세가 양적으로 심화되고 있는 것이다. 지출 금액 기준에서 보아도 이와 유사한 결과이다. 샤오캉 단계에서 지출금액이 높은 항목은 우유·유제품, 수산물 등이다. 지출 금액 기준의 외식비 통계를 보면 샤오캉 단계에 우유·유제품, 수산물에 이어 세 번째로 증가율이 높다. 반면지출 금액 기준으로 증가율이 낮은 항목 가운데 하나는 양식이라는점에서 양적 기준의 결과와 유사하다.

<표 3-7> 중국 도시주민의 단계별 소비추세

단계	빈곤	원바오	샤오캉	부유
엥겔계수	60이상	50-60	40-50	20-40
시기	1980년 이전	1980년대 초반 -1995년	1990년대 후반	2000년경 이후
특징	1. 양식소비 증가 2. 단일성	1. 부식품과 동물성 식품 증가 2. 다원화추세 시작	1. 우유·유제품, 수산물 급증 2. 다원화 심화 3. 기간 짧음	1. 우유·유제품, 조류·가공제품 2. 외식비 급증

부유단계는 양적 기준에 의하면 조류, 우유, 수산물에 증가율이높다. 조류, 수산물의 소비량 증가는 가공(냉동가공 포함)을 통해 상품화되기 용이한 식품이다. 하지만 부유단계에서도 양적으로 양식, 채소, 돼지고기의 소비량이 여전히 가장 높은 품목이다. 지출금액기준으로 보아도 역시 유사한 연구결과이다. 우유·유제품과 육류·조류·가공제품의 증가율이 높다. 특히 부유단계에는 외식비의 비중을 가장 늘린다는 사실도 확인되었다. 증가율이 낮은 항목은 역시기본식품인 양식이다.

소득 수준별로 보아도 위와 유사한 결과를 보인다. 고소득층은 지출 금액면에서 수산물과 우유·유제품의 소비량을 더욱 늘리고 양식의 소비량을 줄인다.

지금까지 도시주민의 식품소비의 추세를 살펴보았다. 도시 주민은 이미 부유단계에 접어듦에 따라 새로운 식품 소비 추세를 보이고 있다. 중국 도시의 소득 계층별로도 식품 소비 추세에서 차별성을 보이고 있다. 본 장은 도시전체 소비의 대 추세를 파악하고자 하는데 목적이 있다. 기업은 이러한 대 추세를 기본으로 하면서 각 식품별 소비에 대한 대응 전략을 세워야 할 것이다.

제4장 소비양극화[20]

1. 서론

중국에서 소비자의 구매력은 지속적으로 확대되어왔다. 특히 세계금융 위기 이후 중국은 적극적인 내수 진작책을 사용하면서 소비자 구매력의 중요성이 증대되어왔다. 하지만 대중 수출 중에서 직접 중국 소비자를 대상으로 하는 소비재 수출의 비중은 대단히 낮다. 한국의 대중 수출 중에서 중간재와 자본재의 합계가 압도적 비중을 차지한다. 반면 직접 중국 소비자를 대상으로 하는 소비재 수출의 비중은 2007년의 경우 2.9%에 불과하다. 그 비율은 1995-2001년 사이에는 5%이상을 유지했으나 최근 들어 오히려 줄어드는 추세이

---

20) 이 부분은 이중희(2009)를 수정 보완한 것이다.

다(지만수 등, 2008:12). 투자에서도 주로 일부 대기업들이 소비재시장에서 제품을 판매하고 있을 뿐이다. 따라서 수출·투자에서 소비재 판매를 늘리는 것이 그 어느 때보다 시급하다. 이런 점에서 중국의 소비자와 그들의 소비행태에 대한 연구가 중요하다고 할 수 있다. 소비 행태 가운데 최근 관심을 끄는 것은 소비 양극화 현상이다.

소비 양극화는 두 가지 측면에서 나타난다. 첫째, 지역 간 혹은 계층 간에 소득과 소비의 격차가 커지면서 소비액이 많은 사람과 적은 사람의 양극화가 심해지는 현상이다. 둘째, 특정 개인의 소비에서도 중가 상품보다는 고가 및 저가 상품의 비중이 늘어나는 방향으로 개인 소비의 양극화가 가속화되는 현상이다. 개인이 고가 사치품과 저가 기능성 상품을 주로 구매하고, 중가 제품에 대한 소비는 상대적으로 줄어드는 현상이다. 중가 제품은 고·저가의 압박으로 시장 공간을 상실하고 있다.21)

그런데 이러한 소비 양극화는 국가마다 정도의 차이가 있다. 어떤 나라에서는 소비 양극화의 정도가 낮고 어떤 나라에서는 소비 양극화의 정도가 높다. 이는 경제적·사회적·문화적 조건이 각국마다 다르기 때문에 발생하는 차이이다. 또 경기 상황에 따라 소비 양극화의 양상도 변화하게 마련이다. 따라서 이 장에서는 중국의 소비 양극화와 관련하여 다음과 같은 의문에 초점을 맞춘다. 첫째, 중국의 소비 양극화는 어느 정도 진행되었는가? 둘째, 2008년 하반기부

---

21) 전 세계적으로 주력 소비 집단의 소비습관이 양극화추세를 보이고 있음은 다양한 문헌에서 발견된다. 예컨대, 보스턴컨설팅의 조사에 의하면, 미국에서 2004년부터 2006년 사이에 고급제품시장이 15% 증가하였으며, 연평균 3.7조 달러 소비 지출액 가운데 고급제품 소비 지출액은 5,330억 달러에 이른다. 여기에는 승용차, 주택, 여행, 외식 등 다양한 유형을 포함한다. 동시에 저가제품의 소비지출액도 계속 증가하여 1조 달러에 접근하고 있으며, 10년 후 1조 5천억 달러에 도달할 것이다. 상대적으로 중간시장의 규모는 위축되었다. TV를 예로 들면, 1994년에서 2004년 사이에 고급TV 매출액은 33%증가하였으며, 저가 TV 매출액도 7% 증가하였다. 중간가격의 TV 매출액은 40% 감소하였다(科技智囊, 2007:22).

터 시작된 세계금융위기가 중국의 소비 양극화 추세에 어떤 영향을 미쳤는가? 셋째, 어떤 요인이 중국의 소비 양극화를 야기하였는가? 넷째, 중국의 소비 양극화에 대한 한국 기업의 전략은 무엇인가?

이러한 의문을 해명하기 위해서 본 논문의 2절에서는 소비 양극화에 관한 기존 연구를 검토한다. 3절에서는 세계금융위기 전의 중국의 소비 양극화의 실태를 계층 간 소비 양극화, 도·농간 소비 양극화, 고가·저가제품의 매출이란 측면에서 살펴본다. 4절에서는 세계금융위기 이후 중국의 소비 양극화에 대해서 살펴본다. 5절에서는 소비 양극화의 요인으로 공식소득의 양극화, 비공식 소득, 미엔즈(체면)문화, 실업 증가 등에 대해서 살펴본다. 6장에서는 소비 양극화에 대응한 한국 기업의 전략에 대해서 살펴본다.

2. 기존 연구

기존의 양극화 연구는 주로 소득 양극화에 주로 초점을 맞춘 반면, 소비 양극화에 대한 연구는 거의 없는 실정이다. 허경옥 등(2006:147)은 소비 양극화의 두 가지 측면, 즉 계층 간 소비 양극화와 개인 소비의 양극화를 다루고 있다. 첫째, 계층 간의 소득 및 소비 격차가 커지면서 소비액이 많은 사람과 적은 사람의 양극화가 심해지고 있다. 둘째, 특정 개인의 소비에서도 중가 상품보다는 고가 및 저가 상품의 비중이 늘어나는 방향으로 개인 소비의 양극화가 가속화되고 있다. 또한 이 연구에서는 개인 소비의 양극화가 발생하는 이유가 서술되고 있다.

최우열(1999)은 다른 나라에서의 소비 양극화 현상을 소개하고 있다. 여기서 자세히 소개하면 다음과 같다. 소비 양극화는 극심한 장기 불황이나 경제 위기 상황을 경험한 대부분의 나라에서 공통적으로 나타나는 현상이다. 미국의 경우 1990년대 초반 불황기를 거치면서 1993-94년께부터 소비 양극화 현상이 본격화되기 시작했다. 미국 연방 준비제도 이사회(FRB)의 발표에 따르면, 전체 가계 소득에서 상위 1%의 최고 부유층의 소득이 차지하는 비중은 1992년의 30.2%에서 1995년에는 35.1%로 늘어나 부익부 빈익빈 현상이 심화된 것으로 나타났다. 이 시기 미국의 소비 시장은 부유층을 대상으로 한 고가 시장과 월마트로 대표되는 저가시장으로 양분되어, 중산층을 주 대상으로 영업을 해왔던 대부분의 기업들이 고전을 면치 못했다.

일본의 경우에도 버블 경제가 붕괴되면서 불황의 골이 깊어진 1990년대 중반이후부터 소비 양극화가 본격화되기 시작했다. 특히 당시의 구조조정 과정에서 화이트칼라의 대량 해고 및 임금 삭감으로 중산층이 몰락하여 양극화 현상이 더욱 심화된 것으로 나타났다. 이밖에 경제 불황으로 복지 예산이 대폭 삭감된 유럽 제국이나 멕시코, 브라질 등 IMF 구제 금융을 지원받은 대다수 개발도상국들도 중산층의 몰락과 소비 양극화 현상을 공통적으로 경험하고 있다 (50-1).

다른 연구들은 IMF이후 한국에서 소비 양극화의 심화를 다루고 있다. 이 연구는 IMF 이후 급속히 전개되고 있는 소비 시장의 양분 현상은 소득 양극화에서 비롯된 것으로 보고 있다. 소득 양극화와 함께 주목할 사실로 중산층의 몰락 내지는 감소현상을 지적하고 있다. 중산층의 감소는 중산층을 주 고객층으로 하는 제품의 판매량 격감에서도 쉽게 확인된다. 대표적으로 자동차 시장의 경우, 자동차

공업협회가 집계한 모델별 연간 판매 대수 순위가 1996년까지만 해도 소나타, 아반떼, 티코 순이던 것이 1998년에는 마티즈, 소나타, 아토스 순으로 변화하여 중산층이 주 소비계층인 중형 및 준 중형차의 판매가 급감한 것으로 나타났다(최우열, 1999; 강태욱, 1999; CEO Report, 1999; 강태욱·윤종일, 1999).

다음으로 중국의 소비 양극화에 대한 연구를 살펴보자. 세계금융위기 전의 중국의 소비 양극화에 대해서는 김윤희(2005)가 있다. 하지만 이 연구도 동서지역 차, 빈부격차, 도농격차의 3대 양극화 현상은 소비현상에서도 나타나고 있으며 점차 심화되는 양상만을 간략하게 지적하고 있을 뿐이다(37-41). 세계금융위기 이후 중국에서의 소비 양극화 추세에 대한 연구는 거의 없는 실정이다. 조용찬(2009)과 KOTRA 중국팀(2009.3; 2009.4)이 소비 양극화의 한 측면을 보여주고 있을 뿐이다. 아직 중국의 소비 양극화에 대한 체계적이고 전면적인 분석은 없는 실정이다.

3. 세계 금융위기 전의 소비 양극화

소비 양극화에는 계층 간 소비양극화뿐만 아니라 개인소비에서도 양극화가 존재한다. 전술한 것처럼 개인이 고·저가제품에 대한 소비는 늘리는 반면, 중가제품에 대한 소비는 줄이는 현상이다. 반면 소비자는 타인에게 과시할 필요가 없고 남이 보지 않는 상황에서 기능적 저가 제품을 구매하려고 한다.[22] 최근 중국에서 소비자는 TV

---

22) 한국에서도 개인 소비의 양극화 현상이 거론되어왔다. "쓸 때는 쓰고, 아낄 때는 아낀다."는 가치소비의 변화는 최근 소비자 트렌드로 주목받고 있다. 특히 소액의 지출들을 아껴서 값 비싼 물건을 하나 사는 것은 감성 중심의 개인화 현상과 맞물려서 개인 소비의 양극화의 한 단면을 보여준다. 한 사람의 소비자가 돌출적인 소비와 절약이라는 두 가지 영역으로 양극화 되고 있는 것은 평균적

를 교체할 때, 대다수는 TV가 고장 났기 때문이 아니라 평판액정 TV를 보기를 원하기 때문이다. 또한 소비자는 휴대폰을 교체할 때 휴대폰이 고장 났기 때문이 아니라 새로운 기능과 개성을 추구하기 위해서 휴대폰을 바꾼다. 또한 소비자는 신발을 살 때, 대다수는 유행, 개성, 신분과시를 위해서 새로운 신발을 구입한다. 제한된 소득을 가진 중산층도 대부분 저가기능성 제품을 구매하면서 몇 가지 사치품목 정도는 구매할 수 있다. 월급이 2만 위안이 안 되는 신혼부부도 매일 근검절약하면서 1년 중에 2주간은 유럽여행을 갈 능력을 가진다. 또 입사한지 2-3년도 안된 신참 화이트칼라도 부모 집에 얹혀살면서 프라다(Prada)신발이나 구찌(Gucci) 손지갑을 가질 수 있다(钱实诚, 2008.12.6). 본 장에서는 이러한 개인소비의 양극화는 제외하고 주로 계층 간 그리고 지역 간 양극화에 초점을 맞춘다.

(1) 계층 간 소비양극화

<표 4-1>은 계층별 도시 주민 소비 지출 추이를 나타낸 표이다. 2000년에 최고소득층의 소비는 최저소득층의 3.64배, 2003년에 최고소득층의 소비는 최저소득층의 5.66배, 2005년에는 최고소득층의 소비는 최저소득층의 6.16배, 2007년도에는 5.78배로 격차가 다소 축소되었다. 이는 <표 4-1>에서처럼 최고소득층과 최저소득층의 소득차이가 다소 축소되었기 때문에 나타나는 현상이다. 아무튼 2000

인 소비자의 소멸을 의미한다. 이는 생산기술의 혁신으로 인한 가격 하락과 전반적인 품질의 향상이 주요 원인으로 지적되고 있다. 그리고 제조공정의 자동화, 온라인화를 통한 대량구매, 마케팅 비용의 절감 등으로 업체들이 원가를 낮추면서 품질을 높이고 있어 소비자 입장에서는 관심이 덜한 제품을 구입할 때 그만큼 절약을 할 수 있게 된다. 즉 관심과 애정을 갖고 있는 제품을 많은 비용을 들여 구매함으로써 만족도를 더 높이는 소비 형태는 결국 가치 지향적 소비라고 할 수 있다. 한국에서도 불황이라는 변수에 웰빙 등의 사회트렌드가 맞물려 개인 소비의 양극화로 대변되는 가치 지향적 소비추구 현상이 앞으로도 더욱 심화될 것으로 예상된다(허경옥 등, 2006).

년과 비교하면 2007년에도 소비격차가 커졌다. 또한 최고소비층과 최저소비층 간의 차이인 5.78배는 작은 수치가 아니며 소비 양극화로 보아도 무방하다.

<표 4-1> 계층별 도시 주민 소비 지출 추이

(단위: 元)

	2000	2003	2005	2007
최고(10%)	9251(3.6배)	14516(5.66배)	19154(6.16배)	23,337(5.78배)
고(10%)	7,102	9,628	12,103	15,298
중상(20%)	5,895	7,547	9,411	11,570
중중(20%)	4,795	5,848	7,308	9,097
중하(20%)	3,948	4,558	5,574	7,124
저(10%)	3,237	3,549	4,295	5,634
최저(10%)	2,540	2,562	3,111	4,036

출처: 国家统计局 a (各年度).

소비 양극화에 대한 개별조사도 금융위기 전에 소비 양극화가 존재함을 보여주고 있다. 예컨대 북경사범대학 역사대학의 <당대중국 사회계층분화와 대학생(当代中国社会阶层分化与大学生) 연구팀>의 조사결과에 따르면, 블루칼라, 농민, 하강직공 가정 출신의 대학생의 소비수준은 300-500위안에 집중되어 있다. 월 소비 1000위안 이상자는 사영기업가 가정출신의 대학생 비율이 가장 높고 다음은 자유직업인, 국가·사회 관리인 가정의 대학생이다(中国青年报, 2006년 8월 9일).

특정 항목의 지출에서도 소비 양극화가 나타난다. 예컨대 여가활동비의 지출에서도 양극화가 나타났다. 소득 상위 25%의 집단이 여가활동에 대한 지출을 대폭 늘리고 있다. 2005년 소득집단 상위

25%와 하위 75%의 여가활동비 지출 총액의 비율은 2.44대1이었다. 소득 하위 75%의 여가활동 소비지출은 평균 소득의 12.5%인 반면, 상위 25%는 35.41%이다(张順, 2008).

(2) 도농 간 소비 양극화

<표 4-2> 도시·농촌 주민의 1인당 평균 소비 수준

(단위: 元)

	도시	농촌
1985	673(2.12배)	317
1993	2,111(2.74배)	770
1997	4,186(2.59배)	1,617
2000	4,998(2.99배)	1,670
2003	6,511(3.35배)	1,943
2005	7,943(3.11배)	2,555
2007	9,997(3.10배)	3,224

주: 도시는 성진(城镇)을 의미함; ()는 농촌에 대한 도시 주민의 소비액의 비율
출처: 国家统计局b(2008:102)에서 재작성

<표 4-2>는 도시·농촌 주민 소비 수준을 나타낸 표이다. <표 4-2>에 의하면, 1985년에 도시 주민의 소비 수준은 농촌의 2.12배에 이르며, 2003년에는 그 격차가 더욱 확대되어 3.35배에 이른다. 하지만 2005년부터 도·농간의 소비격차가 3.11로 다소 주춤하는 양상을 보이지만, 1985년의 2.12배에 비하면 도시와 농촌 간에 소비 양극화 현상이 나타나고 있다고 해도 무방하다. 이는 도·농간의 소득 양극화에 따른 자연스런 결과이기도하다. 또한 고 소비층 또한 대부분 도시에 거주하고 있음을 의미한다(이중희. 2007a:196).

(3) 저가와 고가제품 매출의 증대: 시장 양극화

컨설팅 서비스업체 <언스트앤영(Ernst & Young)>이 2007년 8월 발표한 보고서에 따르면, 중국의 명품시장은 최근 몇 년 사이 고속 성장을 하였음을 밝히고 있다. 이 보고서에 따르면, 2007년 현재 중국 명품시장은 베이징과 상하이 등의 대도시에 국한된 것이 아니라 선양, 톈진, 칭다오 등의 도시로 확대되고 있다. 또한 중국 도시 여성의 명품수요는 대단히 크며, 바링허우(80년대 생)의 여성들의 명품수요가 지속적으로 증가한다는 것이다(중국전문가포럼, 2007.8.6).

<마스터카드>가 2007년 9월 발표한 "최신 명품시장 보고서"에서도 명품 및 고가서비스에 대한 중국의 수요가 계속해서 증가하고 젊은 부유층의 수요 증가율이 노인 부유층보다 높을 것으로 전망했다. 소비액을 계산해 보면, 2006년 젊은 부유층과 노인 부유층의 소비액은 104억 달러와 86억 달러에서 2016년 각각 264억 달러와 180억 달러까지 증가할 것으로 전망했다(중국전문가포럼, 2007.9.5).

<세계사치품협회>의 조사 자료에 의하면, 중국은 전 세계적으로 사치품소비의 성장속도가 가장 빠른 국가이다. 2007년 중국인의 사치품소비가 전 세계시장에서 점하는 비중은 18%이다. 세계의 최고급 명품회사 거의 모두가 중국에 분점을 갖고 있을 정도이다(纪连生, 2008.5). 예컨대, 세계 사치품 취급회사인 구찌(Gucci)는 2005-2007년 사이 3년간 전 세계투자총액의 60%를 중국에다 투자하였으며, 2007년 중국의 수입은 2006년에 비해 168% 증가하였다. 구찌는 중국에 이미 18개의 직매점을 갖고 있고 2008년도에도 5개를 개설할 예정이다(广西经济, 2008).

구체적인 전자제품의 사례에서도 소비 양극화의 추세가 보인다.

2007년 여름 냉장고에서 양극화 소비추세가 뚜렷해졌다. 다기능의 대형냉장고와 단순기능의 소형냉장고의 매출이 증가하였다. 이전에 소비자가 중시했던 100-200리터 용량의 중(中)형 냉장고를 문의하는 소비자 수는 줄어들었다. 몇 년 전 130리터·150리터의 중(中)형 냉장고가 가정에 많이 보급되었기 때문에 2007년에는 소비수준의 향상에 따라 대형냉장고에 대한 수요가 상승하였다. 북경 가전매장의 냉장고 코너에 거의 높이 1.8m 이상의 냉장고로 가득 차 있었으며, 200리터 이상의 대형 냉장고가 대부분이었다. 250리터의 쓰리도어 (three-door) 냉장고가 특히 잘 팔리고 있으며, 500리터의 투 도어 (two-door) 냉장고 또한 인기상품이다.

소형냉장고에 비해서 200리터 이상의 냉장고는 그 성능이 상대적으로 좋고, 온도 차가 있는 복수의 공간을 보유하고 있다. 온도 차가 있는 다 공간의 냉장고는 생선, 육류, 과일, 채소, 음료수 등을 각각 분할된 공간에서 보관할 수 있다. 반면 소형 냉장고는 작아서 내부 공간을 구분할 수 없다. 다쭝(大中)전기의 대리점에서 대형 냉장고의 가격이 급등하여 500-600위안에, 높게는 몇 만 위안에 이른다. 하지만 판매량은 수직 상승하며, 거주면적이 100평방미터를 초과하는 가정은 거의 대형 냉장고를 구입하는 경향이다.

100리터 이하의 소형냉장고도 잘 팔리고 있다. 단신귀족(单身贵族)[23]과 두 대의 냉장고를 필요로 하는 가정은 우선적으로 소형 냉장고를 수요로 한다. 소형냉장고는 냉장기능만 갖고 있고 가격도 싸다. 또한 소음이 작기 때문에 침실에 두기 적합하다(王峰, 2007.8.10).

---

23) 이들은 결혼하지 않은 싱글이면서 경제적으로 비교적 여유를 갖고 있다.

컴퓨터에서도 시장 양극화 추세가 있다. HP의 "멀티미디어 컴퓨터"와 레노버(Lenovo, 联想)의 "ThinkPad 비즈니스 노트북" 등 고가 컴퓨터는 고급기능으로 고수익을 창출한다. 반면, 저가 컴퓨터 시장에서는 하시(Hasee, 神舟) 등의 브랜드와 DIY 컴퓨터 간 가격경쟁으로 저 수익과 대량판매를 실현하고 있다. 휴대폰 시장의 성장추세도 컴퓨터 시장에서 형성된 시장분할과 유사하다. "산짜이 휴대폰"이 저가 시장을 형성하는 반면, 삼성, 노키아, LG 등의 휴대폰이 고가 시장을 형성하고 있다(孙晓菲, 2008.5.7).

2007년 중국의 경제 잡지인 <신재부(新财富)>는 중국의 9개 사치품 브랜드에 대해 조사한 결과, 2004-7년 중국시장에서 사치품의 연증가율은 80%이상이었다. 다른 국가의 평균 10% 증가율보다 훨씬 높다. 2007년 중국의 사치품 소비 집단은 이미 총인구의 13%, 약 1.6억 명에 이를 정도로 급속히 증가했다. 또 사치품의 소비자는 연경화 되는 추세이다. 중국에서 사치품 소비 집단은 40세 이하의 청장년층이 핵심인 반면, 선진국에선 40-60세의 중년층이 사치품 소비의 핵심이다. 이 시기에 중국에서 신용대출, 할부제도, 신용카드 등이 소득수준 이상의 과도 소비를 가능케 함에 따라 청장년층의 사치품의 소비를 조장하였다. 청장년층은 광고매체의 영향을 받기 쉽고, 사치품의 소비는 특히 대도시 20-30세 청년층에게는 하나의 유행이 되었다. 또한 중국에서 청장년층은 중·노년층보다 시장경제에 잘 적응함에 따라 때로는 더 많은 소득을 누리고 있다. 특히 사치품 소비세대인 바링허우(1980년대 생)는 서방의 소비주의 문화로부터 강한 영향을 받고 있다. 소비주의는 제2차 대전 이후 서방국가에서 출현한 일종의 주류 소비 사조이다. 이 사조는 감성자극을 중시하고 무 절제된 물질향유를 중시하고, 현란성·사치성 소비를 추구하고,

그것을 생활의 목적과 인생의 가치로 삼는 특징을 갖고 있다. 중국의 전체 소비수준이 높지 않을 때에 서방 사치품 문화의 충격은 뜻밖에 강렬하게 청장년층의 소비욕을 자극한 것이다(李琴, 2008.1: 2-3). 그 결과 이는 소비 양극화를 조장하는 것이다.

4. 세계 금융 위기 이후 소비 양극화

금융 위기 전에 소비 양극화 추세 뚜렷했지만, 금융위기 후 중저가 소비 추세와 함께 일부 소비 양극화 추세도 있다.

(1) 고가품 소비의 증가

부유계층의 대부분은 글로벌 금융위기 이후에도 고가 제품을 구매하고 있다. 대표적으로 자동차, 명품, 금 등을 살펴보면 다음과 같다.

첫째, 2009년에 접어들어 자동차 구매가 증가하고 있다. 중국자동차제조업협회(CAAM)에 따르면 2009년 4월까지 자동차 판매량은 383만 대에 달해 전년 동기 대비 9.4%나 증가했다. 판매 대수는 2009년 4개월 연속 세계 최대 자동차 시장인 미국을 능가하고 있다. 특히 4월 판매는 115만대로, 전년 동월보다 25% 증가했다.[24] 중국에서 2009년에 접어들어 자동차 판매가 늘어나는 이유는 정부의 세금감면[25]과 4조 위안 규모의 경기부양책이 있다.[26] 최근 중국에서 특히 판매가 늘어나는 자동

---

24) <베이징 현대>는 2009년 1분기 전년 동기 대비 48.8% 증가한 10만 9,072대를 판매하였다. 3월에는 지난해보다 70% 증가한 4만 1,881대를 판매하여 처음으로 4만 대에 올랐다.

25) 2009년 1월 20일부터 1.6L 이하 소형차에 대해 취득세 5%를 감면해 주고, 3월부터는 농민들이 1.3리터 이하 미니버스나 화물차를 구입할 경우 50억 위안(약 1조원) 규모로 보조금을 지급하고 있다.

26) 홍콩 사우스차이나모닝포스트(SCMP)에 따르면 제네럴모터스(GM)는 올해 중국의 자동차 시장이 정부

차는 저가인 소형 자동차이기 때문에[27] 이것을 두고 과연 소비양극화라고 할 수 있느냐는 의문을 제기할 수 있다. 하지만 소형자동차라도 자동차는 다른 제품에 비해서는 비교적 고가제품이기 때문에 광의의 의미에서 소비양극화로 볼 수 있다.

둘째, 명품 수요의 증가이다. 세계 금융위기로 전 세계 명품 소비는 대체로 하락세를 보이고 있다. 그러나 중국 시장의 명품 매출은 오히려 상승추세이다. 중국의 고가품 소비계층이 상대적으로 안정돼있고, 소비자들은 명품이 자신의 신분을 상승시켜준다고 믿기 때문이다. 세계명품협회(WLA)에 따르면 2009년 1월 중국의 명품 소비총액이 86억 달러로 전 세계 시장의 25%를 차지하며, 중국이 처음으로 미국을 뛰어넘어 세계 2위 명품 소비국가로 부상하고 있다(조용찬, 2009.3). 컨설팅 회사인 베인앤드코에 따르면, 2009년에 의류와 보석 등 명품의 세계적인 전체 판매는 1년 전에 비해 10% 감소하였지만 중국은 7% 성장할 전망이다. 2008년에는 세계 전체의 사치품 판매는 증가율이 제로에 그쳤지만 중국은 25% 급성장했다. 예컨대, 구찌는 2008년 중국 내 판매가 전년에 비해 42%가 급증했다. 2008년에 구찌의 세계 평균 판매가 4.2% 증가한 것에 비하면 중국 내 판매 신장률은 무려 10배에 달하는 것이다.[28] 2009년 초 보스턴컨설팅그룹이 전 세계 2만 1800명을 대상으로 소비패턴을 조사한 결과, 대다수의 소비패턴이 검소·절약형으로 바뀌는 속에서도 중국의 소비자들은 명품과 사치품에 변함없는 충성도를 보였다. 조사에

의 세금 감면과 4조 위안 규모 경기부양책으로 인해 2배 가까이 성장할 것으로 전망했다(이데일리 2009.4.10). 더욱이 1인당 자동차 소유 대수는 세계 평균의 3분의 1에 그쳐, 잠재구매력이 크다.

27) 1.6리터 이하 소형차 판매는 2월 39.1%, 3월 20.6%에 이어 4월에는 56.5%의 높은 증가를 보이고 있다.

28) 2009년에 접어들어 구찌, 살바토레 페라가모 등 세계적인 명품업체들이 미국이나 유럽 내 매장을 줄이는 대신 중국에 판매점을 늘리고 있다(연합뉴스, 2009.5.11).

응한 중국의 소비자 가운데 71%가 "비싸도 명품을 사겠다"는 반응을 보인데 반해, 미국과 유럽에서 이런 반응을 보인 경우는 각각 27%와 17%에 불과하였다(Wall Street Journal, 2009.4.29).

셋째, 금 소비의 증가이다. 세계금협의회에 따르면, 중국은 2008년에 액세서리 제조와 투자용 등으로 2007년보다 5배 이상 늘어난 395톤의 금괴를 소비해 전 세계 금괴 소비량의 14%를 차지한 것으로 집계됐습니다. 예컨대 베이징의 차이스커우(菜市口)백화점의 금 판매액이 2007년에는 23억8천 위안(4천760억 원)을 기록했으며, 글로벌 금융위기가 시작되었던 2008년에는 35억 위안(7천억 원)으로 전년 동기 대비 47% 증가했다. 2009년에 접어들어 4월까지 판매액도 이미 전년 동기 대비 15% 증가한 16억8천만위안(3천360억 원)을 기록했다.[29] 이들 가운데 투자용도 있지만, 글로벌 금융위기 이후에도 선물이나 결혼 예물용으로 금목걸이와 금반지를 구입하는 경우가 많아졌다는 사실을 확인할 수 있다.

(2) 저가 제품의 소비 증가

저가제품의 수요도 급증하고 있다. 불황기에는 립스틱 효과와 감자효과가 작용하기 때문이다. 립스틱 효과란 불경기에 립스틱과 같은 저렴한 비 생필품 매출이 큰 폭의 상승세를 보이는 현상을 말한다(中国文化産業网, 2009.3.18). 예컨대 온라인 게임과 영화 수요의 증가가 이에 해당한다. 그런데 여기서 언급해야할 것은 중국에서 온라인 게임과 영화 관람이 중국의 저소득층에게는 저가라 할 수 없다. 예컨대 영화 관람만 하더라도 입장료가 70위안[30]에 이르기 때문에 저소득층에게는 결코 저가

---

29) 베이징 쉬안우(宣武)구 광안먼네이다제(广安门内大街)에 위치한 차이스커우 백화점은 중국 최초의 금 전문 백화점이자 영업 면적 8천800㎡인 중국 최대의 금 전문매장이다(권영석, 연합뉴스 2009.5.3).

의 오락이라고 할 수 없다. 온라인 게임도 저소득층에게는 저가의 오락이라 할 수 없다.[31] 그러나 온라인 게임과 영화 관람도 중·고소득층에게는 다른 문화·오락 활동에 비해서 분명히 저가의 오락 활동이다. 이러한 의미에서 온라인 게임과 영화 관람도 중·고소득층에게는 립스틱효과가 적용된다고 할 수 있다.

첫째, 온라인 게임사용의 급격한 증가이다. <2008년 중국 게임 산업 조사보고서 개요>에 의하면 2008년 중국 온라인 게임 사용자 수는 4936만 명, 온라인게임 실질 매출액은 183억 8천만위안(2007년 대비 76.7% 증가)에 이른다(中国青年报, 2009.2.5). 또 중국 유명 온라인 게임 사이트 '17173' 조사에 의하면 2008년 9월 1일 이후 온라인 게임 접속자는 증가세를 보이며 매일 5시간 이상 게임을 하는 네티즌이 늘어 매일 5-8시간 게임을 즐기는 접속자가 전년 동기 대비 11.5% 증가하였다(박한진 등, 2009.3.10). 이는 중고소득층이 과거보다 온라인 게임 접속을 늘렸기 때문에 생긴 결과이다.

둘째, 영화 관람의 증가이다. 국가전영국(国家电影局)에 따르면, 2008년 중국 영화 박스오피스 수입은 43억 4천만 위안으로 2007년 동기 대비 30.5% 증가해 세계에서 가장 높은 증가율을 기록했으며, 세계 영화시장 박스오피스 수입 상위 10위권에 들었다. 2008년 중국 국내 영화의 통계에 잡힌 박스오피스 수입은 2007년 대비 42.3% 증가한 25억 6천만 위안으로 영화 박스오피스 총수입의 59%를 차지한다(中国青年报, 2009.2.5). 이는 중고소득층이 과거보다 영화를 더 관람함에 따라 생긴 결과이다.

다음으로 감자 효과를 살펴보자. 불경기 소비현상으로 소득감소와 심

---

30) 2009년 베이징의 영화관의 입장료
31) 2009년 PC방에서 온라인 게임에 접속하는 비용은 시간당 평균 50위안에 이른다.

리적 요인으로 저가제품(감자)이 고가제품(빵) 소비를 대체하는 감자효과가 발생한다. 첫째, 대형마트·백화점의 기존 고객들 가운데 대형마트 마니아나 할인판매 마니아가 늘어난다. 대형마트·백화점의 고객은 사실상 중·고소득층이라 할 수 있다. 저소득층은 대형마트·백화점의 고객이라 할 수 없다. 먼저 이들 중·고소득층 가운데 대형마트 특가상품만 골라서 소비하는 '대형 마트 마니아'가 늘어난다. 대형 마트는 초저가 마케팅 전략으로 식품, 의류, 위생용품, 가구소품 등 생필품 중심으로 소비자의 구매 욕구를 자극함에 따라 대형 마트 마니아는 더욱 늘어난다. 다음으로 중고소득층은 과거 백화점에서 하던 소비패턴을 바꾸어 백화점의 세일 상품만 구입하는 경향으로 전환하고 있다. '바겐세일(할인판매) 마니아'(伺机消费族)는 평소에 백화점 바겐세일, 판촉 프로젝트 등 세일 상품이 나올 시기를 미리 계산하여 필요한 상품을 할인가에 구매한다.

둘째, 중국식 공동 구매 마니아 핑커('Pinker, 拼客)'도 늘어난다. 핑커들은 웹사이트나 QQ[32]를 통해 공동 구매할 핑커를 찾고 있으며, 공동구매를 통해 비용 절감과 인적 네트워크 형성을 장점으로 내세운다. 다른 한편, 할인 쿠폰 마니아도 늘어난다. 예컨대, 야후(Yahoo)의 커우베이(口碑, 입소문) 사이트는 '할인 정보 검색'서비스를 개시해 음식·오락·구매 등 관련 할인 정보를 제공하고, 1만 종류 이상의 할인쿠폰을 제공하고 있다. 이에 따라 소비자들의 할인쿠폰 다운로드 수가 급증하고 있다(박한진 등, 2009.3.10).

셋째, 산짜이 제품의 구매 증가이다. 산짜이 제품은 유명브랜드의 유사제품이거나 짝퉁을 말한다. 저가로 유명브랜드를 흉내 낸 저가의

---

32) 중국의 대표적 메신저 서비스

산짜이 제품을 구매하려는 소비자는 늘어나고 있다. 또한 산짜이 제품의 품질이 갈수록 향상됨에 따라 다기능의 고가 정품보다 꼭 필요한 기능만 가진 값싼 산짜이 제품이 소비자로부터 더 호응을 받고 있다. 특히 금융위기 이후 저가제품을 선호하는 추세 때문에 도시에서는 산짜이 제품에 대한 수요가 증가하고 있다. 중국정부가 농촌에서는 가전하향정책의 실시로 인해 기존 정품에 대해 보조금을 제공하고 있기 때문에 농촌에서는 오히려 산짜이 제품의 판매가 부진할 수도 있다(이중희, 2010).

5. 소비 양극화의 요인

중국의 소비 양극화는 여러 가지 요인이 작용한 결과이다. 그런데 시기별로도 각각의 요인이 소비 양극화를 야기하는 정도는 다르다. 어떤 요인은 특정시기에만 소비 양극화를 발생시킨 요인이 된다. 예컨대 전술한 것처럼 2009년에 접어들어 자동차 판매가 늘어나는 이유 가운데 하나는 중국 정부의 세금감면과 경기부양책이다. 그런데 이러한 요인은 2009년 이전 소비 양극화를 설명할 수 없다. 따라서 여기서는 중국에서 금융위기 전부터 일관되게 소비 양극화를 야기했던 요인을 중심으로 살펴본다. 이들 요인 가운데 상당부분은 다른 나라에서도 존재하면서 소비 양극화에 영향을 미치는 요인이다. 하지만 중국에서는 이들 요인의 강도가 다른 나라보다 높다.

(1) 공식 소득의 양극화

일반적으로 소득의 증가는 소비의 증가를 가져온다. 따라서 소득 양극화는 소비 양극화를 가져올 개연성이 높다. 소득 양극화를 검토하는 이유가 여기에 있다. 그런데 중국의 소득에는 공식 소득과 비공식소득이 있다. 중국 정부의 통계에는 일반적으로 공식적 소득을 주로 포함한다. 여기서는 먼저 중국 정부의 공식적 통계를 갖고 공식적 소득의 양극화를 살펴본다.

1) 글로벌 금융위기 전의 소득 양극화

<표 4-3> 계층별 도시 주민 가처분소득 증가 추이

(단위: 위안)

	2000	2003	2005	2007
최고(10%)	13,311.02(5.02배)	21,837.32(8.43배)	28,773.11(9.2배)	36,785(8.74배)
고(10%)	9,434.21	13,123.08	17,202.93	22,234
중상(20%)	7,487.37	9,763.37	12,603.37	16,386
중중(20%)	5,897.92	7,278.75	9,190.05	12,042
중하(20%)	4,623.54	5,377.25	6,710.58	8,901
저(10%)	3,633.51	3,970.03	4,885.32	6,505
최저(10%)	2,653.02	2,590.17	3,134.88	4,210

출처: 国家统计局a(2001, 2004, 2006, 2008)

중국에서는 개혁개방이후 소득의 격차가 심화되고 있다. <표 4-3>은 2000년부터 2007년까지 계층별 도시 주민 가처분소득 증가 추이를 보여주는 표이다. 2000년에 최고소득층의 소득은 최저소득층의 5.02배, 2003년에는 8.43배, 2005년에는 9.2배, 2007년에는 8.74배이다. 2007년의 8.74배는 2005년도에 비해서는 감소되었지만 2000년에 비하면 크게 증가한 것이다. 8.74배라는 수치도 대단히 큰 수치이기 때문에 소득 양극화라 보아도 무방하다.

도시 노동자와 농민 간의 소득 격차만을 보면, 그 소득 격차는 더욱 커지고 있다. 중국 국가통계국의 자료에 의하면, 도시 노동자와 농민 간의 소득 격차는 1985년 1.8대1에서 1995년 2.8대1, 2002년 3.1대1에서 2008년 전반기(1월-6월)에는 5대1까지 벌어졌다(中国新华通信, 2008.7.28).

소득격차를 보여주는 지니계수를 보더라도 중국에서 소득 양극화가 심화되어왔음을 알 수 있다. 국가발전개혁위원회에 따르면, 지니계수가 문화대혁명 때 0.16에 불과하였으며, 개혁개방이 시작할 때도 0.29에 불과하였지만, 2006년에는 무려 0.47에 이른다. 중국은 짧은 시간 내에 세계에서 가장 빠르게 지니계수가 증가한 국가로 기록된다(陈寒鸣, 2007). 이러한 소득 양극화는 계층 간 소비 양극화의 토대가 된다.

2) 글로벌 금융위기 이후의 소득 양극화

글로벌 금융위기가 중국의 소득격차에 어떤 영향을 미칠까? 중국의 부유층 가운데 일부 해외에 투자한 경우는 상당한 손실을 보았을 것으로 추정된다. 하지만 2009년에 접어들어 중국 내의 부동산, 주식 등 자산시장이 급등함에 따라 부유층이 보유하고 있던 자산의 손실은 거의 만회되었다. 중국 주식시장의 경우, 2008년 10월말과 비교해서 상하이 종합지수는 2009년 5월 23일경 대략 54% 올랐다. 뿐만 아니라 부유층들은 풍부한 여유자금을 동원해 2009년 초의 저점에서 주식과 부동산을 매입해 자산 증식을 하고 있다. 또한 부유층들은 고용 안정성이 확보된 직장에서 높은 보수를 그대로 받고 있다.

반면 대출금이 많은 중하층은 2008년 하반기 주식·부동산 등 자산시장이 급락하는 과정에서 어쩔 수 없이 자산을 내다 팔아 손실을 확정하였다. 농민공, 비정규직, 개체공상호뿐 만 아니라 정규직 등도 실업이나 소득 하락에 직면하고 있다. 특히 농민공[33] 등 비정규직의 대량해고, 영세 자영업자인 개체공상호의 도산 등으로 중하층 혹은 하층의 근로소득은 급감하고 있다.

(2) 비공식 소득의 증가

공식적 소득을 측정하는 지니계수로 고려하지 않은 많은 소득이 있다는 점을 간과해서는 안 된다. 비공식 소득인 회색·흑색 소득까지 고려하면 중국의 소득 양극화는 지니계수보다 높은 수준이다. 흑색소득은 불법소득을, 회색소득은 반 합법소득을 말한다. 흑색소득은 밀수, 마약 등 불법거래를 통해서 얻은 소득이다. 흑색소득의 정확한 규모는 쉽게 알기 어렵다. 하지만 여러 가지 간접적인 추정으로 보아 그 규모가 대단히 크다는 사실을 알 수 있다.[34]

회색소득도 그 규모가 대단히 클 것으로 추정된다. 회색 소득에 대해서는 좀 더 자세히 살펴보자. 회색소득이란 공식소득 외의 음성소득을 말한다. 회색 소득의 주요 원천은 다음과 같다. 첫째, 재정자금이 부처 내 여러 단계를 거치면서 관리상의 빈틈을 통해서 누출된다. 2005년에 재정자금 가운데 5,600억 위안이 누출된 것으로 추정된다(百度百科 2009). 고정자본 투자액은 2006년에 4조 5천억 위안에 이른다. 각 건설단계마다 하청을 주는 과정에서 건설자금이 누출된다. 실제 시공 회사가 받는 자금은 원래 계획된 건설 자금의 1/3에 불과하다는 주장도 있다(汪华斌, 2008).

---

33) 2009년 2월 초 중국 국무원은 1.3억 명의 외지 농민공 가운데 약 2000만 명이 금융위기로 인해 실직하여 귀향하였다고 발표한 바 있다.

34) 예컨대 중국에서 판매되는 휴대폰 가운데 38%가 밀수품이라는 추정도 있다(김익수, 2004:79). 밀수품 가운데 휴대폰이 이렇게 많다는 사실은 흑색소득이 상당한 수준에 이르고 있음을 의미한다.

둘째, 금융 부패가 보편적으로 존재한다. 인민은행 연구국의 2003년 조사에서 금융 기관의 대출에는 공식적 대출이자 외의 부담을 져야하는 것이 하나의 불문율이 되어버렸다. 공식적 대출이자 외의 부담과 금융 기관과의 양호한 꽌시를 유지하기 위한 비용을 합하면 대출총액의 평균 9%에 이른다. 2006년에 전국 금융기관의 대출 총액은 22조 위안에 이른다. 대기업에 대한 대출에는 공식적 이자 외의 부담이 상대적으로 적고 전체 대출 가운데 대기업 대출의 비중이 절반 정도라고 추정한다면, 금융기관의 담당자에게 지불되는 이자 외 부담의 총액은 무려 1조 위안에 이른다.

셋째, 행정심사·허가과정에서의 지대추구(rent-seeking) 행위이다. 예컨대 현지의 당정 관료가 탄광 회사의 주주가 되었다면, 상당 부분은 심사·허가권, 검사권, 자원 통제권 등의 권력을 이용한 지대추구 행위에 의한 주식 취득일 가능성이 높다. 세계은행이 2006년 실시한 중국의 120개 도시 경쟁력 조사에 따르면, 기업이 여행·오락비 명목으로 정부 관료에게 "비정규 지출"[35]을 한다. 2006년 중국 공업·건축업·제3차 산업의 판매 수입이 55조라면, 기업이 "비정규 지출"을 한 여행·오락비는 약 5000억 위안이다. 이것은 "비정규 지출"의 일부분이다. 여기에는 현금, 계좌이체, 현물, 신용카드 결제, 주식 증여 등을 통한 "비정규 지출"은 포함되어있지도 않다. 따라서 실제 "비정규 지출"의 규모는 이보다 크다는 사실을 알 수 있다.

넷째, 독점 산업의 수입이다. 2005년에 전력, 전신, 석유, 금융, 보험, 수도·전기·가스, 담배 산업 등에 종사하는 직공 수는 833만 명이다. 이는 중국의 직공 총수 가운데 8%에도 못 미친다. 하지만

---

35) 뇌물의 완곡한 표현이다.

이들의 소득 총액은 무려 1조 700억 위안에 이르며, 이는 직공 전체 임금총액의 55%에 상당하는 수치이다. 여기서 중국 직공 평균 소득을 초과하는 부분은 1조 700억 위안 가운데 무려 9200억 위안이나 된다. 이 중 상당부분은 행정적 독점으로부터 유래한다(百度百科, 2009).

일반적으로 사람들은 공식적(합법적)인 소득보다는 회색·흑색소득으로 명품·사치품을 살 가능성이 많다. 회색·흑색 소득은 정상적인 노동에 의해서 획득한 소득이라기보다 불로소득이기 때문이다. 따라서 한 나라에 회색·흑색 소득이 많다는 사실은 그 만큼 소비 양극화가 발생할 가능성이 높다. 중국에서는 회색·흑색 소득수준이 체제의 특성상 다른 나라보다 높기 때문에 소비 양극화 수준을 높이는 요인으로 작용하고 있다.

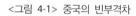

<그림 4-1> 중국의 빈부격차

출처: https://image.baidu.com

또한 글로벌 금융위기 이후 회색·흑색 소득이 줄어들 것으로 보이지 않는다. 예컨대 2008년 말 경기부양책으로 책정된 금액은 무려 4조 위

안에 이른다. 이 또한 정부가 분배하는 과정에서 상당 금액이 회색 소득
으로 누출될 것으로 예상된다(汪华斌, 2008). 또 글로벌 금융위기 이후
더 많은 기업이나 개인이 금융 기관으로부터 대출을 필요로 함에 따라
공식적 대출이자 외의 부담이나 꽌시 비용이 더욱 커질 것도 예상할 수
있다.

(3) 미엔즈(面子) 문화, 가족형태의 변화 및 실업자의 증가

고가제품을 좋아하는 중국인들의 심리에는 미엔즈, 즉 체면을 중
시하는 정서가 있다. 중국인들은 다른 나라 사람보다 미엔즈를 중시
한다. 다시 말하면, 과시 소비성향이 강하다는 뜻이다. 예컨대 가전
제품을 구입할 때 대형 냉장고, 대형 에어컨, 대형 LCD-TV, 대형
PDP-TV 등을 구입하려 한다. 이런 것을 가정에 구비해야 다른 사
람이 집에 오더라도 체면이 선다고 생각하는 것이다. 자동차를 구입
할 때도 대형, 고가 승용차를 구입한다. 타인을 식사에 초대할 때도
고급식당에서 식사를 같이 한다. 이렇게 해야만 체면이 선다고 생각
한다.

가족형태의 변화도 소비 양극화를 야기하는 또 다른 요인이다. 먼
저 1980년부터 시행한 1자녀 정책은 가족 구성원의 수를 감소시키
는 결과를 가져왔다.[36] 다음으로 전문분야에서 일하면서 독신으로
사는 대도시의 젊은 층, 즉 단신귀족(单身贵族)이 늘어나는 추세이
다. 또 정상적인 부부생활을 하면서도 의도적으로 아이를 갖지 않는
맞벌이 부부, 즉 딩커주(丁克族)[37]도 늘어나는 추세이다.[38] 특히 단

---

36) 자세한 내용은 이중희(2007b)를 참조할 것.
37) 딩크는 DINK(Double Income, No Kids)를 말한다.

신귀족과 딩커주는 한편으로 고가품 소비를 늘리면서 다른 한편 가족 구성원이 1-2인에 불과하기 때문에 저가 소형제품에 대한 소비도 늘릴 것으로 보인다. 1자녀 가구도 한편으로 1명의 자녀에 대한 고가 소비를 늘리면서도 저가 소형제품에 대한 소비도 늘릴 것으로 보인다.

실업자의 증가와 노동시간의 감소도 저가상품에 대한 소비를 늘릴 것으로 보인다. 2009년 중국사회과학원의 통계에 따르면 도시 실업률은 9.4%, 대학생 실업률은 12%에 달하며 특히 대도시 실업자는 10%를 넘어설 것으로 전망하고 있다(박한진 등, 2009). 또한 전술한 것처럼 2009년 초 1억 3000만 명의 외지 농민공 가운데 세계금융위기로 인해 실직해 귀향한 농민공이 2000만 명에 이른다. 실업자뿐만 아니라 실직하지 않은 취업자의 노동시간도 업무량 감소로 인해 단축되는 경향이다. 더욱이 많은 취업자는 실업상태로 가지는 않았지만, 파트타임 등 비정규직으로 전락함에 따라 노동시간이 감소할 수 있다. 실업과 노동시간의 감소로 인해 이들은 소득의 급격히 하락을 맞이함과 동시에 상대적으로 늘어난 여가시간을 저가 문화·오락에 대한 소비로 보낼 것으로 보인다. 이들은 주로 TV를 시청하거나 일부 소득이 높은 실업자나 불완전 취업자는 온라인 게임 등으로 여가시간을 보낼 것이다.

(4) 개인 소비의 양극화가 발생하는 요인

여기서는 개인 소비의 양극화의 요인에 대해서 따로 다루어 본다. 전

---

38) 가구당 수에서 1953년부터 1982년까지는 4.33명에서 4.41명으로 큰 변화가 없다. 1자녀정책 등 상기 요인으로 인해 1990년에는 3.96명, 2000년에는 3.44명으로 급격히 감소하고 있다(國家統計局a, 2008). 2000년 이후 인구센서스가 없었기 때문에 정확한 수치는 알 수 없지만 2000년 이후에도 급격히 감소하였을 것으로 추정된다.

술한 요인들 가운데 일부는 개인 소비의 양극화를 발생시키는 요인이 된다. 하지만 개인 소비의 양극화만 관련되는 요인도 많다. 첫째, "소비자 보호"의 영향이다. 1980년대 중국에서도 처음으로 "소비자 보호"란 말이 등장하기 시작했다. 중국에서 "소비자 보호"의 직접적 영향은 무엇보다 제품의 기능성이 어느 정도 보장된다는 점이다. 그 밖에 다른 영향은 제품의 표준화를 야기한다는 점이다(钱实诚, 2008). 둘째, 중국에서도 생산기술의 혁신과 제조공정의 자동화로 인한 가격하락과 전반적인 품질의 향상이다. 셋째, 중국에서도 경쟁이 갈수록 심해짐에 따라 기업들이 어느 정도 품질을 갖춘 제품을 저가로 공급하고 있다는 점이다. 넷째, 인터넷의 보급은 마케팅 이용의 절감을 가져왔다.

6. 소결: 정책 대응

세계금융위기 이후 중국 정부가 지금까지 투자와 수출에 의존해오던 경제성장 구조를 내수로 전환키로 함에 따라 내수시장의 중요성이 더욱 증대되었다. 따라서 세계금융위기에도 불구하고 중국 내수시장의 잠재력이 새롭게 부각되면서 글로벌 기업들의 중국시장 공략이 재차 점화되고 있다(정태수, 2009:1-2). 이러한 상황에서 중국의 소비 양극화에 대한 대응은 더욱 중요해 지고 있다.

여기서는 결론을 대신하여 소비 양극화에 대한 한국 기업의 대응전략을 살펴본다. 중국에서는 전반적으로 계층 간 공식 소득의 양극화가 심해지고 있다. 또한 비공식 소득도 줄어들고 있다는 징후가 보이지 않는다. 공식 소득이 높은 계층이 비공식 소득을 더 많이 누리고 있을 가능성이 높은 중국의 체제적 특성을 염두에 둔다면, 비공식 소득까지 포함한

계층 간 소득격차는 더욱 클 것으로 추정된다. 다른 나라보다 중국에서는 비공식 소득이 많기 때문에 사치품·명품에 대한 수요가 크다. 비공식 소득이 많은 계층이나 직업집단에 대한 별도의 연구가 필요하다. 이들의 인구통계학적 연구, 공식·비공식 소득의 규모, 소비 성향에 대한 연구가 필요하다. 비공식 소득에 대한 공식 통계가 없기 때문에 실제 이들과 접하는 시장조사기관의 조사가 절실하다.

하지만 다음과 같은 추정은 가능하다. 비공식 소득이 많은 계층은 관료, 정치인 등 중국 내 각 조직 내에서 권력층이라 할 수 있다. 다시 말하면, 중국에서는 가진 권력이 클수록 비공식 소득이 많을 가능성이 높다. 중국에서 권력층은 다른 층보다 신분을 과시하는 소비를 할 가능성이 높다. 또한 이들이 획득한 비공식 소득은 합법적 소득이라기보다 비합법적 소득에 가깝다. 따라서 이들이 과시적 소비를 할 가능성이 공식 소득만을 가진 직업집단이나 계층보다 높다. 또한 중국에서는 권력층을 포함한 모든 계층에서 다른 나라보다 미엔즈 문화가 강하다. 지금까지 서술한 추세들은 세계금융위기 이후에도 변하지 않은 것으로 추정된다. 실제 일부 지표는 세계금융위기 이후에도 중국의 소비 양극화가 다른 나라보다 심하다는 사실을 보여주고 있다. 따라서 중국 진출 한국 기업의 마케팅 전략에서 소비 양극화에 대한 대응전략이 중요한 비중을 차지할 수밖에 없다.

세계금융위기 이후 중국은 다른 나라보다 소비 양극화가 심하기 때문에 평균적인 품질과 가격의 제품을 판매하는 매스마케팅은 다른 나라보다 더욱 의미가 없다. 중국 시장은 동질적 시장이 아니라 유명브랜드, 대형제품, 고가제품 등을 구매하는 고소득층과 소형제품, 저가·기능성 제품 등을 선호하는 저소득층으로 분할된 시장이다. 따라서 우선 고가시장과 저가시장으로 구분하여 대응할 필요가 있다.[39] 중국에서의 소비 양극화 추세로 볼 때 다른 나라 시장에서보다 한국 기업은 고가품 시장에 진출하려는 노력을 배가해야할 것으로 생각한다. 더욱이 중국에서 고가품 시장은 중저가품 시장보다 중국 토종기업과의 경쟁이 상대적으로 적은 시장이다. 뿐만 아니라 부유층의 고가제품 수요는 나날이 증가할 것으로 예상된다.[40]

따라서 고가품을 구매할 수 있는 고소득층을 표적시장으로 설정해야 한다. 표적시장을 정한 다음에는 자사제품이 당해 표적시장의 고객수요에 부합되고 경쟁력을 가질 수 있도록 포지셔닝(positioning)해야 한다. 포지셔닝은 자사제품의 기능, 가격이 경쟁사 제품보다 실제로 얼마나 나은가에 의해 결정되기보다는, 소비자가 당해 상품·브랜드를 어떻게 인식하고 있는가에 의해 결정된다고 볼 수 있다. 따라서 포지셔닝 전략은 가격, 광고, 포장, 디자인, 촉진 활동 등 마케팅 믹스를 최대한 활용, 소비자의 뇌리 속에 자사의 제품의 이미지를 원하는 대로 각인시키는 것이 중요하다(김익수, 2004:280-1).

또한 소비 양극화 추세 속에서 한국 기업에게는 "리치 마케팅(rich marketing) 전략이 유용할 수 있다. 리치 마케팅 전략이란 경영자원의 제약 때문에 중국 내 모든 세분시장을 공략하기는 힘들므로 자사 상품·브랜드에 대한 수요와 확대잠재력이 비교적 큰 고소득층을 상대로 하이엔드(high-end)브랜드를 판매하고 여기에 판촉노력을 집중하는 것이다. 따라서 리치 마케팅의 핵심은 고소득층을 표적삼아"고품질, 고가 "상품·브랜드를 판매하는 것이다."저품질, 저가 "상품, 브랜드의 시장은 더 넓

---

39) 양극화에 대응하는 기업의 마케팅 전략은 어느 계층에 집중하느냐에 따라 크게 일극 특화 전략과 양극 대응 전략으로 구분할 수 있다. 일극 특화 전략은 다시 고가 시장 집중 전략과 저가 시장 집중전략으로 나누어진다(최우열, 1999:52).

40) 중국 신화통신에 따르면, 중국 상무부는 2014년 중국이 세계 명품시장의 23% 정도를 차지하면서 중국이 세계 최대 명품시장이 될 것이라고 전망했다.

지만 중국 토종기업들이 워낙 저가 물량 공세를 펴기 때문에 외자기업이 살아남기 힘들며, 살아남더라도 채산성이 나빠질 수밖에 없다(김익수, 2004: 317).

마케팅 믹스의 네 가지 요소(4P)는 상품(product), 가격(price), 유통(place of distribution), 촉진(promotion)이다. 여기서는 이를 중심으로 마케팅 전략을 간략히 살펴본다. 첫째, 가격전략으로 고려해야 할 점은 고가시장의 경우에는 가격이 가장 중요한 품질 단서로서 작용하므로, 원가와는 관계없이 고객이 느끼는 제품의 가치 정도에 따라 가격을 정하는 가치 기준 가격 정책(value-based pricing)이 바람직하다. 고가 제품은 제품 출시 초기부터 일관된 고가격 정책을 고수해야 한다. 잦은 가격 할인이나 세일은 고객들로 하여금 제품의 가격민감도를 높이고 유보 가격을 하락시키는 결과를 낳을 수 있기 때문이다. 부득이한 가격 할인의 경우에도 직접적인 제품 할인보다 쿠폰이나 사은품 등의 간접 할인 방식이 바람직하다(최우열, 1999: 53). 한국기업에게는 고가시장이 중요하지만, 저가시장도 완전히 배제할 수 없다. 특히 중국 정부의 가전하향 정책으로 저가제품에 대한 수요가 크게 늘 것으로 예상되기 때문에 저가제품 진출전략 수립도 필요하다.[41]

둘째, 판매촉진, 유통 전략 가운데 특히 유념해야 할 것은 인터넷을 이용한 전략이다. 전술한 것처럼 세계금융위기 이후 온라인 게임의 사용이 증가하였으며, 온라인 구매도 급증하였다. 불황뿐 만 아니라 최근의 네티즌 수의 급격한 증가가 이러한 결과를 가져왔다. 따라서 인터넷 이용자에 대한 적절한 마케팅전략의 수립이 중요하다. 이를 위해서는 인터넷 시장 전반의 발전을 파악하고 인터넷 이용자의 인구통계학적 분포

---

41) 저가시장은 가격이 가장 중요하므로 적절한 가격전략을 세워야한다(최우열, 1999:53).

와 인터넷 이용행태를 분석하는 것이 긴요하다. 한편 부유층은 대부분 대도시에 거주한다. 따라서 대도시 고가시장에 대한 진출 전략도 필요하다.[42]

셋째, 제품 전략으로 고려해야할 것은 다음과 같다. 고가품 시장에서는 특히 미엔즈 마케팅이 중요하다. 비싼 가격을 지불하더라도 내 체면이 올라가면 대부분 중국인들은 구입하는 행동을 보인다. 또한 부유층일수록 자신의 신분이나 지위를 과시하고자 하는 자기 현시 욕구가 강하며, 자신과 비슷한 수준의 사람들과 어울리기를 원한다. 또한 고소득층은 학력 수준이 높거나 유행에 민감한 공통점이 있어 첨단 기술을 적용한 제품에 대한 선호가 두드러진다. 이들은 실제적인 필요 외에도 자신의 성공을 과시하기 위한 수단으로 고가의 하이테크 제품을 찾기도 한다. 또한 이들은 자신의 시간과 편리성을 중시해 다소 가격이 비싸더라도 갖가지 편의기능과 부가 기능을 갖춘 제품을 선호한다(최우열, 1999: 53). 본 논문의 연구 결과가 시사하는 바에 의하면, 중국의 고소득층은 다른 나라의 고소득층보다 이런 특성을 더욱 가질 것으로 추정된다. 따라서 이런 점을 고려하여 제품전략을 수립해야한다.[43]

---

42) 2008년 하반기에 고가제품을 주로 구비한 롯데백화점 1호가 베이징의 왕푸징에 개소하였으며, 2009년 초에는 롯데가 톈진에도 100% 단독투자로 2호점을 개설할 것으로 발표하였다. 롯데가 중국 대도시의 고가제품 수요에 대해서 높게 평가하고 있음을 의미한다.

43) 미엔즈 문화를 고려한 상품을 개발해야한다. 예컨대 아우디는 크기를 중시하는 중국인의 기호를 반영하여 중소형 세단의 차량길이를 늘린 A6L, A4L 등을 전 세계에서 유일하게 출시함으로써 큰 호응을 얻었다(정태수, 2009:7).

참고문헌

강민주, "중국 新식품 소비 트렌드에 울고 웃는 기업들",
　　http://news.kotra.or.kr/user/globalBbs/kotranews/4/globalBbsDataView.do?
　　setIdx=243&dataIdx=145864(검색일: 2016.10.1.), 2015.10.16.

강태욱, "소비양극화 시대의 내수시장",「LG주간경제」, 1999.3.24.

강태욱·윤종일. "소비양극화와 기업의 대응",「LG경제연구원 보고서」, 1999.

김성자, "베이징시 문화소비의 추세와 소득계층별 특징 연구," 부경대 대학
　　원 국제지역학과 박사학위논문, 2017년 8월.

김성자·이중희, "중국 베이징시 교통·통신비의 소비구조변화",「中国学」
　　第47輯, 2014.

김성자·이중희, "베이징시 소득계층별 문화소비추세 분석: 해외여행소비를
　　중심으로",「국제지역학논총」제7권1호, 2014.

김윤희, "신소비대국, 중국의 소비트렌드 분석", KOTRA 정보조사본부, 2005

김익수,『중국시장 마케팅』, 서울: 박영사, 2004.

박서현, "중국도 웰빙시대, 건강식품 불티",
　　http://news.kotra.or.kr/user/globalAllBbs/kotranews/album/2/globalBbsD
　　ataAllView.do?dataIdx=148060(검색일: 2016.10.1.), 2016.1.18.

박한진 등, "불황기 중국시장, 소비트렌드 변화를 읽어라."「KOTRA Global
　　Business Report」, 2009.3.10.

서석흥, "중국 도시지역 중산층의 성장과 소비구조의 전환",「현대중국연구」
　　7집 2호, 2006.

孙晓菲, "정품시장에 진입한 '산짜이 휴대폰'의 현재와 미래,"「China Business
　　Focus」, 北京: 中国叁星经济研究院. 2008.5.7.

이준·조영삼·최재영, "중국 가공식품 시장의 성장, 변화와 우리의 대응",
　　「산업경제」, KIET, 2014.2.

이중희, "중국 도시 고소득층의 소비 실태와 소비 구조의 변화",「아시아연
　　구」10권 2호, 2007a.

_____, "중국의 인구 정책과 고령화의 추세, 원인 및 특성",「중국학」29,
　　2007b.

_____, "중국 도시의 소비 혁명 : 소비구조의 변화를 중심으로",「중국학
　　연구」43집, 2008.

_____, "중국의 소비 양극화와 정책 대응",「국제지역연구」13권 2호, 2009.

_____, "중국의 산자이 휴대폰열풍의 실태와 그 요인", 「중국학연구」 51, 중국학연구회, 2010년 3월.

_____, "중국 도시주민 식품소비의 다원화 추세(1985-2014) 연구", 「중국학」 57집, 2016.

정지형, "중국 유기농 식품시장 현황과 제주의 향후과제 ", 「정책이슈브리프」 218, 2015.1.29.

정태수, "중국 진출 글로벌 기업의 명암", 「SERI 경영노트」, 삼성경제연구소, 2009.5.14.

조용찬, "중국, 금융위기 속 소비 양극화 뚜렷", 「Chindia Journal」, 2009.3.

中国文化产业网, "금융위기 속 문화산업의 '립스틱 효과' 기대", 중국전문가포럼. 2009.3.18.

중국전문가포럼, "中 1980년대 생 여성, 명품시장의 고정고객 될 것", 新华网 2007.8.3.

중국전문가포럼, "中 젊은 부유층 명품 소비액 10년 내에 264억 달러로 '껑충'", 中新网 2007.9.5.

中国青年报, "중 애니메이션/영화/온라인게임 산업, 경기 침체 속 고속성장", 중국전문가포럼, 2009.10.

지만수 등, 「중국 소비시장의 특징과 진출전략」, KIEP, 2008.

최우열, "소비 양극화 시대의 기업 마케팅", 「LG주간경제」, 1999.1.20.

허경옥·이은희·김시월·김경자·차경욱, 『소비자트렌드와 시장』, 서울: 교문사, 2006.

KOTRA 중국팀, "중국 내수시장 진출전략: 위기 속 유망시장, 중국 내수시장을 공략하라", 2009.3.13.

KOTRA 중국팀, "중국 시장의 신블루오션", 2009.4.13.

智研咨询, "2017中国城乡居民收入、消费支出及恩格尔系数走势情况分析", http://www.chyxx.com, 2017.7.4.

李强, 『转形时期中国社会分层』, 沈阳, 辽宁教育出版社, 2004.

卢泰宏, 『中国消费者行为报告』, 北京, 中国社会科学出版社, 2005.

范剑平, 『中国城乡居民消费结构的变化趋势』, 北京, 人民出版社, 2001.

百度百科, "灰色收入", (검색일: 2009.5.21).

王峰, "水箱消费呈雨极化", 「市场报」(검색일:2007.8.10.)

汪华斌, "美国金融海啸,中国加速两极分化", (검색일:2008.1.11).

纪连生, "奢侈品消费给社会带来了什麼", 「记者观察」 第12期, 2008.5.

李银河, 『穷人与富人: 中国城市家庭贫富分化调查』, 华东师范大学出版社, 2004.

陈寒鸣, "兩极分化与当代中国工人阶级的贫困(下)" http://www.wyzxsx.com/ Article /Class4/200704/17755.html.(검색일: 2007.12.20).

广西经济, "奢侈品市场在 '爆炸'中国高档购物中心会过剩吗?", (검색일: 2008.1.25).

钱实诚, "看看 都是谁在消费奢侈品." 「经理日报」. (검색일:2008.12.6)

科技智囊, "走进生活, 发掘商机: 中国消费者生活调查集粹", (검색일: 2007.3.1).

张顺, "中国小康社会休闲理念时间文化经济兩极趋势分析." 「现代商业」. 2008.

李琴, "奢侈品消费 '年轻化'趋势及其塬因探究." 「消费导刊」. 2008.1.

CNNIC(각년도), "中国互联网络发展状况统计报告," 中国互联网络信息中心.

李哲敏, "近50年中国居民食物消费与营养发展的变化特点", 「资源科学」 第29 卷 第1期, 2007.

李哲敏, "中国城乡居民食物消费与营养发展的趋势预测分析", 「农业技术经济」 第6期, 2008.

李幸·文博, "从恩格尔数看中国居民的食物消费", 「农业经济」, 2004(2).

裴明君·肖玉巧, "中国食品消费需求发展趋势分析", 「中国市场」第21期, 2013.

瞿凤英 等, "中国城乡居民食物消费现状及变化趋势, 「中华流行病学杂志」 第 26卷 第7期, 2005.7.

中商情报网, "中国牛奶消费状况研究分析报告", http://www.askci.com/(검색일: 2016.10.1), 2013.9.4.

中国水产养殖网, "北京水产品的年消费量达到90万吨 自给不足10万吨", 中国 水产流通加工协会(검색일: 2016.10.1), 2011.10.31.

新华网, "北京城市居民食品消费达到 "富裕型"水平" (검색일: 2016.10.1), 2014.3.18.

新华网, "北京市食品安全委员会: 以有奖举报促进食品安全"(검색일: 2016.10.1), 2012.5.3.

北青网, "≪2016中国奶业质量报告≫新闻发布会在北京举行" (검색일: 2016.10.1), 2016.8.16.

中国食品科技网, 「英媒看中国消费新模式: 娱乐旅游支出增长」(검색일: 2016.10.1), 2016.10.13.

国家统计局a, 『中国统计年鉴』, 中国统计出版社, 各年度.

国家统计局b, 『中国统计摘要』, 中国统计出版社, 各年度.

北京统计信息网, http://www.bjes.gov.cn/, 各年度.

제 3 부

제5장 베이징시 소비구조의 변화 추이[44]

1. 전체 소비구조의 변화

개혁·개방 초기부터 현재까지 중국의 소비구조는 크게 4개의 단계를 거쳐 왔다. 첫째, 1970년대 말부터 1980년대 전반까지로, 이 시기는 기본생활을 충족시키는 필수적 소비단계였다. 이 단계에서는 먹고 입고 쓰는 것이 소비의 중심을 이루었는데 사람들의 생활방식은 기본적으로 동일했고 생활용품 소비도 선택의 여지가 적었다.

둘째, 1980년대 후반부터 1990년대 초기까지로, 이 기간은 기본생활을 어느 정도 해결한 후의 초보적 소비단계였다. 이 단계에서는 가전제품이 주류를 이루었는데 도시에서는 전화기, 칼라TV, 냉장고, 세탁기가 유행하는 소비품목 이었고 농촌에서는 TV와 라디오가 보급되었다. 이 시기 의류소비도 증가하였다.

셋째, 1990년대 중후반으로 개성을 추구하는 소비단계에 진입하였다. 이 시기는 특히 브랜드제품의 소비가 증가하였는데 핸드폰, 에어컨, 고급가구, PC, 오토바이 등 내구소비재의 보유율이 상승하였다.

넷째, 1990년대 말부터 현재까지로 생활의 질을 추구하는 향유형 소비단계이다. 이 단계에서는 품위 있는 소비가 추구되었다. 주택, 자가용 및 디지털 가전제품을 특징으로 하는 새로운 소비물결이 일어났는데 주택구입이 소비중심이 되었고 교육비와 문화오락비 지출

---

44) 이 부분은 김성자(2017) 박사학위 논문의 제2장임을 밝힌다.

도 크게 늘어났다. 이 시기 다른 한 가지 주요한 변화는 대출을 통해 앞당겨 소비하는 현상이 광범위하게 출현하였다는 것이다(김옥, 2014: 175-176).

베이징시의 소비구조는 빠르게 변하고 있다. <표 5-1>에 의하면 베이징 도시주민 일인당 총 소비지출 금액은 1992년 2,134.7위안에서 2015년 36,642.0위안으로 17.2배 증가하였다. 그러나 의·식·주와 관련한 생존형 소비는 발전형·향유형 소비에 비해 지출금액의 증가가 크지 않다.

<표 5-1> 베이징 도시주민 일인당 소비지출 금액

(단 위: 위안)

연도	식품	의류	주거	가정 설비 용품· 서비스	의료 보건	교통 · 통신	교육· 문화 오락 서비스	기타	총계
1992(a)	1,126.3	309.1	116.3	174.7	41.7	64.2	201.2	101.2	2,134.7
1993	1,404.7	471.9	152.1	256.2	66.7	143.6	286.5	158.0	2,939.6
1994	1,919.0	6,59.04	208.0	381.1	101.8	196.1	451.7	217.3	4,134.0
1995	2,436.5	757.2	227.8	442.5	147.8	236.0	510.8	261.3	5,019.8
1996	2,671.5	847.0	287.0	436.3	217.8	257.0	699.1	313.7	5,729.5
1997	2,854.4	760.7	355.7	652.4	297.7	348.9	890.3	371.8	6,531.8
1998	2,865.7	713.7	528.3	794.1	347.9	369.5	964.2	387.4	6,970.8
1999	2,959.2	730.8	478.4	749.4	513.3	467.9	1,141.8	457.6	7,498.5
2000	3,083.4	755.0	587.4	1,097.8	588.8	604.7	1,283.9	492.5	8,493.5
2001	3,229.3	821.7	588.0	847.4	677.7	768.3	1,429.2	561.2	8,922.8
2002	3,472.5	863.9	925.5	636.2	950.1	1,271.0	1,809.5	357.3	10,285.8
2003	3,522.7	906.2	955.8	704.2	994.0	1,688.1	1,964.2	388.7	11,123.9
2004	3,925.5	1,062.5	1,065.7	823.8	1,182.8	1,562.2	2,115.9	462.0	12,200.4
2005	4,215.6	1,184.1	1,039.8	852.2	1,295.8	1,943.5	2,186.6	526.6	13,244.2
2006	4,561.0	1,442.0	1,213.0	977.0	1,322.0	2,173.0	2,515.0	622.0	14,825.0
2007	4,934.0	1,513.0	1,246.0	981.0	1,294.0	2,328.0	2,384.0	650.0	15,330.0

2008	5,562.0	1,572.0	1,286.0	1,097.0	1,563.0	2,293.0	2,383.0	704.0	16,460.0
2009	5,936.0	1,796.0	1,290.0	1,226.0	1,389.0	2,768.0	2,655.0	833.0	17,893.0
2010	6,393.0	2,088.0	1,577.0	1,378.0	1,327.0	3,421.0	2,902.0	848.0	19,934.0
2011	6,9050	2,266.0	1,924.0	1,563.0	1,523.0	3,521.0	3,307.0	975.0	21,984.0
2012	7,535.0	2,639.0	1,971.0	1,611.0	1,658.0	3,782.0	3,696	1,154.0	24,046.0
2013	8,170.2	2,794.9	2,126.0	1,974.3	1,717.6	4,106.0	3,984.9	1,401.1	26,274.9
2014	8,632.0	2,903.0	2,202.0	2,143.0	1,862.0	4,407.0	4,170.0	1,690.0	28,009.0
2015(b)	8,091.0	2,651.0	1,1252.0	2,273.0	2,370.0	4,860.0	4,028.0	1,117.0	36,642.0

출처: 国家统计局. 1993: 301; 国家统计局. 1994: 477; 国家统计局. 1995: 505; 国家统计局. 1996: 409; 国家统计局. 1997: 301; 国家统计局. 1998: 473; 国家统计局. 1999: 326; 国家统计局. 2000: 320; 国家统计局. 2001: 312; 国家统计局. 2002: 332; 国家统计局. 2003: 356; 国家统计局. 2004: 370; 国家统计局. 2005: 348; 国家统计局. 2006: 358; 国家统计局. 2007: 356; 国家统计局. 2008: 328; 国家统计局. 2009: 328; 国家统计局. 2010: 353; 国家统计局. 2011: 341; 国家统计局. 2012: 355; 国家统计局. 2013: 389; 国家统计局. 2014: 175; 国家统计局. 2015: 213; 北京市统计局. 2015: 213; 北京市统计局. 2016: 8-17 城镇居民家庭人均消费支出(2015年)의 통계자료를 이용하여 계산 후 정리.

생존형 소비항목인 식품비와 의류비의 일인당 지출금액은 2015년 각각 8,091.0위안과 2,651.0위안으로 1992년에 비해 각각 7.2배와 8.6배 증가하였다. 이는 발전형·향유형 소비항목이 13.0배~75.7배 증가한 것에 비해 증가폭이 크지 않다. 다만 주거비는 2014년 2,202.0위안으로 1992년에 비해 18.9배 증가하였다. 그러나 2015년 도시주민 일인당 주거비가 11,252.0위안으로 대폭 증가하였다. 베이징시 통계국에서는 2015년부터 주거비 지출에 자가 주택이라도 매달 월세를 지불한다고 간주하고 이를 주거비에 산입하였기 때문에 주거비가 급증한 것이다. 여기에는 단위에서 지급하던 주택을 개인 부담으로 전환, 부동산 가격의 폭등 등 여러 가지 요인으로 인해 주거비 지출이 증가 할 수밖에 없는 배경도 가지고 있다.

발전형·향유형 소비항목인 의료·보건비와 교통·통신비, 교육·문화오락서비스비의 베이징 도시주민 일인당 지출급액은 1992년 각각 41.7위안, 64.2위안, 201.2위안에서 2015년에는 각각 2,370.0위안, 4,860.0위안, 4,028.0위안으로 급증하였다. 이 기간 의료·보건비, 교통·통신비, 교육·문화오락서비스비는 각각 56.8배, 75.7배, 20.0배 증가하였다.

반면 식품비와 의류비의 지출금액의 증가는 크지 않다. 이는 선진국으로 갈수록 생존형 소비가 향유형 소비에 비해 상대적으로 줄어드는 자연스러운 현상이다. 소비지출에 있어서 절대금액은 모든 항목에서 증가하였지만 베이징 도시주민들이 어디에, 무엇에 더 관심을 가지고 소비하는지를 알아보기 위해서 소비구조를 살펴볼 것이다. 다만 상술한 바와 같이 베이징시 통계국에서 2015년부터 발표한 소비항목 중 주거비에서 자가 주택이라도 매달 월세를 지불하는 것으로 간주하여 주거비 지출에 산입하였기 때문에 주거비 지출금액이 급증하였다. 주거비 지출금액이 급증함으로 인해 다른 소비항목들의 지출비중에 영향을 주게 된다. 그러므로 본 절에서 베이징시 전체 소비구조를 살펴볼 때는 소비구조 세부항목의 통일성을 유지하기 위해 1992년~2014년 까지의 데이터를 이용한다.

베이징 도시주민 일인당 식품비, 의류비, 가정설비용품·서비스비의 소비지출 비중은 1992년 각각 52.8%, 14.5%, 8.2%에서 2015년 각각 30.8%, 10.4%, 6.2%로 감소하였다.

반면 주거비, 의료·보건, 교통·통신, 교육·문화오락서비스비의 지출 비중은 증가하였다. 먼저, 주거비의 지출 비중은 1992년에서 2014년 사이 5.5%에서 7.9%로 증가하여 생존형 소비항목 중 유일하게 증가한 항목이다. 1992년 의료·보건비와 교육·문화오락서비스의 일인당 지출 비중은 2.0%와 9.4%에서 2014년 각각 6.6%와 14.9%로 증가하였다. 소비구조 변화에 있어서 가장 큰 변화를 보인 항목은 교통·통신비이다. 교통·통신비의 지출 비중은 1992년에서

2014년 사이 3.3%에서 15.7%로 급증하였다.

<표 5-2> 베이징 도시주민 일인당 소비지출 구조

(단위: %)

	식품	의류	주거	가정설비용품·서비스	의료·보건	교통·통신	교육·문화오락서비스	기타
1992	52.8	14.5	5.5	8.2	2.0	3.0	9.4	4.7
1993	46.4	15.9	5.0	9.2	2.5	4.7	10.9	5.3
1994	47.8	16.1	5.2	8.7	2.3	4.9	9.7	5.4
1995	48.5	15.1	4.5	8.8	2.9	4.7	10.2	5.2
1996	46.6	14.8	5.0	7.6	3.8	4.5	12.2	5.5
1997	43.7	11.7	5.4	10.0	4.6	5.3	13.6	5.7
1998	41.1	10.2	7.6	11.4	5.0	5.3	13.8	5.6
1999	39.5	9.7	6.4	10.0	6.8	6.2	15.2	6.1
2000	36.3	8.9	6.9	12.9	6.9	7.1	15.1	5.8
2001	36.2	9.2	6.6	9.5	7.6	8.6	16.0	6.3
2002	33.8	8.4	9.0	6.2	9.2	12.4	17.6	3.5
2003	31.7	8.1	8.6	6.3	8.9	15.2	17.7	3.5
2004	32.2	8.7	8.7	6.8	9.7	12.8	17.3	3.8
2005	31.8	8.9	7.9	6.4	9.8	14.7	16.5	4.0
2006	30.8	9.7	8.2	6.6	8.9	14.7	17.0	4.2
2007	32.2	9.9	8.1	6.4	8.4	15.2	15.6	4.2
2008	33.8	9.6	7.8	6.7	9.5	13.9	14.5	4.3
2009	33.2	10.0	7.2	6.9	7.8	15.5	14.8	4.7
2010	32.1	10.5	7.9	6.9	6.7	17.2	14.6	4.3
2011	31.4	10.3	8.8	7.1	6.9	16.0	15.0	4.4
2012	31.3	11.0	8.2	6.7	6.9	15.7	15.4	4.8
2013	31.1	10.6	8.1	7.5	6.5	15.6	15.2	5.3
2014	30.8	10.4	7.9	7.7	6.6	15.7	14.9	6.0

출처: <표 5-1>의 통계자료를 이용하여 재구성.

2014년 기준 베이징시는 식품비, 교통·통신비, 교육·문화오락

서비스비, 의류비, 주거비, 가정설비용품·서비스비, 의료·보건비 순으로 지출비중의 순위를 나타내고 있다.

전체적으로 살펴보면 주거비를 제외한 생존형 소비항목의 지출비 중은 감소하는 추세이고 나머지 발전형·향유형 소비항목의 지출비 중은 정도의 차이는 있지만 증가하는 추세이다.

2. 생존형 소비항목의 구조 변화

(1) 식품비

엥겔계수에 따라 빈부유형을 구분할 수 있다. 정홍어(郑红娥)[45]는 UN(국제연합)의 기준을 중국에 맞게 적용하여 빈부유형을 분류하였다. 그에 따르면 베이징시는 1992년 52.8%로 원바오형(溫飽型)에

<그림 5-1> 베이징 도시주민 가처분소득 및 엥겔계수(1992~2015년)

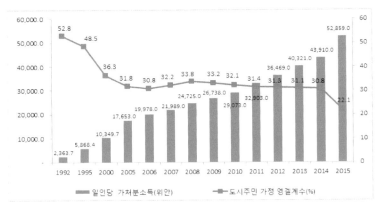

출처: 北京市统计局, 2016: 8-13城镇居民家庭生活基本情况(1978-2015年)의 통계자료를 그래프로 재구성.

---

45) 郑红娥(2006)은 UN(국제연합)이 엥겔계수에 따라 빈부유형을 구분하였는데 엥겔계수가 60%이상 이면 빈곤형, 50~60%이면 온포형, 40~50%이면 소강형, 30~40%이면 부유형, 0~30%이면 최 부유형으로 분류하였다(郑红娥, 2006: 109).

속하였다. 1995년 48.5%로 샤오캉형(小康型)에 이르렀다가 2000년 36.3%로 부유형(富裕型)에 진입하였다. 베이징시는 2015년 기준 22.1%로 최부유형(最富裕型)에 진입하였다.

<그림 5-1>에 의하면 베이징 도시주민 일인당 가처분소득이 꾸준히 증가하는 동안 엥겔계수는 1992년에서 2015년 사이 52.8%에서 22.1%로 급감하였다. 이중희(2016)의 최근 연구에 의하면 중국 도시주민 식품소비의 단계별 추세를 알 수 있다. 이 기준에 베이징시를 대입해 보면 1990년 이전 까지는 주로 부식품과 동물성 식품비가 증가하는 등 식품소비의 다원화가 시작되었다. 이후 1998년까지는 주로 우유·유제품, 수산물 소비가 급증하고 식품소비의 다원화 추세가 양적으로 심화되었다. 1999년 이후부터는 우유·유제품과 조류·가공제품의 소비가 증가하였으며 이 시기에 외식비가 급증하였다(이중희, 2016: 389). 이중희(2016)의 연구에 근거하면 베이징시의 단계별 식품소비 추세 변화는 중국 전체도시보다 3년 빠르게 진행되고 있다. 소득수준이 더 높은 도시일수록 식품소비 구조의 변화가 더 빠름을 알 수 있다.

베이징시의 식품소비는 영양을 더욱 고려하고 소비의 형태가 다원화되고 있는데, 특히 최근 외식소비가 매년 증가하고 있는 추세이다. 베이징시의 식품소비는 연평균 증가폭이 소비총액의 증가폭보다 커 중국의 주요 식품소비 품목 중 하나가 되었다(李筱光·韩立岩, 2012: 87).

<표 5-3>에 의하면 1992년에서 2015년 사이 베이징 도시주민의 일인당 식품비 지출금액이 1,126.3위안에서 8,091.0위안으로 7.2배 증가하였다. 그중 외식비는 동기간 111.5위안에서 2,126.0위안으로 무려 19.1배 증가하였다. 전체소비에서 차지하는 식품비의 지출비중

<표 5-3> 베이징 도시주민 외식소비 현황

	소비지출 총액 (위안)	식품비지출 총액 (위안)	외식비(위안)	식품비 대비 외식비 비중
1992	2,134.7	1,126.3	111.5	9.9%
1993	2,939.6	1,404.7	-	-
1994	4,134.0	1,919.0	-	-
1995	5,019.8	2,436.5	304.0	12.5%
1996	5,729.5	2,671.5	359.1	13.4%
1997	6,531.8	2,854.4	444.3	15.6%
1998	6,970.8	2,865.7	498.1	17.4%
1999	7,498.5	2,959.2	572.3	19.3%
2000	8,493.5	3,083.4	666.8	21.6%
2001	8,922.7	3,229.3	749.6	23.2%
2002	10,285.8	3,472.5	853.3	24.6%
2003	11,123.8	3,522.7	829.7	23.6%
2004	12,200.4	3,925.5	1,058.6	27.0%
2005	13,244.2	4,215.6	1,148.4	27.2%
2006	14,825.0	4,561.0	1,320.0	28.9%
2007	15,330.0	4,934.0	1,176.0	23.8%
2008	1,6460.0	5,562.0	1,408.0	25.3%
2009	1,7893.0	5,936.0	1,646.0	27.7%
2010	1,9934.0	6,393.0	1,688.0	26.4%
2011	2,1984.0	6,905.0	1,833.0	26.5%
2012	2,4046.0	7,535.0	2,034.0	27.0%
2013	26,274.9	8,170.2	2,207.0	27.0%
2014	28,009.0	8,632.0	2,277.0	26.4%
2015	36,642.0	8,091.0	2,126.0	26.3%

주: 1993년, 1994년은 국가통계국에서 외식비에 대한 통계를 발표하지 않았음.
출처: 北京市统计局, 1993: 365; 北京市统计局, 1994: 477; 北京市统计局, 1995: 505; 北京市统计局,
1996: 410; 北京市统计局, 1997: 401; 北京市统计局, 1998: 473; 北京市统计局, 1999: 478; 北京
市统计局, 2000: 481; 北京市统计局, 2001: 481; 北京市统计局, 2002: 497; 北京市统计局, 2003:
181; 北京市统计局, 2004: 178-179; 北京市统计局, 2005: 143; 北京市统计局, 2006: 169; 北京市
统计局, 2007: 158; 北京市统计局, 2008: 179; 北京市统计局, 2009: 169; 北京市统计局, 2010:
207; 北京市统计局, 2011: 199; 北京市统计局, 2012: 191; 北京市统计局, 2013: 197; 北京市统计
局, 2014: 194; 北京市统计局, 2015: 214; 北京市统计局, 2016: 8-13 城镇居民家庭生活基本情况
(1978-2015年)의 통계자료를 이용하여 재구성.

은 1992년에서 2015년 사이 52.8%에서 22.1%로 30.7%p 감소하였다. 반면 외식비가 식품비에서 차지하는 비중은 1992년 9.9%에 불과하던 것이 2014년 기준 26.3%의 비중으로 16.4%P 증가하였다.

이는 가구별로 '집에서 음식을 짓는 가사노동'에서 탈피하는 횟수가 증가함을 의미하기도 한다. 외식이 늘어나는 이유는 신속·편리함을 추구하거나 미식을 즐기는 식생활 습관의 변화와 무관하지 않다. 한편, 외식비는 소득계층별로 볼 때 고소득가구 일수록 그 비중이 높은 경향이다(이중희, 2008: 407).

2015년 기준 저소득계층 일인당 외식비가 1,045위안으로 식품비에서 19.1%의 비중을 차지한 반면, 고소득계층의 외식비는 4,054위안으로 식품비에서 34.6%(北京市统计局, 2016:18-19 城镇居民家庭人均食品烟酒支出(2015年))의 비중을 차지하였다. 소득수준이 높은 계층일수록 식품비에서 외식비가 차지하는 비중이 큼을 알 수 있다.

(2) 의류비

<표 5-2>에 의하면 1992년에서 2014년 사이 의류비의 지출비중은 14.5%에서 10.4%로 4.1%p 감소하였다. 미미한 변화를 보이고 있는데 2003년까지는 8.1%로 감소하였다가 2014년 기준 10.4%로 점진적인 증가세를 보이고 있다. 이는 소득이 증가하면서 소비수준이 향상된데 기인한다. 과거에는 단순히 기본적인 생활을 위해, 추위와 더위를 이기기 위한 의류소비에 그쳤다면 오늘날 중국인들은 유행을 따르며 개성을 중시하는 소비문화로 진화해 오고 있다.

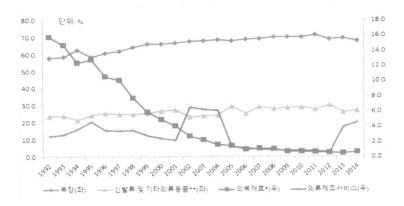

<그림 5-2> 베이징 도시주민 일인당 의류비 지출구조

주: * 면직물, 합성혼잡직물, 방모직물, 비단, 털실 등의 의복제조 재료.
  ** 신발, 가방, 양말, 모자를 비롯한 기타의류용품.
출처: 北京市统计局, 1993: 365; 北京市统计局, 1996: 410; 北京市统计局, 2001: 482; 北京市统计局, 2006:
  170; 北京市统计局, 2008: 180; 北京市统计局, 2009: 170; 北京市统计局, 2010: 208; 北京市统计局,
  2011: 200; 北京市统计局, 2012: 192; 北京市统计局, 2013: 198; 北京市统计局, 2014: 195; 北京市统
  计局, 2015: 215의 통계자료를 이용하여 재구성.

<그림 5-2>에서 의류비의 지출구조를 살펴보면, 의복비의 지출비
중은 1992년에서 2014년 사이 57.9%에서 67.8%로 증가하였다. 또
신발류 및 기타 의류용품비는 동기간 23.7%에서 27.2%로 증가하였
다. 반면 의복재료비는 1992년 15.7%에서 2014년 0.6%로 급격히
감소하였다. 과거 가정에서 직접 의류를 제작하던 문화가 거의 완전
히 사라진 셈이다.

베이징 도시주민의 일인당 의류비 지출금액 추이를 살펴보면 <그
림 5-3>과 같다. 일인당 의류비 총 지출금액은 1992년에서 2014년
사이 309.1위안에서 2,903.0위안으로 9.4배 증가하였다. 의류비는
다시 복장, 의복재료, 신발류 및 기타 의류용품, 의류제조서비스비로
구분이 되는데, 그 중 복장비 지출이 가장 많고 다음은 신발류 및 기

타 의류용품비 순이다.

복장비는 1992년에서 2014년 사이 178.9위안에서 1,967.0위안으로 증가하였다. 20년~30년 전 중국인은 주로 회색·검은색 옷이나 초록색 군평상복(军便衣)을 입었지만, 지금은 유행하는 각양각색의 의복을 입고 있다. 복장에 대한 태도도 '내구성, 실용성, 경제성, 미관'을 중시하는 정태적 복장관으로 부터 '개성, 아름다움, 유행, 신분, 예술'을 중시하는 동태적 복장관으로 변화하였다(이중희, 2008:409 재인용).

<그림 5-3> 베이징 도시주민 일인당 의류비 지출

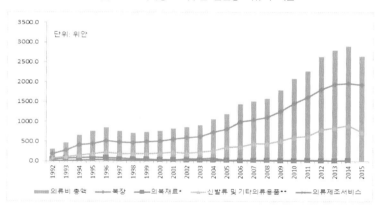

출처: 北京市统计局, 1993: 365; 北京市统计局, 1996: 410; 北京市统计局, 2001: 482; 北京市统计局, 2006: 170; 北京市统计局, 2008: 180; 北京市统计局, 2009: 170; 北京市统计局, 2010: 208; 北京市统计局, 2011: 200; 北京市统计局, 2012: 192; 北京市统计局, 2013: 198; 北京市统计局, 2014: 195; 北京市统计局, 2015: 215; 北京市统计局, 2016: 8-20 城镇居民家庭人均衣着, 居住支出(2015年)의 통계자료.

신발류 및 기타 의류용품비는 1992년부터 2014년 사이 73.3위안에서 789.0위안으로 10.8배 증가하였는데 이는 최근 중국인들의 명품소비 증가와 관계가 있다. 이 항목에 속하는 신발, 가방 등은 과시적 소비재인 명품소비품이 포함된 항목이기 때문이다.

<그림 5-4> 중국인들의 사치품소비

출처: http://image.baidu.com/

<그림 5-5> 중국 사치품 시장 성장추세

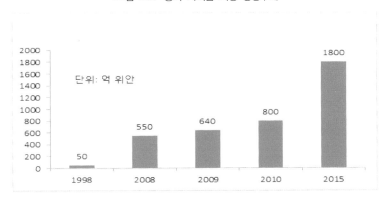

출처: 정안진, 2015.01.29.

삶의 질 향상을 추구하는 향유형 소비형태로 나타나는 것이 과시적 소비이다. 일예로 중국의 사치품 시장은 2000년 이후 급격히 성장하고 있다.

<그림 5-5>에 의하면 중국의 사치품 시장은 1998년 50억 위안에 불과하던 것이 2008년 550억 위안으로 급증하였다. 베이징 올림픽

개최를 기점으로 크게 증가하여 10년 만에 11배 증가하였다. 세계사치품협회(WLA)는 중국의 사치품 시장이 2015년 1,800억 위안으로 증가할 것이라고 예측한 바 있다. 실제로 2014년 기준 전 세계 사치품의 47%를 중국인들이 구매하였다. 리서치기관 차이푸품질연구원의 통계에 따르면, 중국의 사치품 시장은 2013년 중국 본토에서 3% 증가한 280억 달러를 소비했으며, 해외에서는 740억 달러에 달해 급격한 증가를 보였다(이종일, 2014.02.24).

이러한 과시적 소비재의 소비는 소득수준이 높은 계층에서 주로 나타나지만 최근 자신보다 소득수준이 높은 계층의 소비성향을 따르는 소비 동조화 현상이 가장 두드러지게 나타나는 부분이다.

(3) 주거비

중국의 주택정책 과정을 살펴보면 크게 세 단계로 구분이 된다. 중화인민공화국이 건국된 해인 1949년부터 개혁·개방이 시작될 시기인 1978년까지 실물 분배시기를 거쳐 1979년부터 1998년까지 혼합 분배시기를 지나 1998년 이후부터 현재까지 화폐 분배시기로 나눌 수 있다.

중국에 시장경제가 도입되면서 새로운 방식의 주택건설이 시도되었다. 계획경제에서는 국가에 의해 주도되던 일률적인 주택공급만이 존재했다. 개혁·개방 이후에는 단위(單位)가 자체예산을 가지고 직접 주택을 건설하여 분배하거나, 부동산 개발업체에 의해서 상품방(商品房)46)이 공급되기 시작하여 다양한 소유권과 다양한 가격을 갖

---

46) 시장가격을 모두 포함하는 주택으로서 완전한 소유권을 인정받는 주택이다. 부동산 개발업체가 국가로부터 토지사용권을 구입하고 그곳에 주택을 건설하여, 개발업체의 이익을 포함하여 시장에서 판매하는 주택을 말한다(전현택, 2001: 75).

는 주택들이 공급되었다. 단위와 부동산 개발업체의 적극적인 주택 공급은 1980년대와 1990년대 신축주택의 급증으로 나타났다(전현택, 2001: 75).

<그림 5-6> 베이징 도시주민 일인당 주거비 지출 추이

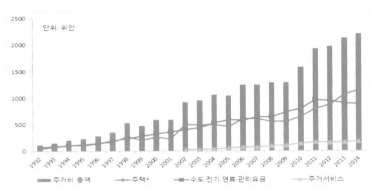

주: * 주택비에는 집세, 주택장식비, 주택 수리보수용 건축 재료비가 포함됨.
출처: 北京市统计局, 1993: 364; 北京市统计局, 1996: 410; 北京市统计局, 2001: 497; 北京市统计局, 2006: 172; 北京市统计局, 2008: 180; 北京市统计局, 2009: 170; 北京市统计局, 2010: 208; 北京市统计局, 2011: 200; 北京市统计局, 2012: 192; 北京市统计局, 2013: 198; 北京市统计局, 2014: 195; 北京市统计局, 2015: 215.

주택의 상품화 과정에서 소비자로서 가장 중심적인 역할을 하는 행위주체는 도시주민이다. 주택정책의 방향은 도시주민에게 무상주택 공급을 중단하여, 도시주민들이 자신이 거주하고 있는 주택을 구입하거나 부동산 개발업체가 공급하는 상품주택을 구매하게 하는 과정이었다(전현택, 2001: 97).

주거비는 소비구조에서 생존형 소비항목 중 유일하게 지출비중이 증가한 항목이다. <표 5-2>에 의하면 베이징 도시주민 일인당 소비 지출 구조에서 주거비의 지출비중은 1992년부터 2014년 사이 5.5%에서 7.9%로 2.4%p 증가하였다.

그러나 주거비의 절대금액은 증가하는 추세이다. <그림 5-6>을 통해 알 수 있는데 베이징 도시주민 일인당 주거비의 지출금액은 1992년부터 2014년 사이 116.3위안에서 2,202위안으로 18.9배 증가하였다. 그 중 주택비와 수도·전기·연료비의 지출이 꾸준히 증가하는 추세이다. 1992년부터 2014년 사이 주택비와 수도·전기·연료비의 지출금액이 각각 46.3위안, 70.1위안에서 1,141.0위안과 880.0위안으로 증가하였다.

<그림 5-7> 베이징 도시주민 일인당 주거비 지출 구조

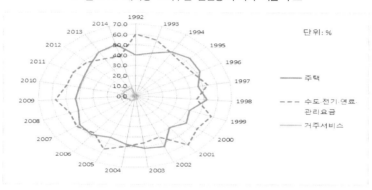

출처: <그림 5-6>의 데이터를 이용하여 재구성.

주거비의 소비구조를 살펴보면 주택비는 1992년부터 2014년 사이 39.8%에서 51.8%로 증가하였다. 반면 수도·전기·연료비의 경우 동기간 60.3%에서 40.0%로 오히려 감소하였다. 이는 베이징시의 주택가격의 폭등으로 인해 상대적으로 주택구입 및 월세로 지출되는 금액이 많기 때문이다.

주거비의 소비구조 변화요인을 크게 세 가지로 구분할 수 있다. 첫째, 주택제도의 개혁이다. 개혁·개방 이전에는 도시주민 대부분이 공유주택을 아주 낮은 임대료로 지불하면서 임대하여 사용하였다. 하지만, 개혁·개방 이후부터 1998년까지 도시주민이 공유주택을 구입하기 시작하였다. 또한 도시주민은 점차 매월 정기적으로 월 정액을 미리 주택구매와 대출을 위한 적립금으로 납입하기 시작함에 따라 새로운 지출이 증가하여왔다. 1998년부터는 국가나 기업이 실물을 제공하던 주택을 더 이상 분배하지 않는 개혁조치가 실시되기 시작하였다. 따라서 국가나 기업은 더 이상 주택을 실물로 분배할 수 없게 되었고, 도시주민은 주택을 직접 구매해야만 했다. 둘째, 거주조건의 개선이다. 거주조건의 개선 가운데 하나는 일인당 평균 주택 면적의 증가이다. 2002년 베이징 도시주민 일인당 평균 주택면적이 19.2평방미터에서 2015년 31.7평방미터로 증가하였다(北京市统计局, 2016: 8-13 城镇居民家庭生活基本情况(1978-2015年)). 일인당 주택면적의 증가는 주택관련 지출의 증가를 의미한다. 셋째, 주택가격의 상승이다. 대도시를 중심으로 1990년대와 2000년대에 주택가격은 지속적으로 상승해왔다(이중희, 2008: 421). 2010년 이후 베이징시의 아파트가격은 지속적인 상승세를 보이고 있다. 2015년 8월 말 기준, 베이징 아파트 3.3㎡당 평균 매매가격은 약 12만 8,000위안이다(김재현, 2016.10.03). 베이징 주택가격이 상승하면서 주택구입 지출이 급증하는 동안 월세도 급증하였음을 예상할 수 있다.

3. 발전형 소비항목의 구조 변화

(1) 의료·보건비

<표 5-2>에 의하면 베이징 도시주민 일인당 의료·보건비의 소비

지출 비중은 1992년에서 2005년 사이 2.0%에서 9.8%로 급증한 이후 점진적으로 하락하기 시작하여 2014년 6.6%를 기록하였다. 반면 의료·보건비의 절대금액 면에서는 오히려 큰 폭으로 증가하였다. <표 5-1>에 의하면 1992년부터 2014년 사이 41.7위안에서 1,862.0 위안으로 44.7배 증가하여 소비구조 항목 중 교통·통신비 다음으로 많은 증가를 보였다.

의료·보건비의 급증요인은 다음과 같다. 첫째, 인구구조의 고령화 추세이다. 베이징시는 1953년 1차 인구조사에서는 전체인구 중 60세 이상의 노인인구 비중이 5.6%였으나 2010년 6차 인구조사에서는 12.5%로 인구구조가 빠르게 고령화 되어가고 있다(北京市统计局, 2016: 3-1 六次人口普查人口基本情况). 베이징시의 고령인구가 증가할수록 의료·보건비의 지출을 더욱 늘릴 수밖에 없기 때문이다.[47] 둘째, 베이징 도시주민의 소득수준이 향상됨에 따라 건강에 대한 관심도가 높아졌기 때문이다. 셋째, 의료보장제도의 개혁에 따라 단위보다 개인의 의료·보건 관련 보험 부담이 증가하여 왔기 때문이다. 이는 도시 보험료 지출의 급속한 증가로부터 확인할 수 있다. 1980년대 초까지 중국은 보험에 들지 않고 있었다. 1990년대 초에 이르러서도 중국인은 보험을 신뢰하지 않았고, 보험가입은 돈 낭비로 생각했다. 1990년대 중반 이후 중국인의 보험가입은 증가하기 시작했으며, 가입방식에서도 단위가 집단적으로 가입하던 방식으로부터 개인이 각각 보험에 가입하는 방식으로 전환하였다(이중희, 2008: 412). 베이징시의 총 보험료 수입은 1998년 88억 6,000만 위

---

47) 2014년 기준 중국의 의료·위생 부문 총 비용은 3조 5,312억 위안으로 중국 전체 GDP에서 5.6%의 비중을 차지하였다. 그 중 중국 GDP 대비 60세 이상 노인인구의 의료·위생비용은 2008년 0.76%에서 2010년 1.11%로 증가하였으며, 2020년에는 약 7%에 달할 것으로 전망된다(한국보건산업진흥원, 2016.05.25).

안에서 2014년 기준 1,207억 2,000만 위안으로 13.6배 증가하였다. 그 중 생명보험은 2014년 기준 1,059억 2,000만 위안(北京市统计局, 2016: 17-8 保险业务情况(1997-2015年))으로 총 보험료수입 중 75.4%의 높은 비중을 차지한다.

<그림 5-8> 베이징 도시주민 일인당 의료·보건비 지출 　　　<그림 5-9> 베이징 도시주민 일인당 의료·보건비 지출구조

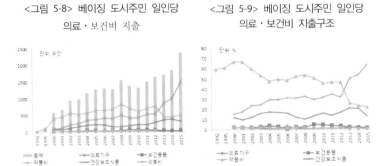

출처: <그림 5-8>은 北京市统计局, 1993: 363; 北京市统计局, 1994: 478; 北京市统计局, 1995: 506; 北京市统计局, 1996: 410; 北京市统计局, 1997: 402; 北京市统计局, 1998: 475; 北京市统计局, 1999: 478-479; 北京市统计局, 2000: 483; 北京市统计局, 2001: 482; 北京市统计局, 2002: 498; 北京市统计局, 2003: 184; 北京市统计局, 2004: 180-181; 北京市统计局, 2005: 144; 北京市统计局, 2006: 170; 北京市统计局, 2007: 160; 北京市统计局, 2008: 181; 北京市统计局, 2009: 171; 北京市统计局, 2010: 209; 北京市统计局, 2011: 201; 北京市统计局, 2012: 193; 北京市统计局, 2013: 199; 北京市统计局, 2014: 196; 北京市统计局, 2015: 216. <그림 5-9>는 <그림 5-8>의 통계데이터를 이용하여 구성.

베이징 도시주민의 의료·보건비의 세부항목별 지출을 살펴보면 <그림 5-8>과 같다. 일인당 약품비는 1992년부터 2008년 사이 24.7 위안에서 837위안으로 증가한 이후 점진적으로 감소하여 2012년 768위안을 기록하였다. 약품비 지출이 2012년을 기점으로 급격하게 감소하였다. 이는 중국정부의 의료·보건 개혁과 관련이 있다. 2009년 국무원 상무회의에서 ≪2009-2011년 의약보건시스템 개혁심화 실시방안(2009-2011年深化医药卫生体制改革实施方案)≫이　발표됨에 따라 중국의 의료·보건 개혁이 본격적으로 실시되었고, 2011년까지 8,500억 위안의 정부예산이 투입되었다. 주요 개혁내용은 기본의료보험제도의 확대, 국가 필수 의약품 제도 구축, 지역사회 기층 의료·보건기관 확충, 기본 공중보건서비스에 대한 국민접근성 향상, 공공병원 개혁에 대한 시범사업 수행 등의 5가지였다. 이 중 기본 의료보험 가입률의 90% 확대가 가장 성공적인 개혁사업으로 평가를 받고 있다.

'12·5규획'을 통해 ≪2009-2011년 의약보건시스템 개혁심화실시방안≫을 2012년에서 2015년까지 계승하고 확대할 것을 결정하였다. 주요 내용은 크게 공중 보건시스템 강화, 의료 서비스시스템 개선 및 강화, 의약품 공급시스템 개발, 공중 보건서비스 강화, 식품안전 및 검역강화, 의료 서비스관리의 포괄적 강화, 중의학(Traditional Chinese Medicine, TCM)발전, 보건인력 강화 및 의과학 기술개발, 보건정보시스템 개발, 보건의료산업 개발 등이다(이정찬, 2015.01.30). 또 2009년 10월 국가발전개혁위원회(国家发展和改革委员会)가 기초약품의 소매가를 대상으로 가격 제한제를 실시하여 전체적으로 약품비가 약 20% 인하되었다(랑셴핑, 2011: 272).

이러한 요인들로 인해 2009년 이후 베이징 도시주민 일인당 의료·보건비 중 약품비의 지출비중이 줄어들고 있다. <그림 5-9>에 의하면 2006년 약품비의 지출비중이 66.8%까지 증가한 이후 점진적으로 감소하여 2009년 50.8%를 기록하였다. 이러한 감소추세는 2009년 이후 급감하였다. 특히 2012년에서 2015년 사이 약품비의 지출비중이 46.3%에서 21.4%로 급감하였다.

반면 의료·보건비 내 의료비의 지출비중은 2012년 이후 급증하는 추세이다. <그림 5-8>과 <그림 5-9>에 의하면 베이징 도시주민 일인당 의료비의 지출금액은 2012년 522위안에서 2015년 1,500위안으로 증가하였다. 동기간 지출비중은 31.5%에서 63.3%로 무려 31.8%p나 증가하였다.

또 건강에 대한 관심이 높아지면서 건강 보조식품에 대한 지출비중이 증가하는 추세이다. 베이징 도시주민 일인당 건강 보조식품비는 1999년에서 2014년 사이 8.6%에서 19.9%로 증가하였다. 베이징 도시주민들의 건강관리에 대한 관심도가 높아짐에 따라 향후 건강 보조식품에 대한 소비는 꾸준히 증가할 것으로 예상된다.

(2) 교통·통신비

교통·통신비는 소비지출 구조에서 가장 큰 증가폭을 보인 항목이다.

아래 <표 5-4>에 의하면 베이징 도시주민 일인당 교통비 지출금액은 1992년에서 2015년 사이 48위안에서 3,584위안으로 74.7배 증가하였다. 동기간 통신비는 16.2위안에서 1,276위안으로 78.8배 증가하였다.

<표 5-4> 베이징 도시가정 일인당 교통·통신비 지출

(단위: 위안)

연도	총액	교통					통신		
			가정용 교통 도구	차량용 연료 및 부품	교통 수단 서비스	교통비		통신 공구	통신 서비스
1992	64.2	48.0	-	-	-	-	16.2	-	-
1993	143.6	80.7	-	-	-	42.5	62.9	-	13.2
1994	196.1	86.9	-	-	-	48.6	109.2	-	41.3

1995	236.0	107.0	-	-	-	48.7	129.0	-	-
1996	257.0	154.6	-	-	-	86.5	102.5	-	52.0
1997	348.9	146.0	-	-	-	89.5	203.0	-	109.9
1998	365.5	161.1	-	-	-	114.1	208.4	-	150.9
1999	467.9	204.7	60.7	-	23.9	118.3	263.2	57.0	195.3
2000	604.7	230.4	26.8	-	26.9	171.5	374.3	90.1	274.2
2001	768.3	267.3	37.0	-	33.5	190.2	501.1	131.3	358.8
2002	1,271.0	684.5	291.2	32.6	60.6	300.1	586.5	119.3	467.2
2003	1,688.1	924.3	539.3	56.7	84.3	244.1	763.8	155.0	608.8
2004	1,562.2	808.7	272.7	108.2	106.3	321.5	753.5	155.5	598.0
2005	1,943.5	1,100.7	499.0	135.5	127.3	338.9	842.8	172.2	670.6
2006	2,173.0	1,232.0	417.0	237.0	184.0	394.0	941.0	206.0	735.0
2007	2,328.0	1,401.0	619.0	254.0	190.0	338.0	927.0	212.0	715.0
2008	2,293.0	1,466.0	547.0	369.0	209.0	341.0	827.0	188.0	639.0
2009	2,768.0	1,885.0	829.0	507.0	182.0	367.0	883.0	189.0	694.0
2010	3,421.0	2,373.0	1,099.0	637.0	226.0	411.0	1,048.0	216.0	832.0
2011	3,521.0	2,483.0	1,051.0	763.0	245.0	424.0	1,038.0	261.0	777.0
2012	3,782.0	2,726.0	1,128.0	870.0	262.0	466.0	1,056.0	287.0	769.0
2013	4,106.0	3,066.0	882.0	887.0	394.0	903.0	1,040.0	352.0	688.0
2014	4,407.0	3,193.0	875.0	945.0	442.0	931.0	1,214.0	359.0	855.0
2015	4,860.0	3,584.0	1,274.0	-	-	844.0	1,276.0	433.0	843.0

출처: 北京市统计局, 1993: 363; 北京市统计局, 1994: 478; 北京市统计局, 1995: 507; 北京市统计局, 1996: 410; 北京市统计局, 1997: 402; 北京市统计局, 1998: 475; 北京市统计局, 1999: 478-479; 北京市统计局, 2000: 484; 北京市统计局, 2001: 483; 北京市统计局, 2002: 499; 北京市统计局, 2003: 185; 北京市统计局, 2004: 182-183; 北京市统计局, 2005: 145; 北京市统计局, 2006: 171; 北京市统计局, 2007: 161; 北京市统计局, 2008: 181; 北京市统计局, 2009: 171; 北京市统计局, 2010: 209; 北京市统计局, 2011: 201; 北京市统计局, 2012: 193; 北京市统计局, 2013: 199; 北京市统计局, 2014: 196; 北京市统计局, 2015: 216; 北京市统计局, 2016: 8-21 城镇居民家庭人均生活用品及服务, 交通和通信支出(2015年)의 통계자료.

<그림 5-10>에 의하면 1992년 교통비와 통신비의 지출비중이 각각 74.8%와 25.2%로 교통비의 비중이 월등히 높았다. 당시는 베이징 도시주민들의 가정에 전화기나 컴퓨터가 보급되지 않았기 때문에 대중교통비에 대한 지출비중이 상대적으로 높을 수밖에 없었다.

<그림 5-10> 베이징 도시주민 일인당 교통·통신비 지출비중

출처: <표 5-4>의 데이터를 이용하여 재구성.

　2002년은 베이징 도시주민 일인당 교통비와 통신비의 지출비중이 교차되는 시기인데, 교통비와 통신비의 지출비중이 각각 53.9%와 46.1%였다. 이후 점점 그 격차가 벌어져 2015년 기준 교통비와 통신비의 지출비중은 각각 73.7%와 26.3%이다. 이러한 격차의 주된 요인은 베이징 도시가정의 자가용 구매가 늘어나면서 자동차 구입비와 차량 유지·보수비가 꾸준히 증가하였기 때문이다. 통신기기나 통신서비스비에 비해 단가가 훨씬 높은 자동차의 보유량이 증가하면서 교통비의 지출비중이 상대적으로 증가하였다.

　통신비 중 통신서비스비는 2015년 기준 843위안으로 66.1%의 높은 비중을 차지하였다. 이는 중국에서 2000년대 후반 이후 인터넷 사용이 급증한데 기인한다. 인터넷이라는 대중매체는 시·공간을 초월하는 광범위성을 갖는다. 거기에 간접적으로 면대면 소통이 가능하다는 속성이 있다. 인쇄물과 같이 시간을 초월할 뿐만 아니라 전파 등 전자적 신호를 이용해야 하는 방송과는 다르게 지역적 공간

제한도 초월한다. 즉, 인터넷만 접속할 수 있다면 시간이나 공간의
제한을 거의 받지 않는다. 대중매체 세계에서는 이제 인터넷이라는
새로운 매체가 대세다. 이에 대해 박창호(2011)[48]는 인터넷은 이미
우리의 사회적 삶의 사사로운 과정에까지 침입해 버렸다고 했다(이
정화, 2015: 92-93).

<그림 5-11>에 의하면 최근 몇 년 사이 중국의 네티즌 수는 급증
하였다. 2004년 중국 전체 네티즌 수는 9,400만 명에 불과하였으나
2016년에 7억 3,125만 명으로 급증하였다. 중국 전체 인터넷망 보급
률은 1992년 7.2%에서 2016년 53.2%로 급증하였다.

<그림 5-11> 중국 네티즌 규모와 인터넷 보급률

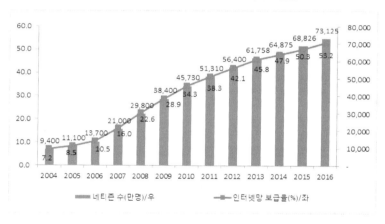

출처: 西安交通大学中国管理问题研究中心, 2015: 228; CNNIC, 2016.01.22.: 37; CNNIC, 2017.01: 36.

<그림 5-12>에 의하면 베이징시의 네티즌 수는 2007년 737만 명
에서 2016년 1,690만 명으로 증가하였다. 베이징시 인터넷 보급률

---

48) 박창호(2011), "인터넷 소비문화, 유동하는 근대성인가?", 『문화와 사회』 봄/여름호, 통권 10권.

은 중국 평균 인터넷 보급률을 훨씬 상회한다. 2007년 베이징시의 인터넷 보급률 46.6%는 중국전체의 2013년 보급률 45.8%보다 높은 수준이다. 2016년 기준 베이징시 인터넷 보급률은 77.8%로 중국평균 53.2%보다 무려 24.6%p 높다.

<그림 5-12> 베이징시 네티즌 규모와 인터넷 보급률

출처: CNNIC, 2009: 15; CNNIC, 2010.01: 15; CNNIC, 2011.01: 16; CNNIC, 2012.01: 16; 中商情報网, 2015.02.04: CNNIC, 2014.01: 20; CNNIC, 2015.01: 29; CNNIC, 2016.01: 39; CNNIC, 2017.01: 36.

중국정부는 정보화 영역과 관련된 일련의 정책방침을 발표하고 기초 네트워크 설비구축을 강화하는 등 인터넷 접속이 용이하도록 네트워크의 기반을 다지고 있다. 대기업의 인터넷 활용도가 높아지면서[49] 인터넷이 네티즌들의 일상생활에 깊숙이 침투할 수 있도록 유도하고 있다. 예컨대 콜택시, 제3자 지불서비스 등 애플리케이션의 등장은 더욱 많은 사람들이 인터넷에 의존하게 만들고 있는 것이다. 전통매체와 뉴미디어가 결합해 시너지 효과를 만들어내고 있는

---

[49] 중국 기업의 인터넷 사용비율은 2011년 82.1%에서 2016년 기준 95.6%를 기록하고 있다(CNNIC, 2017.01: 14).

가운데 사회 전반적으로 인터넷의 활용에 대한 관심이 높아지고 있다(한국콘텐츠진흥원, 2014.03.28: 2).

<그림 5-13> 중국 모바일 네티즌 규모와 인터넷 보급률 대비 비중

출처: CNNIC, 2017.01: 35.

최근 중국의 모바일 네티즌 규모는 빠르게 증가하고 있다. 중국의 모바일 네티즌 규모는 <표 5-4>에서 알 수 있듯이 인터넷이 가능한 휴대전화가 보급되기 시작한 2005년 이후 증가하였다. <그림 5-13>에 의하면 중국 모바일 네티즌 규모는 2007년 5,040만 명에서 2016년 6억 9,531만 명으로 급증하였다. 모바일 네티즌 규모가 중국 인터넷 보급률에서 차지하는 비중은 2007년 24.0%에 불과하였으나 2016년 기준 95.1%에 이르렀다.

인터넷 보급률이 포화상태에 이르면서 중국 인터넷 산업의 발전목표가 '인터넷 보급률 증가'에서 '사용정도의 심화'로 전환되었다. 국무원은 ≪국무원의 정보소비 내수확대 촉진에 관한 의견(国务院关于促进信息消费扩大内需的若干意见)≫을 발표하고 인터넷의 사회경제

기여도를 밝혔으며 전통 경제체제와 인터넷의 결합으로 긍정적인 경제효과를 창출하고 있음을 높이 평가하였다(한국콘텐츠진흥원, 2014.03.28: 3).

또 중국 공산당은 2011년 10월 17기 6중전회에서 ≪문화 체제 개혁 추진 심화가 사회주의 문화 대 발전과 대 번영을 추진하는 데 있어서의 중요 문제에 대한 결정(中共中央关于深化文化体制改革推动社会主义文化大发展大繁荣若干重大问题的决定)≫문건을 통해 '인터넷과 미디어를 포함하는 문화에 관련된 체제개혁'을 진행해 공산당의 지도 하에 있는 '사회주의 문화의 발전'을 목적으로 하는 결정을 채택하였다(김평수, 2012: 41).

이러한 변화는 베이징시 주민들의 소비생활에도 영향을 미치게 될 것이다. 특히 문화소비에 있어서 상당한 영향을 미칠 것이다. 향후 유·무선 인터넷을 통한 전자상거래[50]가 더욱 증가할 것이다. 2013년 12월 말 기준, 중국 온라인 쇼핑 이용자수는 3억 189만 명으로 전년 대비 24.7% 증가하였으며 사용율은 42.9%에서 48.9%로 상승하였다.[51] 또한 인터넷을 활용한 교육, 오락, 각종 여가활동이

---

50) 네트워크사회에서 작동되는 외부성이란 특성은 정보의 비대칭성이란 문제가 해소됨에 따라 소비자로 하여금 통제되어 왔던 시간적·공간적 제약으로부터 벗어나 자기 취향에 따라 구매할 수 있는 맞춤구매(shopping on demand)를 가능하게 해주고 있다. 맞춤구매가 가능해진다는 것은 첫째, 사이버공간을 통해 언제, 어디서나 조달과 소비가 가능해져 제품은 물론 기타 마케팅 믹스에 대한 소비자의 선택 폭이 확대된다는 것을 의미한다. 둘째, 그만큼 구매자의 교섭력(consumer's power)이 커지고 있음을 반영한 것으로 Amazon이 일반 독자의 의견을 탐색하기 위해 책에 대한 고객 논평제도를 도입한 것은 그 한 예라 할 수 있다. 셋째, 이제는 구매자가 제품 및 서비스의 정의과정 등에 생산자 내지 판매자와 공동으로 참여하거나 종래 생산자가 수행했던 지원 내지 서비스기능의 일부를 담당함으로써 생산소비(prosumer)로서 역할을 본격적으로 수행하고 있음을 암시하고 있다(안길상, 2001: 270-271).

51) 온라인쇼핑 외 공동구매, 온라인결재, 여행관련 예약업무 등 규모가 확대되었다. 공동구매의 경우 2013년 12월 말 기준, 사용자 규모가 약 1억 4,100만 명으로 전년 대비 68.9%의 성장률을 보였다. 온라인 결재 서비스 이용자는 동기간 2억 6,020만 명으로 전년 대비 17.6% 성장하여 사용률 42.1%를 기록하였다. 여행관련 예약업무의 경우 동기간 온라인을 통해 항공권 및 기차표 예매, 호텔 예약 및 여행 패키지를 예매하는 사용자 수는 1억 8,077만 명으로 전년 대비 61.9% 성장하였으며 사용률은 29.3%를 기록하였다. 이 가운데 기차표 예매 비중이 가장 높은 것으로 드러났으며

더욱 활발해질 전망이다.

(2) 교육비

중국 국가통계국에서는 교육비를 문화소비의 영역에 포함시켜 통계를 발표하고 있다. 그러나 소비만족도를 기준으로 보았을 때 교육소비는 향유형 소비에 속하지 않고 발전형소비에 속한다. 교육은 사람들의 재생산활동 중 하나로써 자신에 대한 투자의 개념에 가깝다. 교육은 지속적인 내구재의 성격을 가지고 있으며 노동자의 미래소득을 증대시킬 수 있다(王娟, 2006: 83).

중국 국가통계국과 베이징시 통계국에서 발행하는『중국통계연감』과『베이징통계연감』은 소비항목을 기준으로 소비구조를 분류하고 있다. 통계연감에는 소비구조에서 교육소비항목을 따로 분류하지 않고 향유형 소비항목인 교육·문화오락서비스소비에 포함이 되어있다. 그러므로 베이징 도시주민의 교육소비에 대한 부분은 4. 향유형 소비항목의 구조 변화의 (2) 교육·문화오락서비스비(문화소비)에서 설명하도록 하겠다.

4. 향유형 소비항목의 구조 변화

중국 소비시장의 급격한 성장은 소득증가와 소비자의식 변화에 따른 자연스러운 결과이다. 소비층이 확대되면서 소비성향도 빠른 변화를 보이고 있다. 최근 중국 시장의 특징은 소비의 선진화이다.

---

7. 다음으로는 항공권 예매, 호텔 및 여행 패키지 예약으로 각각 24.6%, 12.1%, 10.2%, 10.2%, 6.3%를 차지하였다(한국콘텐츠진흥원, 2014.03.28: 16-18).

종전에는 기본 의식주를 충족하기 위한 생존 차원의 소비였다면 최근에는 자가용, 고급 주택, 가전제품 등 보다 선진적인 소비의 형태를 보이고 있다. 서민 가정에서도 컬러 TV, 세탁기, 냉장고 정도는 필수품이다. 수 천만 명의 고소득층이 돈을 아끼지 않고 유명 고가 브랜드 제품을 구매하고 있다(김훈·전주, 2012: 110).

베이징시의 경우 이미 샤오캉 생활수준에 진입하였으며, 부분적으로는 신흥 부유층 소비자들이 형성되었다. 이들의 주요 소비항목이 다양해 졌는데, 그 중 주택, 자가용, 교육, 여행, 오락, 체육, 휴양, 통신 및 디지털 전자기기류 등 다양한 소비품과 서비스에 대한 소비가 왕성하게 이루어지고 있다(张召, 2013: 160). 2011년 기준 중국 사치품 소비 주요 도시 20개 중 베이징시가 1위를 차지하였다.[52] 이러한 베이징시 주민소비의 질적인 변화들은 향유형 소비항목의 소비구조 변화를 이끌었다.

(1) 가정설비용품·서비스비

가정용 내구재 제품은 2000년대 들어 소비 시장의 성장을 주도한 대표적 품목이었다. 세탁기, 냉장고, TV같은 전자제품과 가정용 자동차가 대표적이다. 이들의 특징은 고가이면서 기술을 통해 전에 없던 새로운 시장을 창조해 냈다는 것이다.

---

52) 2011년 기준 중국 사치품 소비 주요 20개 도시의 순위는 1)베이징(北京) 2)상하이(上海) 3)선양(沈阳) 4)항저우(杭州) 5)톈진(天津) 6)다롄(大连) 7)청두(成都) 8)칭다오(青岛) 9)선전(深圳) 10)난징(南京) 11)광저우(广州) 12)쿤밍(昆明) 13)시안(西安) 14)쑤저우(苏州) 15)창춘(长春) 16)창사(长沙) 17)충칭(重庆) 18)우루무치(乌鲁木齐) 19)우시(无锡) 20)원저우(温州) 순이다(정안진, 2015.01.29).

<표 5-5> 베이징 도시주민 일인당 가정설비용품·서비스비 지출

(단위: 위안)

	총액	내구 소비재	실내 장식품	침대 용품	가정일용 잡화	가구 재료	가정 서비스
1992(a)	**174.7**	100.4	10.1	10.7	45.5	1.4	6.6
1993	**256.2**	149.3	12.1	17.1	63.6	3.1	10.2
1994	**381.1**	251.3	12.7	25.3	76.0	2.2	13.6
1995	**442.3**	280.8	18.7	24.5	100.1	1.4	16.7
1996	**436.3**	246.6	15.8	24.7	131.6	0.8	16.9
1997	**652.4**	414.0	16.7	28.6	151.2	3.4	38.6
1998	**794.1**	517.7	21.3	26.0	173.5	0.8	54.7
1999	**749.4**	460.6	22.5	29.5	168.3	2.8	65.8
2000	**1097.8**	726.0	27.2	29.7	190.5	14.5	110.1
2001	**847.4**	522.9	22.6	32.5	172.9	5.4	91.2
2002	**636.2**	320.7	26.3	41.8	191.8	2.5	53.1
2003	**704.2**	354.3	28.6	45.5	217.4	6.8	51.7
2004	**823.8**	410.6	41.4	59.2	238.4	9.5	64.7
2005	**852.2**	442.0	33.6	53.6	246.9	5.9	70.2
2006	**977.5**	507.0	38.8	69.2	286.5	6.6	69.3
2007	**981.0**	478.0	28.0	69.0	337.0	8.0	61.0
2008	**1097.0**	549.0	26.0	83.0	346.0	8.0	85.0
2009	**1226.0**	632.0	29.0	94.0	379.0	6.0	86.0
2010	**1378.0**	619.0	43.0	103.0	507.0	8.0	98.0
2011	**1563.0**	737.0	44.0	124.0	533.0	13.0	112.0
2012	**1611.0**	652.0	55.0	184.0	605.0	11.0	104.0
2013	**1974.0**	864.0	79.0	205.0	670.0	7.0	149.0
2014(b)	**2143.0**	873.0	79.0	223.0	774.0	20.0	174.0
b/a	**12.3**	8.7	7.8	20.8	17.0	14.3	26.3

출처: 北京市统计局, 1993: 363; 北京市统计局, 1996: 410; 北京市统计局, 2001: 482; 北京市统计局, 2006: 170; 北京市统计局, 2008: 181; 北京市统计局, 2009: 171; 北京市统计局, 2010: 209; 北京市统计局, 2011: 201; 北京市统计局, 2012: 193; 北京市统计局, 2013: 199; 北京市统计局, 2015: 216.

먼저 가전제품은 가사 노동의 해방과 엔터테이먼트의 수단으로서 광범위한 소비수요를 창출했다. 이들은 중산층 가정의 필수품으로 자리 잡아 이제는 개도국 가정에서도 일정 소득만 확보되면 구매하려는 일 순위 제품이 되었다. 이들이 집에 있고 없음에 따라 일상생활의 수준이 달라진다. 최초 구입의 효용 가치가 그만큼 크다고 할 수 있다. 가전제품이 어느 정도 갖추어지고 나면 보통 다음은 자동차의 순서가 된다. 이른바 모터라이제이션(Motoriztion)53)이라는 과정을 통해 중산층 가정에 자동차가 보급되기 시작한다. 상대적으로 더 고가인데다 도로 사정이나 면허 등이 뒷받침되어야 하므로 보급에 시간이 더 걸린다. 이들이 일반 중산층 가구에 보급되는 과정은 지난 수십 년간 주요 선진국 및 개도국들이 경제 성장을 이루어가는 과정과 거의 동일하다.

그러나 소비시대를 이끌어 오던 이들 히트 제품들도 그 성공 추세가 무한정 지속되지는 않는다. 보급률의 확대에 따라 성숙화라는 한계에 직면했기 때문이다. 특히 가정용 전자제품의 보급률은 많은 나라에서는 100%를 넘어 섰다(이승일, 2014: 103-104). 베이징시도 2015년 기준 도시가정의 컬러TV, 세탁기, 냉장고의 보급률이 100%를 넘어섰다.

<표 5-2>에 의하면 베이징시의 소비구조에서 가정설비용품·서비스비의 지출비중이 1992년에서 2014년 사이 8.2%에서 7.7%로 0.5%P 감소하여 큰 변화가 없다. 그러나 그 절대금액 면에서는 상당부분 증가하였다. <표 5-5>에 의하면 일인당 평균 가정설비용품·서비스비 지출이 1992년부터 2014년 사이 174.7위안에서 2,143위안으로 12.3배 증가하였다.

가구와 가정설비품이 포함된 내구소비재는 가정설비용품·서비스

---

53) 모터라이제이션(motoriztion)은 자동차가 사회와 대중에 널리 보급되고 생활 필수품화 되는 현상을 말한다.

소비에서 가장 큰 비중을 차지한다. <그림 5-14>에 의하면 내구소비
재는 2000년 이후 점진적 하락추세를 보이고 있다. 2001년 내구소
비재 지출은 가정설비용품·서비스소비에서 66.1%의 높은 비중을
차지한 이후 점진적으로 하락하여 2014년에는 40.7%였다. 내구소
비재 다음으로 많은 지출비중을 보이는 가정일용잡화의 경우 2000
년 이후 꾸준히 증가하는 추세이다. 2000년에 일인당 가정일용잡화
비가 가정설비용품·서비스소비에서 차지하는 비중은 17.3%로 가
장 낮았다. 이후 꾸준히 증가추세를 이어오다 2014년 36.1%의 지출
비중을 기록하였다. 베이징 도시주민의 소득과 소비수준 향상은 새
로운 내구소비재와 가정일용잡화를 꾸준히 소비하는 배경이 되었다.

<그림 5-14> 베이징 도시주민 일인당 가정설비용품·서비스소비 지출 구조

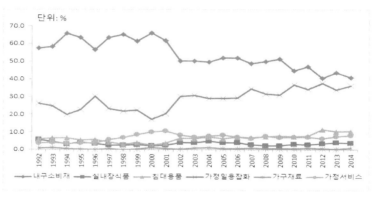

출처: <표 5-5>의 데이터를 바탕으로 재구성.

(2) 교육·문화오락서비스비(문화소비)

교육·문화오락서비스소비는 2010년을 기점으로 문화·오락서비
스비와 교육비의 지출비중이 교차된다. 1992년을 제외하고 1993년

부터 2009년까지는 교육비의 비중이 가장 높았다. 문화오락용품비
와 문화오락서비스비는 상대적으로 낮은 지출비중을 나타내었다.

<그림 5-15>에 의하면 교육비는 1992년 30.8%에서 2003년 49.4%
로 급증한 이후 급격한 하락세를 보였는데 2008년 33.9%로 감소하
였다. 이 때 교육비가 대폭 감소한 주 요인은 의무교육비 감면과 교
육비 인상에 대한 정보가 공개되어 누구나 열람이 가능하게 된 환경
적 요인을 들 수 있다. 또 베이징 도시주민은 가정생활의 질적인 향
상과 함께 정신적 욕구를 만족시키는 문화생활을 더욱 중시하게 되
었다. 여행, 헬스, 오락 등은 이미 일반가정 여가생활의 주류가 되었
다(中央文化企業国有資产临督管理领导小组办公室・中国社会科学院文化
研究中心, 2014: 154).

<그림 5-15> 베이징 도시주민의 일인당 문화소비 지출 구조

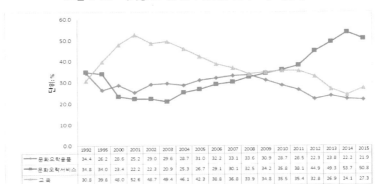

출처: 北京市统计局, 1993: 364; 北京市统计局, 1994: 479; 北京市统计局, 1995: 507; 北京市统计局, 1996:
410; 北京市统计局, 1997: 402; 北京市统计局, 1998: 475; 北京市统计局, 1999: 478-479; 北京市统计
局, 2000: 484; 北京市统计局, 2001: 483; 北京市统计局, 2002: 499; 北京市统计局, 2003: 185; 北京
市统计局, 2004: 182-183; 北京市统计局, 2005: 145; 北京市统计局, 2006: 171; 北京市统计局, 2007:
161; 北京市统计局, 2008: 182; 北京市统计局, 2009: 172; 北京市统计局, 2010: 210; 北京市统计局,
2011: 202; 北京市统计局, 2012: 194; 北京市统计局, 2013: 200; 北京市统计局, 2014: 197; 北京市统
计局, 2015: 217; 北京市统计局, 2016: 8-22 城镇居民家庭人均教育文化和娱乐, 医疗保健, 其他用品
及服务支出(2015年)의 데이터를 바탕으로 재구성.

문화소비 내 문화오락용품비의 지출비중은 1992년 이후 꾸준히 30% 전후의 지출비중을 유지하다 2008년 이후 급격히 하락하여 2015년 기준 21.9%를 기록하였다. 베이징 도시주민의 문화오락용품 보유가 보편화되면서 각 가정마다 이와 관련한 문화오락서비스비의 지출비중이 2003년 이후 빠르게 증가하는 추세이다. 1990년대 초반부터 2000년대 중반까지는 문화오락관련 소비보다는 교육소비에 상당부분 지출하였다. 그러나 그들의 소득이 증가하고 생활이 질적으로 향상되면서 문화오락관련 소비에 대한 지출이 증가하였다.

일반적으로 소득수준이 높을수록 교육비에 대한 지출이 증가하지만 중국은 교육비 보다는 문화오락서비스비에 대한 지출이 더욱 증가한다는 특징이 있다. 우리나라의 경우 2014년 고소득계층의 교육비 지출금액이 저소득계층의 8배에 이르렀다.[54] 베이징시는 2014년 고소득계층 일인당 교육비 지출금액이 1,403위안으로 저소득계층 1,052위안의 1.3배에 그쳤다. 그러나 고소득계층의 일인당 문화오락서비스비는 4,635위안으로 저소득계층 598위안(北京市统计局, 2016: 8-22 城镇居民家庭人均教育文化和娱乐, 医疗保健, 其他用品及服务支出 (2015年))의 7.8배에 달해 큰 격차를 보이고 있다.

베이징 도시주민의 교육수준이 높아지고 소득수준이 상승하며, 문화산업의 발전으로 각종 문화생활을 즐길 수 있는 환경이 마련된다면 그들의 문화소비는 더욱 왕성해질 것이다. 베이징시는 시정부 주도하에 각종 문화산업 정책이 실시되면서 중국 문화산업의 빠른 성장을 이끌어 왔다. 특히 문화소비 촉진을 위해 최근 문화소비 정

---

54) 통계청의 '2014년 가계동향'에 따르면 2014년 소득 5분위(상위 20%) 가구가 쓴 교육비는 월평균 52만 9,400원으로 소득 1분위(하위 20%)가구 6만 6,800원의 7.93배에 달했다. 교육비는 소비지출의 12개 항목 가운데 고소득계층과 저소득계층의 지출격차가 가장 큰 분야이다(연합뉴스, 2015.02.27: http://hankookilbo.com/m/v/f08490ef819d4d119cb0a10a9a8f0cf8).

책을 전국에서 최초로 실시하여 베이징시 주민들의 활발한 문화소
비를 견인하고 있다.

제6장 베이징시 교통·통신비의 소비구조 변화[55]

1. 소비구조 변화의 배경

(1) 소득수준 향상

중국은 개혁·개방 이전의 저임금·저소비 정책과는 달리 개혁·
개방 이후 시장경제이 도입과 경공업 중시 전략으로 전환되면서 이
전의 체제 역시 변화될 수밖에 없었으며, 국가가 각종 기업의 자본
축적을 돕기 위해서 소비를 자극할 수밖에 없었다. 그에 따라 도·
농 주민, 특히 도시주민의 소득수준과 소비수준은 급격히 상승하였
고 이에 중국 경제의 급속한 성장에 따라 전체 주민의 소득·소비수
준은 지속적으로 상승할 수 있었다(이중희, 2008: 402).

<그림 6-1>에 의하면 베이징 도시주민 일인당 가처분소득은 1978
년부터 2000년까지 365.4위안에서 10,349.7위안으로 꾸준히 증가하
다가 2005년에 17,653.0위안으로 급증하여 2012년 기준 36,469.0위
안으로 1978년의 일인당 가처분소득의 99.8배 증가[56]하였다.

---

55) 이 부분은 김성자·이중희(2014)를 수정·보완한 것이다.

56) 중국 4대 직할시 중 하나인 베이징시는 특히 도시주민의 소득수준의 상당한 발전을 가져왔는데, 중
국 상무부 전더밍(陳德銘) 부장은 중국 베이징에서 열린 한 정상포럼에서 2015년까지 중국의 사회
소비품 구매총액이 5조 달러를 돌파할 것이라며 도시화가 빠르게 진행되면서 도시와 농촌 주민들

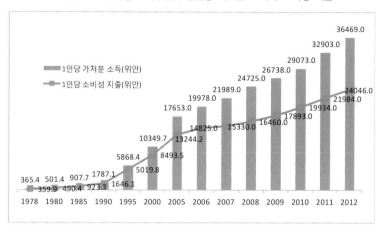

<그림 6-1> 베이징 도시주민의 일인당 가처분 소득과 소비성 지출

■1인당 가처분 소득(위안)
━1인당 소비성 지출(위안)

36469.0
32903.0
29073.0
26738.0
24725.0
24046.0
21989.0
21984.0
19978.0
19934.0
17653.0
17893.0
15330.0 16460.0
14825.0
10349.7 13244.2
8493.5
5868.4
5019.8
1787.1
907.7 1646.1
365.4 501.4 923.3
359.9 490.4

1978 1980 1985 1990 1995 2000 2005 2006 2007 2008 2009 2010 2011 2012

출처: 北京市统计局. 2013: 91-92.

일인당 소비성지출은 꾸준히 증가하고 있지만 가처분소득 대비
소비성지출의 비중은 여전히 완만한 증가를 보이고 있다. 이는 중국
인들의 높은 저축률과 무관하지 않다. 90년대 초 GDP대비 저축이
차지하는 비중은 약 35%에 불과하였으나 2005년까지 51%로 증가
한 이후 2012년에 52%로 꾸준히 높은 저축률을 보이고 있다. 전 세
계 평균 저축률이 19.7%인 것에 비하면 상당히 높은 수준이다(人民
网, 2012.11.21). 그러나 최근 저축에서 소비의 성향으로 전환하는
중이다. 2011년 베이징시 주민의 저축 총액이 1조 8,900억 위안으로
일인당 평균 9만 5,000위안을 저축하고 있다. 일인당 저축성예금이
하락하고 있는데 2008년부터 2011년까지 그 증가속도가 각 연도별
로 23.8%, 16.5%, 10.1%, 7.5%를 기록하였다(王敏・郑艳丽, 2013:

의 수입 수준이 계속 높아지고 있다며 서비스 분야의 교역 발전은 주민 소비구조를 향상시키는 효
과를 낼 것이라고 전망한 바 있다(KBENEWS, 2012.05.20).

17). 베이징시 주민의 저축은 미래소비의 잠재력을 증명해준다. 경기불안으로 인한 소비심리 위축과 그로 인한 고저축률이 사회보장제도 확대와 소비장려 정책, 소득분배 정책 등의 요인은 향후 저축률 감소와 소비확대라는 결과를 가져올 수 있다.

(2) 소비수준 향상

소비행태에 영향을 주는 요인은 소득수준, 저축성향, 분배상황, 인구구성, 브랜드 선호도, 소비가치, 외국 문화에 대한 수용성, 과시성향, 가격민감도 등 매우 다양한데, 역사적 다원성이 강한 중국 시장에서는 이런 다양한 요인들이 지역별, 그리고 소비자군 별로 각각 다르게 작용한다(김난도·전미영·김서영, 2013: 173). 그 중에서도 소득의 증가로 인한 소비수준의 향상이 소비구조변화의 가장 중요한 원인이 된다.

소득수준 향상은 곧 소비수준 향상과 연결이 된다. 이는 또 소비구조의 변화에 상당한 영향을 미치는데 이는 앞서 살펴본 일인당 가처분소득 추이를 통해 소비수준향상을 가늠해볼 수 있다. 개혁·개방 이래, 베이징의 경제는 빠른 속도로 발전하였고 소비수준 또한 크게 향상되었다. 1978년~2012년, 베이징의 GDP는 108.8억 위안에서 1조 7,879.4억 위안으로 163.3배 증가하여 연평균 10.4%의 증가율을 보였다. 동기간 베이징시 최종소비는 53억 위안에서 1조 655.1억 위안으로 200배 증가하여 연평균 12.4%의 증가율을 보였다(郑艳丽, 2013: 8). GDP의 증가속도보다 최종소비의 증가속도가 더 빠르게 증가함을 알 수 있다. 2006년, 베이징시의 소비가 베이징 경제성장 공헌율 60%를 차지하였는데 2012년 기준 공헌율은 7

3%[57])를 기록하였다. 이는 선진국의 소비가 경제에 미치는 공헌율이 80%인데 이에 근접한 수준임을 볼 때 소비는 베이징 경제의 제일가는 성장 동력(郑艳丽, 2013: 8)이 되고 있음을 알 수 있다.

<그림 6-1>에서 베이징의 일인당 소비성 지출액은 1978년부터 2012년 사이 359.9위안에서 24,046.0위안으로 증가하였다. 또한 GDP 대비 소비의 비중을 높이기 위해 노동소득분배율을 끌어올리려는 노력의 일환으로 최근 임금인상 조치(최명해, 2010: 8)를 취하고 있다. 이러한 조치를 바탕으로 향후 중국의 소비수준, 특히 노동자들의 밀집지역인 대도시 중심의 소비수준은 꾸준히 향상될 전망된다.

한편 1997년~2003년 사이 국유기업의 경쟁력과 효율성을 높이기 위한 대대적인 구조 조정으로 인해 노동자들의 불안감은 중국사회 전역으로 증폭되었고 미래를 위한 저축 열기가 더욱 뜨거웠다.[58] 그러나 소비심리의 위축으로 고저축률을 유지하던 중국이 최근 4조위안 규모의 경기부양책 등 다양한 소비 장려정책을 실시함으로 인해 저축률이 하락할 것이라는 전망[59]이다. 중국은 고저축율을 유지해옴에도 불구하고 그들의 소비력은 상당한 수준이다. 2013년 중국인이 사들인 명품이 세계 판매량의 절반에 달한다. 중국 명품시장 연구기관인 재부품질연구원(財富品質研究院)이 발표한 '중국명품보고

---

57) 베이징은 정부소비의 비중이 많은 편이다. 2012년 베이징 주민소비와 정부소비의 비율이 6:4로 전국의 7:3에 비해 정부소비가 많다. 2006~2012년 사이 정부소비가 연평균 15.6% 성장하여 베이징 경제성장에 대한 공헌율이 점점 증가하고 있는데, 2006년에서 2012년 사이 27%에서 30.8%로 증가하였다. 베이징 주민소비가 내수확대에 중요한 작용을 하는데 2012년 경제성장에 미치는 공헌율은 42.2%를 기록하였다. 2012년 이후 베이징 주민소비가 정부소비보다 더 빠른 성장속도를 보이기 시작하여 소비성장 동력의 전환기에 접어들었다고 볼 수 있다(郑艳丽, 2013: 9).

58) 이에 대한 구체적인 내용은 삼정KPMG 경제연구원, 2012: 32를 참고 할 것.

59) 골드만삭스는 중국 GDP 가운데 저축 비중이 2008년 51.3%에서 2025년 34%까지 낮아질 것이라고 전망했다(삼정KPMG 경제연구원, 2012).

서(≪中国奢侈品报告≫)'에 의하면 2013년 중국인의 중국과 해외에서 구매한 명품구매 총액은 1,020억 달러로 전 세계 판매량의 47%에 달한다. 그 중 중국 현지 구매량은 280억 달러, 해외구매는 740억 달러였다(李佳佳, 2013.11.14). 이러한 중국인들의 소비력은 향후 저축률 하락, 소비장려 정책 등과 맞물려 대도시를 중심으로 빠른 속도로 다양한 소비영역으로의 확대가 예상된다.

2. 소비구조 변화의 원인 및 추세

(1) 소비장려 정책

중국은 2008년 글로벌 금융위기 이후 수출과 해외투자가 급격히 감소하게 되면서 위축된 내수시장 확대로 방향을 전환하여 경제 성장률을 끌어올리기 위해 노력하고 있다. 그 노력의 일환으로 2009년부터 소비장려 정책이 본격적으로 시행되고 있다. 그 대표적인 정책이 가전제품 구매에 적용되는 '가전하향(家电下乡)', '가전이구환신(家电以旧换新)', '가전절능혜민(家电节能惠民)'정책을 들 수 있다. 먼저 '가전하향'정책은 TV, 냉장고, 세탁기 등 가전제품 구입 시 정부보조금 13%를 지급하는 정책으로 2008~2011년까지 시행되었는데 이 기간에 보조금 지급기준을 상향하고 지역별 상황에 따라 1개 품목을 추가할 수 있었다. 두 번째, '가전이구환신'정책은 낡은 가전제품을 새 제품으로 교체구입 시 정부보조금을 지급하는 정책으로 2009~2011년까지 시행되었다. 세 번째, '가전절능혜민'정책은 절전형 가전제품 구입에 대해 300~850위안(상품가격의 약 10%)의 보조금을 지급하는 정책으로 2009~2010년까지 시행되었다(이철용,

2012.02.29: 10; 삼정KPMG경제연구원, 2012: 34; 云中, 2011.05.16). 중국 정부의 가전 소비장려 정책이 종료되면서 가전업계에도 변화가 일어나고 있는데 대표적 사례로 거란스(格蘭仕)라는 기업에서는 와인냉장고, 식기세척기 등을 출시하는 등 제품 라인을 다양화하면서 고급화에 주력하고 있다(중앙일보, 2011.12.22). 중산층을 중심으로 빠른 속도로 고급 가전제품 구매에 눈을 돌리고 있다.

자동차 구매에 있어서도 소비 장려정책이 시행되었다. '자동차하향(汽车下乡)', '자동차이구환신(汽车以旧换新)', '자동차절능혜민(汽车节能惠民)'정책이 대표적이다. 먼저 '자동차하향'정책은 자동차 구매 시 차종별로 일정액의 정부보조금을 지급하는데 2009~2010년까지 시행되었으며 보조금 지급기한을 오토바이에 한해서는 2013년까지 연장실시 하였다. 둘째, '자동차이구환신'정책으로 환경보호 기준에 미달된 차량을 새 차로 교체구입 시 3,000~6,000위안의 보조금을 지급하는 정책으로 2009~2011년까지 시행되었으며 소형자동차, 경차, 삼륜자동차, 저속화물차가 이에 해당된다. 셋째, '자동차절능혜민'정책으로 신에너지 자동차의 시범도시를 13개에서 20개로 확대하여 연비기준을 충족시키는 배기량 1.6이하의 저 연료 자동차구입에 대해 3,000위안의 보조금을 지급하는 정책이다.

그러나 중국정부가 추진하는 소비 장려정책의 시행에도 불구하고 베이징에서는 나날이 악화되고 있는 교통체증문제를 완화하고자 2010년 12월 '베이징시 승용차 수량조정 임시 시행방안(≪北京市小客車數量調控暫行規定≫)'[60]을 발표하여 2011년 1월부터 시행중에 있

---

60) 자동차 등록 대수를 매년 24만대(월 2만 대)로 제한하며, 매월 26일 번호판 추첨을 실시하고 있다. 승용차에 대해서만 등록 대수를 제한하는 것이며, 이 중 개인 승용차가 88%, 영업용 승용차가 2%, 관용 등 기타 승용차가 10%를 차지하도록 하였다. 외지인이 베이징시에서 차량을 등록하려면 5년 연속 베이징시에서 사회보험료 및 개인소득세를 납부하는 증명이 있어야 하며, 홍콩·마카오

다. 이 시행방안의 주요 내용은 자동차 등록 대수 제한과 교통혼잡세(交通擁堵費) 징수방안에 관한 것이다. 또한 시정부는 베이징시를 환경오염이 적은 세계도시로 건설하고 '12 · 5규획'기간에 40만대의 노후차량을 신차로 교체하기 위해 '노후차량의 퇴출 및 촉진 방안(≪關於進一步促進本市老舊機動車淘汰更新方案≫)'을 발표하고, 2011년 8월 1일부터 시행되었다(김부용, 2011.12.20: 4).

이러한 중국정부의 소비 장려정책은 중국인들의 소득 · 소비수준 향상과 맞물려 내수확대의 중요한 역할을 할 것이며 베이징시 에서만 시행되고 있는 자동차 등록 제한정책이 베이징시 주민의 교통비 지출구조에 일정부분 영향을 미칠 것으로 예상이 된다.

(2) 소비구조의 변화

전 세계 각국의 소비구조 변화추세와 마찬가지로 중국의 소비구조 역시 보편적으로 일반소비품에서 내구소비재로, 또 서비스품목으로 점차 고도화(대외경제정책연구원, 2011.02.23: 3) 되어 가고 있다.

<표 6-1>에서 베이징시 가구의 소비항목 중 교통 · 통신비의 지출비중이 1992년에서 2012년 사이 2.1%에서 15.7%로 무려 13.6%포인트 증가하여 7.5배의 증가폭을 보였다. 이는 중국정부가 교통 · 통신방면에 있어서 인프라투자 증가 및 WTO가입 후 자가용 판매가격의 하락, 통신방면의 원가 및 가격 하락 등으로 교통 · 통신비의

· 대만 주민과 화교 및 외국인은 1년 이상 거주한 증명이 있어야 한다. 중고차를 신차로 교체할 경우 추첨 없이 기존의 번호판을 그대로 사용할 수 있다. 또한 중고차로 판매하거나 폐차한 차주가 세 가지 조건을 충족하면 기존의 번호판을 계속 사용할 수 있다. 첫째 등기변경 혹은 등기말소 절차를 마친 후 6개월 이내에 신청해야 하고, 둘째 3년 이상 소유한 차량이어야 하며, 셋째 교통법규 위반에 따른 과태료를 완납했거나 교통사고가 해결 완료된 상태여야 한다. 그러나 이 시행방안은 신에너지 차에는 적용되지 않는다. 신에너지 차는 차량 등록 제한, 승용차 운행 제한 등의 제약을 받지 않게 되며, 보조금 우대 혜택은 증가된다(김부용, 2011.12.20: 3).

지출비중 증가를 야기 시킨 것이다. (李恩静, 2008: 22)2009년부터 본격적으로 실시된 소비장려 정책에서 그 배경과 원인을 찾을 수 있다. '자동차하향'정책이 실시된 해인 2009년 한 해 동안 전국 자동차 교체 구입량이 195만대에 달하여 전년 동기대비 83.4% 증가하였다(赵萍, 2012.08.13). 실제로 베이징시 100가구당 가정용 자가용 보유량이 <그림 2>에 의하면 2008년 23대에 비해 소비장려 정책이 본격적으로 실시된 해인 2009년에 30대로 급증하였다. 이러한 증가추세는 2010년 12월부터 실시된 베이징시 자동차 소비억제 정책에도 불구하고 꾸준히 증가하여 2012년 기준 베이징시 100가구당 가정용 자가용 보유량은 42대에 달한다. 이는 2012년 기준 전국 도시평균의 21.5대에 비해 약 2배 많은 보유량(中国国家统计局, 2013: 395)이다.

<표 6-1> 베이징 도시가정의 소비구조 변화

(단위: %)

	1992	1995	2000	2005	2007	2008	2009	2010	2011	2012	2012/1992
식품	52.8	48.5	36.3	31.8	32.2	33.8	33.2	32.1	31.4	31.3	↓0.6
의류	11.0	15.1	8.9	8.9	9.9	9.5	10.0	10.4	10.3	11.0	0.0
가정설비·용품·서비스	6.6	8.8	12.9	6.4	6.4	6.7	6.8	6.9	7.1	6.7	↑1.0
의료보건	1.9	2.9	6.9	9.8	8.4	9.5	7.8	6.7	6.9	6.9	↑3.6
교통·통신	**2.1**	**4.7**	**7.1**	**14.7**	**15.2**	**13.9**	**15.5**	**17.2**	**16.0**	**15.7**	**↑7.5**
오락·교육·문화	6.9	10.2	15.1	16.5	15.6	14.5	14.8	14.6	15.0	15.4	↑2.2
주거	4.7	4.5	6.9	7.9	8.1	7.8	7.2	7.9	8.8	8.2	↑1.7
기타	3.7	5.2	5.8	4.0	4.2	4.3	4.7	4.2	4.5	4.8	↑1.3

출처: 北京市统计局, 『北京统计年鉴』北京: 中国统计出版社, 1993: 364; 北京市统计局, 앞의 책, 1996: 411; 北京市统计局, 앞의 책, 2001: 481; 北京市统计局, 앞의 책, 2006: 168; 北京市统计局, 앞의 책, 2008: 178; 北京市统计局, 앞의 책, 2009: 168; 北京市统计局, 앞의 책, 2010: 206; 北京市统计局, 앞의 책, 2011: 198; 北京市统计局, 앞의 책, 2012: 190; 北京市统计局, 앞의 책, 2013: 196.

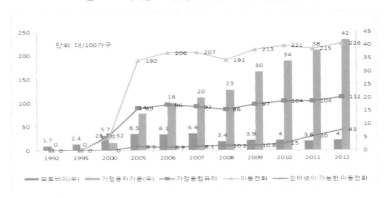

출처: 中国国家统计局, 1993: 301-306; 中国国家统计局, 1996: 289-295; 中国国家统计局, 2001: 312-317; 北京市统计局, 各年度.

가정용 컴퓨터와 이동전화는 2005년에 이미 포화점에 이르렀다. 특히, 이동전화는 인터넷이 가능한 스마트폰이 2005년에서 2012년 사이 100가구당 8.3대에서 43대로의 급증이 돋보인다. 가정용 컴퓨터와 이동전화, 자가용 보유량 증가는 베이징 주민들에게 소비문화의 변화를 가져다준다. 물건을 구매하려면 직접 상점이나 쇼핑센터로 가서 구매를 하는데 자가용의 보유로 더욱 용이해 졌으며, 최근에는 컴퓨터나 이동전화를 통하여 물건을 구매하는 온라인 구매가 급증하고 있다. 중국의 전자상거래는 '11·5규획'기간 동안 지속적으로 빠르게 발전하였는데 거래총액이 약 3.5배 증가하여 2010년에 약 4조 5,000억 위안을 기록했다. ≪전자상거래 '12·5' 발전규획≫에 의하면 '12·5규획'기간 중국 전자상거래 목표는 거래액이 18조 위안을 돌파하는 것이다(第一财经日报, 2012.06.08).

중국인들의 소득·소비수준향상은 특히 의료보건비, 교통·통신비, 오락·교육·문화비와 같이 향유형 소비항목의 지출비중 증가를 가져왔다. 그 중에서 베이징시는 교통·통신비 항목의 지출비중이 가장 큰 증가폭을 보이고 있다.

3. 교통·통신비의 소비구조 변화와 추세

2011년 10월에 베이징시 경제와 정보화위원회(北京市经济和信息化委员会)에서 발표한 "베이징시 "12·5"시기 전자정보산업발전규획"(≪北京市 "十二五"时期电子信息产业发展规划≫)에 서 "인문 베이징, 과학기술 베이징, 녹색 베이징"전략을 핵심 지도사상으로 내걸었다. 특히 전신망, 방송망, 인터넷망의 융합은 통신관련 산업의 실질적인 발전을 가져올 수 있다. 와이브로, 3G, 4G 이동통신 네트워크, TD-LTE환경을 설립하여 3G기술을 현재 수준을 넘어 새로운 이동통신 네트워크를 형성한다는 목표(北京市经济和信息化委员会, 2011.10: 7, 15-16)를 통해 베이징시 네티즌증가의 가속화와 인터넷을 활용한 다방면의 활동이 더욱 용이해지고 활발해 질 것을 예상할 수 있다.

또한 자동차산업과 전자정보산업의 융합은 자동차의 스마트화, 자동화, 정보화와 전자의 일체화상품 생산방향으로의 발전을 촉구한다는 것이다. 이는 향후 거대한 자동차 전자산업규모를 형성(北京市经济和信息化委员会, 2011.10: 17)할 기반이 된다.

(1) 교통비

<그림 6-3> 베이징 도시가정 일인당 교통·통신비 지출비중 추이

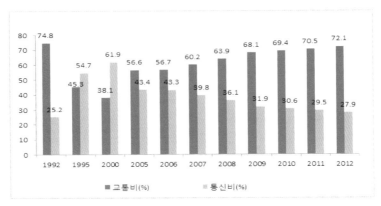

출처: 中国国家统计局. 1993: 301-306; 中国国家统计局. 1996: 289-295; 中国国家统计局. 2001: 312-317; 北京市统计局. 各年度.

<그림 6-3>에서 베이징시의 교통·통신비를 교통비와 통신비로 나누어 볼 수 있다. 1992년 교통비와 통신비가 각각 74.8%, 25.2%로 교통비의 지출비중이 월등히 높은 이유는 당시 도시 가정 100가구당 가정용 컴퓨터와 전화기, 가정용 자가용이 보급되지 않아 대중 교통비의 지출비중이 상대적으로 많았기 때문이다. 2005년을 기점으로 교통비가 통신비보다 더 많은 비중을 차지하기 시작하여 2012년 기준 교통비와 통신비가 각각 72.1%, 27.9%로 교통비가 월등히 높은 비중을 차지하고 있다.

교통비의 지출구조를 보면 2005년 이후 교통비의 증가 원인으로는 가정용 자가용 보유량 증가와 그에 따른 유지비의 증가를 들 수 있다. <그림 6-4>에 의하면 베이징 도시가정 일인당 가정교통도구에 대한 지출은 2005년부터 2012년 사이 499위안에서 1,128위안으로

<그림 6-4> 베이징 도시가정 일인당 교통비 항목별 지출금액과 지출비중 추이

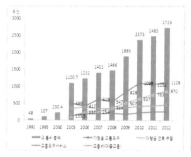
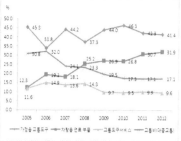

출처: 中国国家统计局, 1993: 301-306; 中国国家统计局, 1996: 289-295; 中国国家统计局, 2001: 312-317;
北京市统计局, 各年度의 통계자료를 계산하여 정리함.

증가하였고 그 지출비중은 동기간 45.3%에서 41.4%로 꾸준히 높은
비중을 유지하고 있다. 그에 따라 자가용 연료·부품비의 지출은 동
기간 135.5위안에서 870위안으로 증가하였고 그 지출비중은 12.3%
에서 31.9%로 급증하였다. 베이징시 자가용 등록대수는 2005년 말
258만 대에서 2011년 11월 말 약 500만 대로 늘어나, 대중교통 차
량의 5~6배에 달했다. 2010년에만 신규 차량 80만 대가 증가하면
서, 베이징시의 교통체증 문제가 급격히 악화되었다.[61] 그에 반해
대중교통비의 지출비중은 동기간 30.8%에서 17.1%로 급격히 감
소하였다. 베이징시가 소비를 확대하기 위해 보조금 3억 7,000만
위안을 지급하여 가전·자동차하향과 이구환신 정책의 실시로 대중
교통비에 대한 지출이 감소하고, 자동차 판매량이 30.8% 증가(김부
용, 2010.12.20: 3)한 결과라고 할 수 있다. 2009년 이후 실시된 자
동차 소비장려 정책은 4년 5개월 동안 베이징시 자동차 소매판매액
을 12억 2,000만 위안으로 끌어올렸는데 이는 베이징시 전체 소매

---

61) 중국사회과학원의 조사에 따르면, 출근 소요시간이 베이징시가 52분으로 중국에서 가장 길고, 광저
우와 상하이가 각각 48분, 47분으로 2, 3위를 차지하였다(김부용, 2010.12.20: 3).

판매액 증가의 0.28%포인트 중 0.05%포인트에 해당한다(王昨君, 2013.09.03.).

그러나 베이징은 2006년 이미 자동차 소비시장의 성숙기[62]에 접어들었고 성장속도도 전국 평균수준 보다 낮은데 2011년 1~10월 베이징시 신차 판매량은 31만 1,700대로 전년동기대비 52.5% 하락하였다. 동기간 중국 전체 자동차 판매량은 전년동기대비 3.2% 증가하였다. 베이징시의 자동차 등록 제한정책으로 중국 전체 자동차 시장증가율이 약 4.5%포인트 하락(치岩, 2011.11.18)한 것으로 분석된다. 또한 2010년 12월부터 시행되고 있는 베이징시 자동차 소비억제 정책으로 자동차 등록 대수를 제한하고 교통혼잡세를 징수하면서 2010년 이후 가정용 자가용에 대한 지출 비중이 감소하는 추세이다.

그러나 최근 전 세계적으로 추진되고 있는 ICT산업과 자동차산업의 융합을 통해 중국인들 삶의 질을 한층 제고시킬 수 있다. 차량용 3G모듈은 스마트 자가용 중 가장 중요한 설비 중 하나로 자동차와 와이브로를 연결하는 중요한 일환이 되었다(段文杰, 2014.02). EnfoDesk 이꽌싱크탱크(易观智库)의 분석에 의하면 2015년이 되면 국내 자동차 생산량이 2,500만대에 이르고, 자동차 네트워킹응용과 관련서비스가 전 세계 10%의 비중을 차지하여 시장규모가 1,500억 위안을 돌파할 것이라고 전망하였다. 2005년부터 중국 자동차 네트워킹 이용자 수가 5만 명에서 50만 명으로 증가하였다. 이 수치는

---

62) 중국의 승용차 시장은 2002년 125만대에서 2006년 416만대 규모로 급속히 성장하였고, 신규구매가 전체소비의 80%를 차지한다. 자동차 신규 등록수를 기준으로 보면 2006년 베이징, 상하이, 광둥의 자동차 소비시장은 이미 성숙기에 접어들어, 시장성장률이 낮아지기 시작했으며 성장속도도 중국 평균수준 보다 낮은 반면 저장(浙江), 쨩수(江苏), 산동(山东), 쓰촨(四川)의 자동차 소비시장은 비교적 빠른 성장속도를 유지하고 있다(대외경제정책연구원, 2007.11.09: 1-2).

당시 전국 1,000만 네티즌 중 약 10%가 자동차를 이용하여 인터넷에 접속(姜宝君, 2014.03.18)하는 것이다. 이러한 일련의 변화들은 향후 중국내 교통관련 산업과 통신관련 산업의 동반성장의 기반을 마련해 준다. 향후 베이징시는 기타도시에 비해 신차 구매증가율은 감소하는 반면 전기자동차와 같은 환경오염으로부터 비교적 안전하고 구매에 제약을 받지 않는 자동차나 중고차의 거래량은 증가할 것으로 예상된다. 특히 신소비자를 위주로 스마트 자가용의 구매가 증가하고 자가용 연료비와 부품 및 수리비의 지출 또한 꾸준히 증가할 것으로 예상된다.

(2) 통신비

베이징시는 "베이징시 "12 · 5"시기전자정보산업발전규획" (≪北京市 "十二五"时期电子信息产业发展规划≫)에서 2015년까지 전자정보 제조업이 생산액 4,000억 위안을 실현시켜 연평균 성장률을 약 12%로 끌어올린다는 발전목표를 제시하였다. 또 산업구조를 더욱 최적화하여 전자정보산업구조에 있어서 이동통신의 단일화에서 다극화로 전환해오면서 중요 항목인 디지털TV, 집적회로, 이동통신의 3대 결합을 완성하여 결합률 70%이상 실현을 목표로 제시하였다(北京市经济和信息化委员会, 2011.10: 9-10). 베이징시 전자정보산업의 발전은 베이징 주민들로 하여금 각종 통신장비 및 그에 따른 서비스에 대한 폭넓은 소비행위가 이루어질 수 있는 기반을 마련해 준다.

<그림 6-5>에 의하면 베이징 도시주민 일인당 통신비 지출금액이 1992년에서 2012년 사이 16.2위안에서 1,056.0위안으로 약 65.2배 증가하였다. 이는 동기간 교통비의 지출금액이 56.8배 증가한 것 보

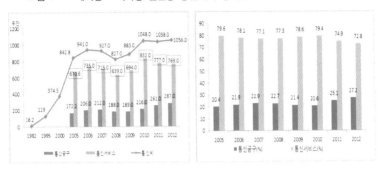

<그림 6-5> 베이징 도시가정 일인당 통신비의 항목별 지출금액과 지출비중 추이

출처: 中国国家统计局, 1993: 301-306; 中国国家统计局, 1996: 289-295; 中国国家统计局, 2001: 312-317;
北京市统计局, 各年度의 통계자료를 계산하여 정리함.

다 더 많이 증가한 것이다. 가정용 컴퓨터, 핸드폰, 테블릿 pc등과
같은 통신공구를 구입함으로써 지출되는 통신서비스비의 지출비중
증가가 돋보인다. <그림 6-2>에 의하면 베이징시 100가구당 가정용
컴퓨터, 이동전화의 보유는 2005년에 각각 14대, 190대로 핸드폰은
이미 포화점을 넘었으며 가정용컴퓨터는 2010년에 104대로 포화점
을 넘어섰다. 베이징시 주민의 통신비 지출의 급증은 중국내 인터넷
망의 빠른 확산으로 인한 네티즌 수의 급증이 중요한 요인으로 작용
하고 있다.

중국의 인터넷 보급률은 2005년 이후 빠르게 증가하는 추세이다.
<그림 6-6>에 의하면 2005년 중국의 네티즌 수는 1억 1,100만 명으
로 인터넷 보급률은 8.5%에 불과했으나 2013년 기준 네티즌 수는 6
억 1,758만 명, 인터넷 보급률은 45.8%에 육박하였다. 불과 8년 만
에 네티즌의 수는 5억 658만 명, 인터넷 보급률은 37.3%p 증가하였
다. 중국 인터넷 이용자 중 전자상거래도 1999년 6월에 3.2%로부터
2007년 12월에 57.1%로 폭발적인 성장을 하였다(이중희, 2008:
281).

<그림 6-6> 중국 네티즌과 인터넷 보급률 추이

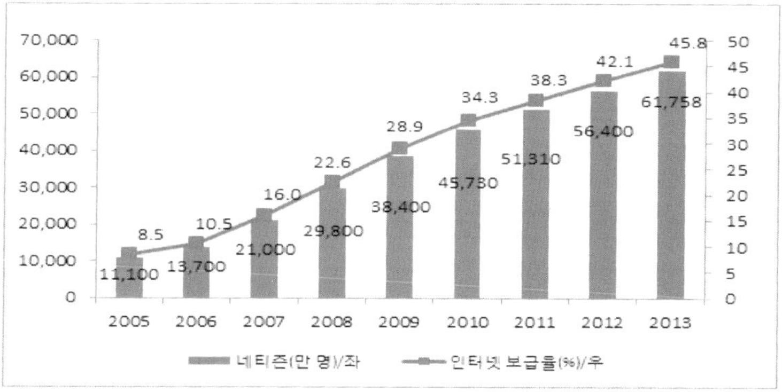

출처: CNNIC, 2014.01: 15.

베이징시의 인터넷 보급률은 전국 평균보다 훨씬 높다. 2011년 기준 베이징시의 네티즌 수는 1,218만 명, 인터넷 보급률은 69.4%로 2005년에 비해 각각 1.8배와 1.4배 증가하였다. 2011년 기준 전국 평균 인터넷 보급률 38.3%에 비해 31.1%p 높은 보급률을 보였다.[63]

이렇게 베이징시의 인터넷 보급률과 네티즌규모가 급속히 증가하는 만큼 전자상거래 규모 또한 빠르게 증가하는 추세이다. 2010년 1월 10일까지 베이징시 전자상거래 총 교역액이 약 3,000억 위안에 달해 전년 동기대비 25%가 증가하였다(黃海, 2011.02.06).

---

[63] 2011년 기준 베이징시 누계 3G기지국이 1만 8,000개, 무선인터넷 접속이 약 5,400개; 20메가 광대역 접속이 가능한 이용고객이 176만 명, 3G이용고객이 254만 명, 고화질 디지털 텔레비전을 교대로 사용하는 고객이 130만 명에 이른다(黃海, 2011.02.06).

<표 6-2> 2012년 중국 전자상거래 상위 10개 도시

순위	도시	관할 성·시	교역량 지수	매력 지수	기초설비 건설지수	소매업 발전지수	창조력 지수	산업활동, 독점지수	총점
1	**베이징**	**베이징**	**19.3**	**18.7**	**19.2**	**19.4**	**18.2**	**19.8**	**114.6**
2	상하이	상하이	19.4	18.8	19.4	19.3	18.4	19.2	114.5
3	항저우	저장	18.6	19.4	19.2	18.9	19.7	18.3	114.1
4	광둥	광둥	19.5	19.0	19.1	19.1	18.2	19.0	113.9
5	선전	광둥	18.2	17.6	19.5	19.1	18.1	18.5	111.0
6	난징	장쑤	16.4	17.8	16.7	18.6	15.9	16.7	102.1
7	충칭	충칭	16.7	16.2	16.4	17.5	17.2	16.2	100.2
8	청두	쓰촨	15.9	16.6	16.8	17.9	15.3	15.7	98.2
9	샤먼	푸젠	14.4	15.3	14.6	16.8	14.5	15.3	90.9
10	닝보	저장	14.8	15.9	14.4	15.6	14.9	14.7	90.3

출처: 中国电子商务研究中心. 2013.03.20: 19.

<표 6-2>의 "2012년 중국전자상거래시장 데이터 조사보고"(≪2012 年度中国电子商务市场数据监测报告≫)에 의하면 각 도시에 대해 종합적인 전자상거래 교역량, 온라인시장 매력도, 기초설비건설, 소매업 발전, 창조력, 산업활동과 독점 등 6가지 지수를 발표하였다. 그 중 베이징의 총점이 114.6점으로 전국 1위를 차지하여 중국에서 전자상거래가 가장 활발하게 이루어지고 있는 도시이다.

최근 중국은 인터넷 보급율의 증가로 젊은 층을 중심으로 소비 공간의 변화가 일어나고 있다. 2010년 중국 인터넷시장에 미니블로그와 공동구매 열풍, 미디어사이트의 성장, 아이폰 돌풍, 아이패드 등장으로 모바일쇼핑시장이 빠른 속도로 성장하고 있다. 중국 인터넷 정보센터(CNNIC)의 "2012년 중국 휴대전화 이용 네티즌의 인터넷 행위 연구보고"(≪2012年中国手机网民上网行为研究报告≫)에 따르면 2012년 6월까지 휴대전화 이용 네티즌 수가 3억 8,800만 명이었다.

이는 전체 네티즌 중 72.2%의 비중으로 컴퓨터 이용 네티즌 수를 추월하였다. 또한 휴대전화 이용 네티즌 중 50.6%가 향후 스마트폰 구매계획이 있는 것으로 조사되었으며 스마트폰 사용자 중 48%가 스마트폰을 재구매할 계획이 있는 것으로 조사되었다(中国互联网络信息中心, 2012.11.16). 향후 다른 지역보다 소득·소비수준이 높고 인터넷 보급률이 전국평균에 비해 월등히 높은 베이징에서 인터넷, 특히 스마트폰을 이용하여 소비활동을 하는 신소비자의 급증이 기타도시에 비해 상대적으로 더 빠를 것이며 통신비의 지출 또한 지속적으로 증가할 것으로 예상된다.

4. 소결

중국의 경제성장은 도시주민의 소득·소비수준에 큰 영향을 미치고 있다. 이는 도시지역을 중심으로 소비구조에 대한 변화를 가져왔다. 오늘날 중국의 소비는 과거 의·식·주와 관련된 생계형 소비위주에서 향유형 소비위주로 빠르게 전환하고 있다. 특히 2009년 이후 중국정부의 주도 하에 실시된 각종 소비장려 정책들은 소득·소비수준이 높은 지역의 소비구조에 큰 영향을 미친다. 그 중 소득·소비수준이 가장 높은 베이징시는 교통비와 통신비의 지출변화는 소비구조에 대해 시기별로 미치는 영향력이 크게 작용하고 있다.

이에 본고에서는 베이징시의 소비구조 중 20여 년 동안 그 지출 비중이 가장 급속하게 증가하고 있는 교통·통신비를 중심으로 살펴보았다. 먼저 교통비에 대한 연구결과를 요약해 보면 다음과 같다. 베이징 도시주민의 자가용 구매증가에 따른 자가용 연료·부품비의 지출증가를 이끌었다. 베이징은 2006년에 이미 자동차 소비시장이 성숙기에 접어든 만큼 성장 속도는 전국 평균수준 보다 낮다. 또 2010년 12월부터 시행되고 있는 베이징 자동차 소비억제 정책으로 자동차등록 대수를 제한하고 교통혼잡세를 징수하면서 자동차 소비가 감소하는 추세이다. 반면 자동차 보유로 인한 유지·관리비에 속하는 자동차 연료·부품비의 지출은 상대적으로 꾸준히 증가할 것으로 보인다.

그리고 최근 자동차와 와이브로가 융합된 스마트자동차에 대한 투자와 수요가 증가하고 있는 추세이다. 이는 향후 교통관련 산업과 통신관련 산업의 동반성장의 기반을 마련해 줄 것이다.

다음은 통신비에 대한 연구결과이다. 베이징시 100가구당 이동전화와 가정용 컴퓨터보유량이 각각 2005년과 2010년에 포화점을 넘어섰다. 이는 중국내 인터넷망의 빠른 확산으로 인해 네티즌 수의 급증이 중요한 요인으로 작용하였다. 베이징의 인터넷 보급률과 네티즌 규모가 급속히 증가하는 만큼 전자상거래 규모 또한 빠르게 증가하는 추세이다. 2011년 베이징시의 인터넷 보급률은 69.4%로 전국 평균 인터넷 보급률 38.3%에 비해 월등히 높은 보급률을 보인다. 또한 2012년 베이징시의 전자상거래 규모는 전국에서 1위를 차지하였다. 특히 휴대전화를 통해 인터넷에 접속하는 네티즌이 전체 네티즌의 72.2% 비중을 차지하면서 젊은 층을 중심으로 빠르게 소비공간의 변화가 일어나고 있다. 향후 인터넷, 특히 스마트폰 위주로 소비활동을 하는 신소비자의 급증이 예상된다.

지금까지의 논의는 베이징시 소비구조의 평균값으로 이루어진 것으로 소비양극화 현상이 두드러지는 베이징시의 각 소득계층별 소비구조를 연구하지 못한 한계점을 갖는다. 그러나 특정 도시인 베이징시의 소비구조변화 및 특정항목에 대한 연구를 하였다는 점에서 연구의 가치를 두고자 한다. 향후 베이징시의 계층별 연구를 통해 더욱 정확한 소비구조 변화에 대한 연구가 진행되어 질 것이다.

제7장 소득계층별 문화소비추세 분석 ; 해외여행소비를 중심으로[64]

1. 소득변화에 따른 문화소비

래쉬와 어리, 보드리야르 등에 따르면 현대 소비자본주의에서는 더 이상 상품을 소비하는 것이 아니라 기호를 소비하는 것이다. 신 (新)중간계급(신쁘디부르조아지)은 조직자본주의의 상품생산자를 대체하는 기회생산자로 발전하였다(이정훈 외, 2011: 12). 중등소득계층의 확대과정에 있어서 문화가 중요해졌는데, 오늘날 중국도 도시를 중심으로 빠른 소득증대로 인해 상품소비 위주에서 기호소비 위주로 전환하여 왔다.

중국의 소비구조는 식음료나 의류에 대한 소비가 감소하는 대신, 교통과 통신, 건강이나 여가문화에 대한 소비가 증가하고 있다. 즉, 생계를 목적으로 한 필수적 소비단계에서 삶의 질을 누리를 향유적 소비단계로 소비패턴이 변화한 것이다. 물론 이런 소비패턴의 변화는 중국의 전 소비자층에서 공통적으로 발생한다고 규정하기는 힘

---

64) 이 부분은 김성자·이중희(2014)를 수정·보완한 것이다.

들다. 소득 불균형이 심각한 중국에서는 중산층 이상의 계층에서 먼저 변화가 나타나기 시작해 점차 전 계층으로 확산될 것으로 예상된다(김난도 외, 2013: 30-31재인용). 따라서 본 장에서는 계층별 소득변화를 바탕으로 문화소비가 차지하는 비중을 살펴보고자 한다.

(1) 계층별 소득변화

개혁·개방이후 급속한 경제성장에 따라 중국인들의 소득수준 또한 빠르게 향상되고 있다. 아래 <그림 7-1>에서 베이징시의 중등소득계층의 연평균 소득은 1992년부터 2012년 사이 2,488.6위안에서 32,196위안으로 급증하여 12.9배 증가하였다. 이러한 현상은 소득계층별로 격차를 보이는데 특히 소득수준이 높은 계층의 소득증가는 더욱 빠른 추세를 보인다. 저소득계층의 일인당 소득이 1992년에서 2012년 사이 1,727.5위안에서 16,386위안으로 증가하여 9.5배 증가한 반면, 고소득계층의 일인당 소득은 동기간 3,743.6위안에서

<그림 7-1> 베이징 도시주민 일인당 연평균 가처분소득 변화

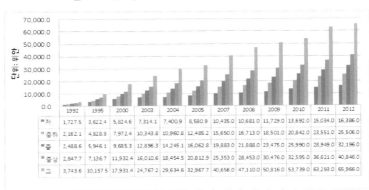

단위: 위안	1992	1995	2000	2003	2004	2005	2007	2008	2009	2010	2011	2012
■저	1,727.5	3,622.4	5,824.6	7,314.1	7,400.9	8,580.9	10,435.0	10,681.0	11,729.0	13,692.0	15,034.0	16,386.0
■중하	2,162.1	4,828.8	7,972.4	10,343.8	10,960.8	12,485.2	15,650.0	16,713.0	18,501.0	20,842.0	23,551.0	25,506.0
■중	2,488.6	5,946.1	9,685.3	12,896.3	14,245.1	16,062.8	19,883.0	21,888.0	23,475.0	25,990.0	28,949.0	32,196.0
■중상	2,847.7	7,136.7	11,932.4	16,010.6	18,454.5	20,812.9	25,353.0	28,453.0	30,476.0	32,595.0	36,621.0	40,846.0
■고	3,743.6	10,157.5	17,931.4	24,767.2	29,634.6	32,967.7	40,656.0	47,110.0	50,816.0	53,739.0	63,293.0	65,966.0

출처 :北京市统计局. 各年度.

65,966위안으로 17.6배 증가하였다. 1992년 고소득계층의 소득이 저소득계층의 2.2배였으나 2012년에는 4배로 소득계층간의 격차가 더욱 벌어지고 있다.

2012년 베이징시 5,000가구를 대상으로 조사한 결과, 베이징시 도시주민 일인당 소비성지출은 24,046위안으로 2011년보다 9.4% 증가하였다. 이러한 배경은 문화소비시장의 성장 동력이 된다. 실제로 비교적 빠른 증가를 보인 분야는 의류소비가 16.5%, 문화소비 11.8%, 외식비 10.9%, 교통비 9.8%, 의료·보건비 8.9%의 지출증가율(대한상공회의소, 2013.5.20: 5-6)을 보였는데 그 중 문화소비는 2위를 차지하였다.

(2) 문화소비

중국국가통계국 발표에 의하면 2008년부터 2011년 사이 중국 주민소비지출은 11조 1,670억 4,000만 위안에서 16조 4,945억 2,000만 위안으로 증가하여 소비지출 총량이 47.7% 증가하였다. 주민소비의 영역이 지속적적으로 확대되고 있는 것이다. 물질적 생활수준이 제고됨에 따라 정신적 측면의 만족을 위한 문화수요 또한 더욱 증가하고 있는데, 그중 문화교육과 문화오락의 질적인 부분에 대한 수요가 지속적으로 증가하고 있다. 특히, 여행, 교육, 오락, 레저 등 문화소비의 지출이 뚜렷이 증가하고 있다. 2008년부터 2011년 사이 중국인의 문화소비 방면 총 지출금액은 1조 587억 5,000만 위안에서 1조 5,228억 3,000만 위안으로 늘어나 14.6% 증가율을 보였다 (严小平, 2013: 69).

2010년 중국 도시주민의 일인당 문화소비지출이 2005년에 비해

169.6%증가하였는데, 그 중 문화소비에 대한 지출은 127.4% 증가하였다. 또 소비구조에서 문화소비에 대한 지출비중은 동부지역 13%, 중부 11.54%, 서부 10.88%, 동북부 10.59%로 지역별 격차가 존재한다(타오바오뱅크, 2012.5.18). 이를 통해 소득수준이 높고 문화적 접근도가 높은 지역일수록 문화소비에 대한 욕구가 더 높음을 알 수 있다.

베이징시 문화소비 규모는 전반적으로 상승세를 보이고 있다. 소비구조에 있어서도 문화소비의 비중이 갈수록 증가하고 있는데, 베이징시 주민의 생활소비 지출금액 중 문화소비의 비중은 1992년 6.9%에서 2012년 15.7%로 2.3배 증가하였으며(中国国家统计局, 1993: 301-306; 中国国家统计, 2013: 389-394), 2012년 기준 일인당 연평균 문화소비 지출금액은 3,699위안이다.

'11.5규획'기간인 2006~2010년의 기간 동안 베이징, 텐진, 허베이성의 도시주민 일인당 가처분소득 증가율은 각각 9.26%, 14.50%, 12.10%로 베이징의 증가폭이 가장 낮았다. 일인당 소비성 지출이 소득에서 차지하는 비중은 각각 68.4%, 74.1%, 67.7%로 베이징시가 2위의 지출비중을 보였다. 그러나 일인당 문화소비가 소비성지출에서 차지하는 비중은 각각 15.20%, 12.50%, 10.85%로 베이징시가 가장 많은 비중을 보였다(郭俊华, 2013: 22). 일인당 가처분소득 증가율과 소비성지출이 소득에서 차지하는 비중은 베이징시가 낮은 반면 일인당 문화소비가 소비성지출에서 차지하는 비중은 베이징시가 가장 높음을 볼 때 베이징시 주민의 문화소비에 대한 욕구가 주변지역에 비해 월등히 높다는 것을 예상할 수 있다. 이러한 현상은 향후 베이징시 문화산업 발전의 요인으로 작용하게 될 것이다.

<그림 7-2> 베이징 도시주민 일인당 문화소비 지출금액과 항목별 비중 추이

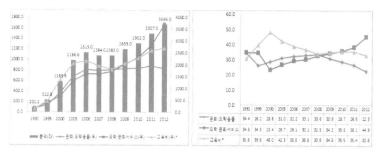

주: 교육비에는 교재비, 교육비용(비의무교육학잡비, 의무교육학잡비, 성인교육비, 가정교육, 학원비, 학교
　　기숙사비, 기타교육비용)을 포함.
출처: 北京市统计局, 各年度.

　<그림 7-2>에 의하면 베이징 도시주민 일인당 문화소비의 지출이
1992년에서 2012년 사이 201.2위안에서 3,696위안으로 18.4배 증가
하였다. 문화소비 내 각 항목별 지출비중을 보면 2000년까지는 교육
비의 지출비중이 급격히 증가한 반면 문화·오락용품비와 문화·오
락 서비스비의 비중은 감소하였다. 이는 앞서 밝힌바와 같이 일인당
GDP가 3,000달러에 달하면 주민 소비가 물질적인 소비위주에서 정
신적 문화소비로 넘어가는 과도기에 진입하게 되는 일반적인 논리
에서 설명이 가능하다. 실제로 2000년의 베이징 도시주민 일인당
GDP가 2,915달러로 3,000달러를 넘어서는 과도기였다.[65] 2000년
이후 그 반대의 양상을 보이고 있는데 2012년에 문화·오락용품, 문
화·오락 서비스와 교육비의 지출비중은 각각 22.3%, 44.9%와
32.8%로 문화·오락 서비스비가 2010년 이후 가장 많은 지출비중
을 유지하고 있다. 2010년은 세 항목 지출비중의 교차시기로 이때

---

65) 2001년 베이징 도시주민 일인당 GDP는 3,260달러로 최초로 3,000달러를 넘어섰다(中国国家统计
　　局, 2013: 57).

처음으로 문화·오락 서비스에 대한 지출비중이 35.8%로 교육비의 35.5%보다 더 많은 지출비중을 나타냈다. 이를 통해 베이징시 주민의 문화소비에 있어 더욱 질적 향상을 추구하는 소비로 진화해가고 있음을 알 수 있다. 그러나 베이징시 문화소비는 소득계층별로 각각 시기별 특징을 보이고 있다. 이에 대해서는 Ⅲ장에서 베이징시의 소득계층별 문화소비의 현황 및 추세를 자세히 알아보도록 한다.

2. 소득계층별 문화소비추세 분석

(1) 문화소비시장 규모

중국정부가 경제성장의 동력을 수출, 투자 위주에서 내수시장 확대로의 전환을 추진함에 따라 향후 중국 내수시장은 중국 경제성장의 1등 공신으로 떠오를 것으로 전망된다. 2011년 제 11차 전국인민대표대회에서 문화산업을 지주산업으로 육성키로 결의한바 있다 (홍선영, 2011.6.22: 10). 특히 경제발전과 소득수준 향상으로 도시주민의 소비구조가 질적 향상을 추구하는 방향으로 나아가고 있어 내수 확대에서 문화소비가 지대한 영향력을 미칠 것으로 예상된다.

<그림 7-3>의 중국사회과학원이 발표한 <중국 문화소비수요경기 평가보고(中国文化消費需求景气评价报告)2012>에 따르면 2010년 중국 문화소비 규모는 약 8,778.3억 위안으로 2009년에 비해 16.71% 증가하였고, 2004년부터 2010년까지 연평균 20%이상 성장하였다.

그러나 중국의 문화소비 규모는 선진국에 비해 여전히 낮은 수준이다. 중국 문화부의 최근 발표에 따르면 현재 중국의 실제 문화소비는 1억 380만 위안으로 주민소득 총지출의 6.6%에 그쳐 유럽, 미

<그림 7-3> 2000-2010년 중국 문화소비 규모 증가 추이

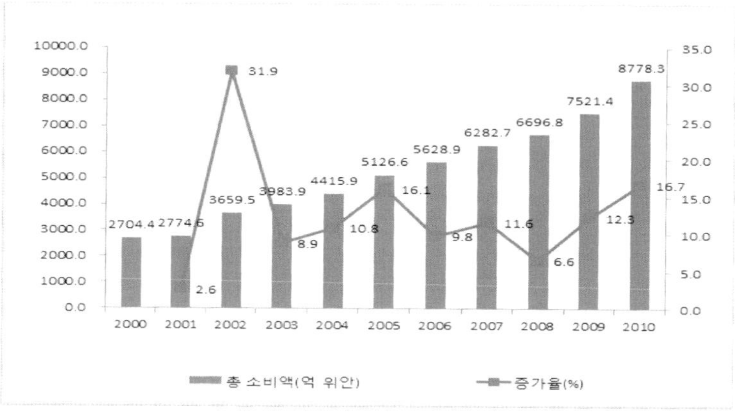

출처: 王亚南, 2012.

국 등 선진국의 30%에 비해 상당히 적은 규모의 소비가 이루어지고 있다. 구미의 문화소비가 전체 소비의 30%에 달하는 것과 비교할 때 30%라는 비율에 도달하기 위해서는 약 4조 7,000억 위안의 문화소비가 이루어져야 하는데 현재 3조 6,600억 위안의 격차가 존재하게 된다(최현진, 2014.1.23). 다시 말해 중국은 향후 약 3조 위안 이상의 문화소비시장 성장공간이 존재하는 것이므로 그만큼 시장 잠재력이 거대하다고 할 수 있다.66)

---

66) 중국인민대학 문화산업연구원 진위안푸(金元浦) 집행위원장은 베이징의 문화소비시장이 현재 전환기에 있으며 곧 폭발적인 성장을 맞이하게 될 것으로 전망한 바 있다(대한상공회의소, 2013.5.20).

(2) 문화소비 현황 및 특징

<그림 7-4> 베이징 도시주민의 소득계층별 일인당 문화소비 지출현황(2012)

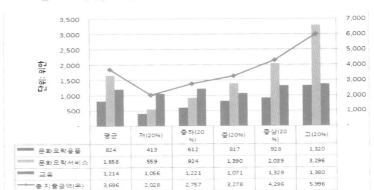

	평균	저(20%)	중하(20%)	중(20%)	중상(20%)	고(20%)
문화오락용품	824	413	612	817	928	1,320
문화오락서비스	1,658	559	924	1,390	2,039	3,296
교육	1,214	1,056	1,221	1,071	1,329	1,380
총지출금액(우)	3,696	2,028	2,757	3,278	4,296	5,996

출처: 北京市统计局, 2013: 200.

<그림 7-4>에 의하면 2012년 기준 베이징시 주민 일인당 평균 문화소비 지출금액은 3,696위안이다. 그 중 문화·오락용품, 문화·오락 서비스, 교육비의 지출금액이 각각 824위안, 1,658위안, 1,214위안으로 여행소비를 포함하고 있는 문화·오락 서비스비에 가장 많은 지출을 하고 있다. 그러나 각 소득계층별로 지출비중의 차이를 보이는데 저소득계층과 중하소득계층은 교육비가 가장 많은 지출비중을 차지하였다.

반면 중등소득계층 이상에서는 문화·오락 서비스비에 가장 많은 지출을 하고 있다. 세 항목에 있어서 소득계층별로 지출비중에 차이를 보이므로 베이징시 문화소비의 현황 및 추세를 더욱 정확히 파악하기 위해서는 소득계층별로 살펴볼 필요가 있다. 베이징시 주민의 소득수준 향상으로 인해 문화소비에 대한 욕구가 증가하고 있는데 소득계층별로 문화소비욕구에 있어서 그 정도의 차이가 존재한다.

본 절에서는 소득계층별 문화소비 특징을 도출하기 위해 저소득 계층 - 중등소득 계층 - 고소득 계층으로 구분하여 분석하였다.

<그림 7-5> 소득계층별 문화소비의 세부항목별 지출비중 추이

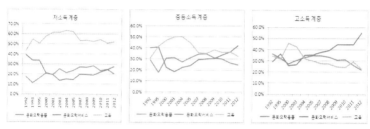

출처: 北京市统计局, 各年度.

<그림 7-5>에 의하면 중등소득계층은 2011년을 기점으로 문화·오락 서비스비가 교육비의 지출비중을 추월하기 시작하였고, 고소득계층은 2004년을 기점으로 문화·오락 서비스비가 교육비와 문화·오락 용품비를 추월하기 시작하였다. 그러나 저소득계층은 여전히 교육비가 가장 높은 지출비중을 나타내며 아직 교차시기에 이르지 않았다. 다만 2011년에 문화·오락 서비스비가 문화·오락 용품비의 지출비중을 추월하였을 뿐이다. 여행소비가 주를 이루고 있는 문화·오락 서비스의 지출비중은 고소득 계층으로 갈수록 기타 항목과의 교차시기가 이르다는 것을 알 수 있다. 즉, 고소득 계층일수록 해외여행소비에 대한 지출이 증가함을 추론할 수 있다. 王建平(2007)은 5개 도시(베이징, 상하이, 광저우, 우한, 난징)의 거주민을 대상으로 중등소득계층과 저소득계층으로 나누어 이들의 소비양식을 비교하는 연구를 진행하였다. 그의 연구결과를 살펴보면 5개 도시의 중등소득계층과 저소득계층의 여가소비양식에도 뚜렷한 차이가 나타난다. 특히 여행활동 항목에서의 평균차이가 가장 큰 것으로 나타났

다(이정훈 외, 2011: 100). 2008년에서 2013년까지 6년 동안 베이징 주민 일인당 평균 단체여행과 여가활동에 대한 소비 증가율이 각각 연평균 21.5%와 18.5%를 기록하였다(謝 維-高 琹, 2014.3.24). 이를 근거로 베이징시 주민의 소득수준이 향상될수록 더 많은 해외여행 소비를 예상할 수 있다. 그 중 문화소비에 있어 여행소비가 빠르게 증가하는 추세이다.

3. 해외여행 소비

베이징시 주민의 문화소비, 특히 여행소비를 포함하고 있는 문화·오락 서비스비에 대한 소비의 급증은 오늘날 베이징시 주민이 물질적인 소비에서 정신적 소비로 전환하였음을 증명한다. 이러한 현상은 소득수준이 높을수록 두드러지는 특징을 보이는데 베이징시 주민의 해외여행 소비추세분석을 통해 더욱 명확히 이를 알 수 있을 것이다. 해외여행은 국내여행과 달리 단순히 시간적 여유가 있다고 해서 이루어지는 것이 아니라 시간적, 정신적, 물질적인 요소들이 갖추어질 때 비로소 해외여행소비를 할 수 있는 것이기 때문이다.

(1) 중국의 여행산업

2000년대 들어와 전 세계의 관광산업이 지속적인 성장을 하게 된 가장 중요한 동력을 바로 중국이 제공하고 있다. 지난 10년 사이에 전 세계 관광의 연평균 성장률은 3.2%를 기록하였으나 중국의 성장 속도는 16.9%로 세계 평균 수준의 5배에 달하는 수준이다(中国新闻网, 2011.4.27.).

<표 7-1> 중국의 관광 수입 및 지출(2012년)

(단위: 십억 달러)

순위	국가	관광 수입	국가	관광 지출
1	미국	126.2	**중국**	**102.0**
2	스페인	55.9	독일	83.8
3	프랑스	53.7	미국	83.5
4	**중국**	**50.0**	영국	52.3
5	이탈리아	41.2	러시아	42.8
6	독일	38.1	프랑스	37.2
7	영국	36.4	캐나다	35.1
8	호주	31.5	일본	27.9
9	태국	30.0	호주	27.6
10	터키	25.6	이탈리아	26.4

주: 중국의 마카오와 홍콩을 제외한 수치임(UNWTO 기준).
출처: 김상민 외, 2014: 232 재인용).

2011년에 중국은 최고의 관광 지출국으로 부상하였다. <표 7-1>
에 의하면 2012년 한 해 동안 중국인들이 해외여행에 지출한 금액
은 1,020억 달러로 2011년에 비해 40%나 증가하였다. 또한 2012년
중국은 세계에서 네 번째로 관광수입을 많이 올린 국가이기도 하다.
중국 여행산업의 시장규모는 지속적으로 증가하고 있는데, 1996년
2,500억 위안에서 2011년 2조 2,500억 위안으로 연평균 18%의 성
장률을 보였다. 동기간 해외여행자 수가 759만 명에서 7,024만 명으
로 9.3배 증가하였다. 중국정부는 여행산업의 발전을 위해 매년 5월
19일을 '중국 여행의 날(中国旅游日)'로 정하고, 2011년에는 '중화 문
화 여행(中国文化旅游)'이라는 테마를 만들어 전국에 200개가 넘는
중국 문화 관련 여행 노선을 개발하는 등 지원을 아끼지 않고 있다
(김상만 외, 2014: 236).
또한 최근 중국에서는 자유여행에 대한 수요가 급증하고 있다. 자

유여행 시장이 성장하게 된 원인은 첫째, 2006년 이후 홍콩·마카오로 자유여행을 갈 수 있는 중국관광객의 범위 확대이다. 중국정부는 2007년 우한(武汉), 스좌좡(石家庄), 정저우(郑州), 창춘(长春), 허페이(合肥) 등 5개 지역 주민들에게 홍콩·마카오 자유여행을 추가 개방하였으며, 현재 홍콩·마카오 여행의 과반수가 자유여행을 선택하고 있고 그 비중은 점차 확대되고 있는 추세이다.

둘째, 각국 정부의 적극적인 중국인 비자면제 및 완화 정책으로 아웃바운드관련 수속이 간소화됨에 따라 자유여행이 중국인들에게 호응을 받고 있다. 특히, 싱가포르·태국·인도네시아 등과 같은 국가들은 중국관광객에 대한 개인 관광비자를 발급하고 있으며, 말레이시아와 같은 일부 국가에서는 간단하게 비자를 발급하고 있어 자유여행에 대한 중국인들의 선호도가 증가하고 있다.

셋째, 자유여행에 대한 수요가 증가했다는 점이다. 일부 충분한 경제력, 외국어 능력 등의 개인역량 증대와 해외관광지에 대한 정보획득 경로가 확대됨에 따라 자유여행에 대한 욕구가 상승하였다. 그 밖에 저가항공이 보급되고 여행관련서비스의 온라인예약이 활성화되는 등 다양한 원인들로 인해 중국인의 개발관광과 자유여행시장은 날로 확대될 것이며 근거리목적지 뿐만 아니라 원거리목적지도 확장될 것으로 예상된다(정기은, 2010: 484-485).

2013년 4월 25일, 제 12기 전국인민대표대회 제2차 회의에서 ≪중화인민공화국 여유법(中华人民共和国旅游法)≫이 통과되었는데 저가 패키지 상품을 규제하고 사전에 공지되지 않은 단체쇼핑과 옵션관광을 제한하는 내용이 포함되어 있다. 그로인해 여행사들은 쇼핑과 식당을 통한 수수료로 이윤을 남길 수 없어 해외 여행상품 가격이 큰 폭으로 상승했으며, 개정된 여유법의 영향으로 2013년 국경절

연휴 기간 홍콩을 찾는 중국 관광객이 2012년 대비 30%가 감소하였다(KOTRA, 2014: 15).

이번 여유법 시행으로 해외여행 상품 가격이 큰 폭으로 상승하여 관광객 수는 감소하였으나 고소득계층일수록 그 영향은 적을 것이다. 이는 또 이전의 단체여행 중심에서 개인 자유여행 중심으로 전환하는 계기가 되었다.

(2) 중국 여행산업의 발전 배경

최근 중국 관광시장의 발전을 가져온 혁신적인 변화로는 고도 경제성장, 교통여건 개선 및 자가용 승용차의 증가, 그리고 주 5일 근무제 도입과 유급휴가제에 따른 여가시간 확대[67] 등을 들 수 있다(장병권, 2011: 48). 이러한 요인들과 중국인의 소득증가와 맞물려 중국 내 관광객 수는 2009년 19억 명을 기록하였으며, 2015년에는 그 규모가 33억 명으로 증가될 전망이다.

중국정부는 2015년까지 관광객 시장 규모를 국내 관광객 수는 33억 명으로 증가시켜 매년 평균10%의 증가율을 유지하며 아웃바운드 관광객을 8,300만 명으로 늘리고 연 평균 증가율을 9%로 정했는데(최철호, 2010: 61), 아웃바운드 관광객 수는 2012년에 이미 목표치를 추월하여 8,318만 2,000명을 기록하였다.[68] 중국정부의 관광정책, 특히 아웃바운드 관광정책의 발전이 중국의 여행산업 발전배경이 되고 있다.

---

67) 중국은 1995년 5월부터 주 5일제가 실시되었고, 1999년에는 "5.1(노동절)", "10.1(국경절)", "춘절"의 세 가지 장기연휴가 추가되었다.

68) 세계관광조직은 2020년 중국은 프랑스, 미국 등 관광대국을 제치고 관광 종합 경쟁력에서 세계 1위가 될 것이라 전망했다. 즉, 현재 외국인 관광객 수 세계 4위, 관광외화수입 세계 5위에서 1위로 도약하게 된다는 것이다(최철호, 2010.10: 61).

<표 7-2> 중국 아웃바운드 관광정책의 단계와 주요 특징(종합)

단계	시기	전환요인	정책의 주요 특징
탐색적 발전단계	1984~ 1989년	홍콩여행 허용 (1983년)	• 해외여행의 단계적 허용(홍콩 및 마카오 친지방문) • 중국 주변국으로의 변경여행 허용(북한 신의주) • 국가경제사회발전계획에 관광정책지표가 반영됨
초보적 발전단계	1990~ 1996년	관련여행 허용 (1990년)	• 중국인 아웃바운드 여행범위의 광역화(동남아 지역) • 공비 해외여행 통제로 자비 해외여행의 증가추세 • 해외여행의 품질보증제도 실시 • 관광관련 최초 행정법률인 여행사관리조항 제정
규범적 발전단계	1997~ 2000년	자비여행 허용 (1997년)	• 국가차원에서 자비 아웃바운드 관광의 정식 허용 • 아웃바운드 관광목적지 제도(ADS)도입 • 중국 주변국 변경관광의 조건 완화 • 범 정부차원에서 아웃바운드 관광시장 관리 강화
쾌속적 발전단계	2010년 이후	세계무역 기구 가입 (2001년)	• 세계무역기구 가입 계기로 관광관련 법규 개선 • 아웃바운드 관광객의 합법적 권익보호 강화 • 아웃바운드 관광통계의 체계화 도모 • 해외여행 정책규제(분배관리, 심사증명)완화 • 중국 아웃바운드 관광객의 위기관리방안 강구 • 아웃바운드 담당 여행사의 책임보험제 도입

출처: 장병권. 2010: 34.

중국의 아웃바운드 관광정책은 크게 네 단계로 구분 할 수 있다.
<표 7-2>에 의하면 1983년 홍콩여행 허용을 계기로 단계적으로 해
외여행이 추진되고 있다. 1990년에는 최초로 관광관련 행정법규인
『여행사관리조례』를 제정하여 1997년에 중국인의 해외관광업무를
정식으로 개시하였다.[69] 이후 2001년 세계무역기구(WTO)가입을
계기로 다양한 아웃바운드 관광정책이 추진되고 있다. 1997년 말 기
준 정식으로 해외관광 목적지로 개방된 나라는 태국, 싱가포르, 말
레이시아, 필리핀 4개 국가와 홍콩, 마카오 2개 특별행정구 뿐이었

---

69) 1997년 7월 1일, 국가여유국과 공안부(公安部)가 공동으로 제정하고 국무원 비준을 받은, '중국 국
민 자비 출국관광 관리 잠행판법(中國公民自費出國旅遊管理暫行辦法)'이 발표되어 시행됨에 따라,
중국인의 자비 해외관광이 정식으로 시작되는 계기가 마련되었다. 이를 계기로, 더 이상 친지방문
이라는 명분으로 해외관광을 하지 않아도 되게 되었다(이현주, 2010: 31).

다. 그러나 2008년 말에 이르러 중국인의 출국이 가능한 국가와 지구는 137개로 늘어났고, 그 중 정식으로 단체여행객의 해외여행목적지 국가와 지구는 99개로 늘어났다. 이로써 전 세계 대부분의 국가로의 여행을 목적으로 출국이 가능해짐으로써 중국은 세계에서 가장 중요한 관광객 송출국 중 하나로 자리매김하게 되었다(이현주, 2010: 22).

중국 아웃바운드 시장 발전의 급성장 원인으로는 첫째, 중국 경제의 지속적이고 빠른 발전을 들 수 있는데, 실제로 2008년 세계적인 경제 불황 속에서 중국경제는 여전히 9% 성장을 유지하고 있다. 둘째, 위안화 가치상승의 영향을 들 수 있으며, 지난 몇 년 간 위안화는 미국 달러대비 20%이상 가치상승하여, 아웃바운드 발전을 크게 자극하는 요소가 되기도 하였다(이현주, 2010: 21).

(3) 해외여행 소비

여행소비에 영향을 주는 요인으로는 주민 가처분소득의 변화가 가장 중요한 작용을 한다. 소득수준은 소비수준을 결정하고 소비결

<그림 7-6> 중국인의 해외여행

출처: http://www.baidu.com/

정에 대한 만족정도에 따라 소비구조의 변화를 가져온다. 여행소비
와 주민소득 간에는 상관관계가 존재하는데 소득수준이 향상되면
여행소비는 큰 폭으로 증가한다(姚丽芬 外, 2010: 92).

2010년 중국의 일인당 GDP가 4,300달러에 달했을 때 관광 여행
이 주를 이루는 중국의 문화소비는 뚜렷한 성장을 보이기 시작하였
다. 2011년 중국 일인당 GDP가 5,400달러에 달했을 때 문화상품의
소비는 폭발적인 증가세를 보이기 시작했다.[70] 소득수준이 높을수
록 향유형 소비항목의 지출비중이 증가하며 특히, 문화소비에 대한
지출이 증가하는데 그 중 해외여행의 급증이 두드러진 특징이다.

<그림 7-7>에 의하면 중국 전체 아웃바운드 관광객 수는 1995년
713만 9,000명에서 2012년 8,318만 2,000명으로 11.7배 증가한 반
면 베이징시의 아웃바운드 관광객 수는 동기간 1만 2,000명에서
272만 5,000명으로 무려 227배 증가하였다. 2012년 기준 베이징의
해외여행자 중 28만 4,000명이 한국으로 출국하여 전체 해외여행자
수의 10.4%의 높은 비중을 차지하였다(國家統計局, 2013). 우리나라

<그림 7-7> 베이징시 아웃바운드 관광객 수 성장 추이 및 출국국가 현황

주 : 베이징 주민의 해외출국 대상국에는 홍콩, 마카오, 대만이 포함된 수치임.
출처: 北京市统计局, 2013: 379.

---

70) 중국소비추세예측보고(中国消费趋势前瞻报告)에서 2013년 10대 소비 추세에 '문화소비'가 포함된
   것이 유명한 사례이다. 베이징의 경우 2012년 1~3분기 일인당 문화소비액은 1,204위안에 달했으
   며 평균 25%의 증가율을 보였다.(최현진, 2014.1.23).

는 홍콩을 제외하고 태국에 이어 베이징 주민 제 2의 최다여행지가 되었다.

그러나 꾸준히 증가하던 베이징시의 아웃바운드 관광객수가 2009년에 일시적으로 감소하는 현상이 나타났다. 2008년 베이징시 해외여행자 수가 102만 명에서 2009년 84만 9,000명으로 감소한 원인으로는 2008년 글로벌 금융위기로 인한 소비심리 위축과 특히 2009년 신종플루의 유행으로 여행소비심리가 위축되었기 때문이다. 그러나 2010년부터 다시 큰 폭으로 상승해 2012년에는 전년대비 13.2% 증가한 272만 5천 명을 기록하였다.

최근 중국의 인터넷 보급률 증가로 인해 온라인상에서 여행상품권을 구매하는 소비자들이 증가하고 있다. 베이징시 인터넷 보급률은 2011년에 69.4%로 같은 해 전국 인터넷 보급률 38.3%를 훨씬 추월하였다(黃海, 2011.2.06; 中国国家统计局, 2012). 이는 베이징시민의 문화·오락용품 보유에 따른 인터넷 이용료 및 이를 통한 전자상거래가 기타 도시에 비해 더 용이한 환경을 제공해 주는 것이다. 실제로 2010년 1월 10일까지 베이징시 전자상거래 총 교역액이 약 3,000억 위안에 달해 전년 동기대비 25%가 증가(김성자·이중희, 2014: 318)하며 빠른 증가세를 보이고 있다. 이러한 배경으로 인해 온라인 여행사[71]의 증가와 여행상품이 더욱 다양해지고 있다.

온라인 여행사의 빠른 발전으로 인해 중국의 여행행태 역시 크게

---

71) 중국의 온라인 여행사는 크게 두 부류로 구분되는데, 하나는 직접적인 여행 서비스를 제공하는 형태이고, 다른 하나는 간접적인 서비스만을 제공하는 형태이다. 전자는 다시 전문 온라인 여행사와 기존 여행사의 온라인서비스 사업 부문으로 나뉜다. 중국 온라인 여행사의 두 번째 부류인 간접 서비스 제공사들은 자체적인 여행 서비스는 제공하지 않고 단지 다른 여행사들에게 거래 플랫폼을 제공하는 형태로 운영된다. 대표적인 간접 서비스 제공사인 '취나'(Qunar)는 자사 홈페이지에서 항공권, 호텔, 기차표, 여행상품 등의 검색, 가격 비교 등을 위한 데이터를 올려놓을 뿐이다. 즉, 취나는 개별 여행사의 상품들을 수집해서 제공하는 역할만을 할 뿐 실제 거래에는 관여하지 않는다(김상민 외, 2014: 237).

변화하고 있다. 단체여행에서, 개인자유여행으로 그 모습이 변화하고 있는 것인데 온라인 여행사를 통한 개인 자유여행은 국내 뿐 아니라 해외여행에서도 하나의 트렌드가 되고 있다(김상민 외, 2014: 237).

<그림 7-8> 온라인 여행상품 구매

출처: http://www.baidu.com/

중국 도시민의 여가소비양식에는 계층별로 차이가 존재하는데, 王建平(2007)의 연구에서도 베이징시의 저소득계층과 중등소득계층간의 여가활동에 있어서 해외여행이 가장 큰 격차를 보이고 있음을 밝히고 있다. 따라서 중등소득계층은 여가선택에 있어서 저소득계층보다 여가선택의 폭이 넓고 자유로우며, 중등소득계층의 여가에 대한 욕구와 이상이 더 높다는 것을 확인할 수 있다. 특히 여행경험에 있어서 중등소득계층이 저소득계층보다 홍콩·마카오·대만, 해외지역의 여행경험이 훨씬 더 많은 것으로 나타났다.

4. 소결

1978년 개혁·개방 이래 중국의 경제는 연평균 9.8%대의 고속성장을 유지해 오는 동안 중국인들의 소득수준 또한 빠른 속도로 증가해오고 있다. 특히 오늘날 중국 최고 소매시장으로 부상한 베이징시의 소비구조는 물질적 소비위주에서 정신적 소비위주로 전환하여 왔다. 문화소비는 정신적 소비의 상징이라 할 수 있는데 중국인들의 문화소비는 빠른 속도로 증가하는 추세이다.

중국인들의 문화소비행태를 더욱 정확하게 파악하기 위해서는 지역별, 소득계층별로 살펴볼 필요가 있다. 본 논문에서는 베이징시의 소득계층별 문화소비의 지출비중에 있어서 특징과 추세를 파악하였다. 특히 2000년 이후 문화소비 중 가장 큰 증가를 보이고 있는 아웃바운드 여행소비의 현황을 중심으로 살펴보았다.

중국의 문화소비는 선진국에 비해 여전히 낮은 수준이다. 현재 중국의 문화소비는 1억 380만 위안으로 주민소득 총지출의 6.6%에 그쳐 유럽, 미국 등 선진국의 30%에 비해 상당히 적은 규모의 소비가 이루어지고 있다. 그러나 이는 향후 중국 문화소비시장의 성장공간이 존재하는 것이므로 그만큼 시장 잠재력이 거대하다는 반증이기도 하다. 실제로 베이징시는 주민의 학력과 소득수준 향상으로 인해 문화소비에 대한 욕구가 증가하고 있다. 그러나 소득수준이 문화소비에 있어서 결정적인 요인으로 작용하기 때문에 소득계층별 문화소비의 격차가 존재한다.

문화소비 내 세부항목에서 고소득계층은 2004년, 중등소득계층은 2011년을 기점으로 문화소비의 교차시기를 맞는데, 여행소비가 주를 이루는 문화·오락 서비스비의 지출비중이 기타항목을 추월하여 가장 많은 지출비중을 차지하였다. 반면 저소득계층은 여전히 교육비가 가장 높은 지출비중을 나타내며 아직 교차시기에 이르지 않았다. 즉, 고소득계층 일수록 해외여행소비에 대한 지출이 증가함을 추론할 수 있다.

또한 중국정부의 관광정책, 특히 아웃바운드 관광정책의 발전과 주 5일 근무제 도입과 유급휴가제에 따른 여가시간 확대는 소득수준 향상과 맞물려 베이징시 주민의 해외여행소비 급증을 야기 시켰다. 또한 인터넷 보급률 증가로 전자상거래가 용이해지면서 온라인 여행사가 급증하였고, 이는 또 온라인 여행상품 구매 증가로 확대되었다. 베이징시의 아웃바운드 관광객 수는 1995년 1만 2,000명에서 2012년 272만 5,000명으로 22.7배 증가하였는데 이는 동기간 중국 전체 아웃바운드 관광객 수 증가 11.7배에 비해 약 2배 빠른 증가이다. 베이징시의 여가활동, 특히 해외여행에 있어서 소득계층 간에 큰 차이를 보인다.

최근 중국 여유법 시행으로 인해 향후 단체여행 보다는 개인자유여행 위주로, 저가의 여행상품 보다는 고가의 고급여행상품 위주로 소비가 이루어 질 것으로 예상된다. 그리고 베이징시는 해외여행을 포함하고 있는 문화소비에 있어서 지역별, 소득계층별 격차를 보이고 있다. 그러므로 우리나라 관련업계의 중국관광객 유치에 있어서 소비자들의 소비행태를 정확히 파악하여 소득계층별 차별화 된 전략으로 접근해야 할 것이다. 또한, 중국인들의 소득수준 향상으로 인해 질적인 소비수요가 증가하면서 소비자들의 니즈(needs)를 정확히 파악하여 여행상품개발의 다양화를 모색해야 할 것이다.

제8장 문화소비에 대한 소비행위 변화
; 베이징시 주민 대상 심층면담을 중심으로[72]

1. 들어가며

중국인들의 소득수준 향상은 소비에 대한 질적인 변화를 가져왔다. 예컨대 개혁·개방이 시작된 해인 1978년 중국 도시주민 일인당 평균 가처분소득이 343.4위안 이었을 때, 도시주민 일인당 엥겔계수는 57.5%로 소득의 절반 이상을 식품비로 소비하였다. 그러나 2014년 중국 도시주민 일인당 가처분소득은 29,381.0위안이며 엥겔계수는 35.0%[73]로 1978년에 비해 식품비의 지출이 22.5%p 감소하였다. 소득수준이 향상되면서 과거 의·식·주와 관련된 생계형 소비위주에서 삶의 질을 고려한 향유형 소비위주로 빠르게 전환하여 온 것이다. 이러한 현상은 발전정도가 큰 대도시일수록 더욱 두드러진다. 베이징시의 경우 1978년 도시주민 일인당 평균 가처분 소득과 엥겔계수는 각각 450.2위안과 58.7%로 베이징시의 엥겔계수가 오히려 중국 도시평균보다 1.2%p 높은 지출비중을 보였다. 그러나 2014년 기준 베이징시의 도시주민 일인당 평균 가처분 소득과 엥겔계수는 각각 49,730.0위안과 30.8%(北京市统计局, 2015: 208)로 식품비에 대한 지출이 무려 27.9%p 감소하였다.

---

72) 이 부분은 이중희·김성자(2016)를 수정·보완한 것이다.

73) 중국 국가통계국에서 매년 『中国统计年鉴』을 출판하여 통계수치를 공개하고 있다. 그러나 2015년도에 발행한 『中国统计年鉴』에는 2014년도 중국 도시주민 일인당 엥겔계수를 공개하지 않아 2013년도 수치임을 밝힌다(国家统计局, 『中国统计年鉴』, 北京: 中国统计出版社, 2015).

최근 중국은 신형도시화 건설과 4종4횡 고속철도 건설 등 중국정부 주도의 발전계획들을 추진하면서 균형발전을 꾀하고 있다. 그럼에도 불구하고 여전히 도시마다 중국인들의 소득과 소비수준의 격차는 크게 존재한다. 2014년 중국에서 일인당 평균 GRDP가 가장 낮은 도시는 깐수(甘肅)성으로 26,433위안인 반면 가장 높은 도시는 톈진(天津)시로 105,231위안(国家统计局, 2015: 3-10 人均地区生产总值和指数)을 기록하였다. 두 도시간의 일인당 평균 GRDP격차는 무려 4배에 달했다. 각 지역마다 소득수준 뿐 아니라 지리적 환경, 문화적 환경, 민족 등이 다르기 때문에 중국인들의 문화소비를 연구함에 있어서 지역별 연구를 통해서 더욱 정확한 분석이 가능하다.

중국전체의 경우 2015년 기준 경제성장에 대한 소비의 공헌율은 66.4%에 불과했다(HKTDC, 2016.06.28). 그에 반해 베이징시는 이미 2006년에 소비가 베이징 경제성장 공헌율 60%를 차지하였고 2016년 상반기에는 73.4%를 기록하였다. 이는 선진국의 소비가 경제에 미치는 공헌율 80％에 근접한 수준임을 감안할 때 소비는 베이징 경제의 제일가는 성장동력이 되고 있음을 알 수 있다(김성자·이중희, 2014: 305; 冯其予, 2016.10.10).

2015년 기준 베이징 도시주민 일인당 평균 소비지출은 36,642위안으로 전년대비 8.7% 증가하였다. 소비구조 8가지 가운데 향유형 항목인 교통통신비, 교육·문화오락비(문화소비), 의료·보건비의 일인당 지출금액은 각각 4,860위안, 4,028위안, 2,370위안이다. 이는 전년대비 각각 26.0%, 11.5%. 15.9% 증가한 금액이다(中国青年网, 2016.01.21). 생존형 소비항목이 한 자리 수 증가를 보인 반면 향유형 소비항목의 지출증가는 큰 편인데 그 중 문화소비는 세 번째로 큰 증가폭을 보였다. 실제로 올해 상반기 베이징시가 실현한 시장소비 총액은 8,994억 6,000만 위안으로 전년 동기대비 7.2% 증가하였다. 그 중, 문화소비가 포함된 서비스성 소비금액은 4,018억 3,000만 위안으로 11.8% 증가하여 서비스성 소비가 베이징 시장소비 총액 중 44.7%의 비중을 차지하였다(陈雪柠, 2016.10.11).

이렇게 중국인들의 문화소비가 빠르게 증가하고 있어 최근 몇 년 사이 중국의 문화소비에 대한 연구가 활발히 이루어지고 있다. 특히 중국은 지역별 소득・소비의 격차가 크기 때문에 2005년 이후 지역별 문화소비에 대해 연구가 활발히 진행되고 있다. 최근에는 동부 연해지역 중심으로 이루어지던 연구가 내륙지역으로 확산되는 추세이다.

각 지역별 문화소비에 대한 연구가 대거 진행됨에도 불구하고 중국 문화소비의 대표적인 도시인 베이징시의 문화소비에 대한 연구가 많지 않다. 베이징시와 허베이성(河北省)의 문화소비에 대한 연구는 크게 두 가지로 나눌 수 있다. 첫째, 문화소비 추세에 관한 연구이다(贾玉娥 外, 2011; 郭俊华, 2013; 戎素云・闫韡, 2013; 김성자・이중희, 2014). 둘째, 문화소비와 문화산업과의 발전관계에 관한 연구이다(孟固, 2001; 沈晓平・王曦, 2012; 孟亚明 外, 2014; 吴惠貞・金星子, 2014).

그 외에도 문화소비가 지역경제성장에 미치는 영향에 대한 연구(方圆, 2011)와 최근 몇 년 사이 높은 인터넷 보급률이 배경이 된 인터넷문화소비에 관한 연구(刘敏, 2016)도 시작되었다. 이들은 대부분 중국 국가통계국에서 발표하는 통계데이터를 바탕으로 연구가 진행되었다. 그러나 통계데이터상의 소득・소비 금액은 실제 소득・소비액과 차이를 보인다. 예컨대 통계연감의 데이터에 의하면 2014년 베이징시 도시가정 일인당 평균 총 소득은 49,730.0위안(北京市统计局,

2015: 208)이었다. 그러나 베이징시 통계국에서 발표한 2014년 한 해 동안의 일인당 평균 임금은 77,560위안(市地宝, 2015.06.12.)으로 통계연감의 수치보다 약 1.6배 많은 금액이다. 이는 5,000가구를 대상으로 가구당 총 소득의 일인당 평균치가 적용되었기 때문이다. 그렇기 때문에 실질적으로 도시가구 일인당 평균 소득과 소비금액은 통계데이터 보다 더 높을 것이라 예상 할 수 있다.

본 연구에서는 문화적 자산을 충분히 보유하고 있으며 문화예술 산업이 활성화되어 있는 중국을 대표하는 베이징시[74] 도시주민의 문화소비 특징 및 소비행위 변화를 분석한다. 먼저 통계데이터의 시계열 분석을 통해 문화소비의 현황 및 특징을 파악한다. 그러나 통계데이터와 실제 중국인들의 문화소비규모의 차이가 존재함으로 베이징시 후커우(戸口) 소지자이거나 베이징시에 10년 이상 거주하고 있는 중국인을 대상으로 심층면담을 실시하여 비교분석한다. 심층면담은 2016년 6월 15일~6월 18일 동안 중국 베이징 현지를 방문하여 실시하였다. 더욱 정확한 분석을 위해 설문지 뿐 아니라 녹음기를 이용하여 녹취한 후 면담내용을 면밀히 분석하였다. 먼저 베이징 도시주민의 문화소비 현황 및 특징을 살펴본 후, 문화소비에 있어서 가장 큰 지출 비중을 차지하는 문화·오락서비스비에 대해 분석한다. 이를 통해 현재 중국인들의 문화소비의 특징과 소비행위 변화를 분석하고 향후 중국인들의 문화소비 추세를 예측할 수 있을 것이다.

---

74) 2014년 기준 베이징 도시주민 일인당 문화소비지출이 3,610.9위안으로 중국에서 문화소비가 가장 왕성한 도시이다(国家统计局, 2015: 6-24 城镇居民分地区人均消费支出(2014年)). 그러므로 중국의 문화소비도시로 대표성을 지니는 베이징시를 연구범위로 설정하는 것이 가장 적합하다고 판단된다.

2. 문화소비의 현황

(1) 문화소비지수[75] 증가

문화소비의 개념을 명확하게 정의하기란 상당히 어렵다. 인류가 시작되면서부터 문화는 시작되었다고 해도 과언이 아니다. 학자들마다, 시기와 관점에 따라 문화소비의 개념은 상당한 차이가 있다. 국내에서는 이정화(2015)[76]가 문화소비에 대한 기초적인 연구를 하였을 뿐이다. 이정화(2015)는 문화소비를 '필수소비를 제외한 소비'로 정의하여 문화소비 개념의 폭이 넓다. 그에 반해 중국은 문화소비에 대해 비교적 구체적이고 상세하게 정의를 내렸다. 중국 최대 검색엔진인 바이두(百度)에서는 문화소비를 '문화상품이나 서비스를 사용하는 사람들의 정신적 욕구를 만족시켜주는 소비의 일종으로 교육, 문화·오락, 체육건강, 관광·여행 등을 포함한다.'(百度百科, 검색일: 2016.10.08)라고 정의하고 있다. 대다수의 중국내 연구자들이 문화소비에 대해 내린 정의는 상기의 범위를 벗어나지 않는다.

2008년 베이징 올림픽을 성공적으로 개최한 이후 중국인들의 문화소비량은 빠르게 증가해 오고 있다. 2008년 중국인의 문화소비 총 지출 금액은 6,735억 위안으로 5.4%의 증가율을 보였던 것이 2012년 기준 1조 1,502억 위안으로 증가하여 15.7%의 증가율(中国社会科

---

75) 최근 중국에서 문화소비와 관련된 '문화소비지수'의 개념이 제기되었다. '문화소비지수'는 국가의 문화발전수준을 정량화하고, 계량분석한 것으로 중국인민대학 문화산업연구소에서 발표한 '중국문화소비지수표체계(中国文化消费指数指标体系)'가 바로 그것이다. 이 지표는 문화소비환경, 문화소비의욕, 문화소비능력, 문화소비수준, 문화소비만족도 등의 5개 방면을 포함한다. '문화소비지수'는 국민 총 소비에서 차지하는 문화소비 비중으로, 문화소비지수가 높을수록 문화소비가 총 소비에서 차지하는 비중이 증가하게 된다(吳惠貞·金星子, 2014: 163).

76) 이정화, 『문화소비』, 커뮤니케이션북스, 2015.

学院文化研究中心, 2014: 4-5)을 나타냈다.

<그림 8-1> 중국 문화소비지수의 변화(2013년~2015년)

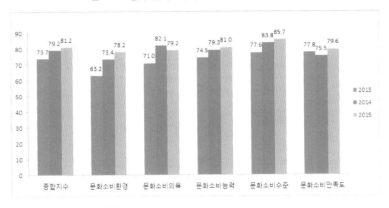

출처: 佚名, 2015.02.16; 中国网, 2015.11.01.

<그림 8-1>에 의하면 2014년의 중국 문화소비는 전반적으로 향상
되었음을 알 수 있다. 그 중 문화소비환경, 문화소비의욕, 문화소비
수준 지수가 각각 73.4, 82.1, 83.8로 전년대비 각각 16.3%, 15.6%,
8.0%의 증가율을 보였다. 그러나 문화소비만족도 지수는 -3.0%의
감소율을 보였는데, 이는 중국인들의 문화상품에 대한 질적인 욕구
가 더욱 높아졌음을 의미한다. 2015년 기준 중국 문화소비의 종합지
수는 81.2로 3년 사이 7.5가 상승하여 평균 성장률 5%를 기록하였
다. 이는 문화소비환경의 개선77)과 무관하지 않다. 2015년 문화소비
환경지수는 78.2로 3년 사이 무려 15가 상승하여 평균 성장률이 약

---

77) 문화소비환경에 속하는 문화창의산업(文化创意产业)이 최근 빠르게 발전하고 있다. 2014년 베이징
   문화창의산업의 초보단계로 2,794억 3,000만 위안을 실현하여 베이징시 GDP의 13.1%의 비중을
   차지하여 역사상 최고치를 기록하였다. 2015년 상반기 베이징시 문화창의산업의 증가는 베이징시
   GDP에서 13%의 비중에 이르렀고, 도시주민 일인당 문화소비 지출은 전년 동기대비 13% 증가하
   였다(温源, 2015.09.10).

11.3%로 가장 빠른 증가속도를 보였다. 이와 함께 문화소비능력과 문화소비수준의 향상으로 2014년 문화소비만족도가 전년대비 다소 감소하였던 것이 2015년에는 79.6으로 전년대비 4.1상승하였다.

2013년 중국 인민대학교와 문화부 문화산업사(文化产业司)가 공동으로 발표한 자료에 의하면 종합지수의 상위 10개 성시(省市)는 상하이(上海), 베이징(北京), 톈진(天津), 광동(广东), 장쑤(江苏), 산동(山东), 산시(山西), 쩌장(浙江), 쓰촨(四川), 충칭(重庆) 순이었다. 1위인 상하이의 문화소비 종합지수는 86.0, 2위와 3위인 베이징과 톈진은 각각 84.5와 80.5를 기록하였다(苏丹, 2013.12.07). 그러나 2014년 기준 중국 문화소비지수 중 베이징은 종합지수, 문화소비의욕, 문화소비능력지수가 각각 85.6, 91.9, 94.8으로 전국 1위를 차지하였다. 문화소비수준지수는 92.1로 2위를 차지하였다(佚名, 2015.02.16).

2014년 중국 각 지역별 도시주민의 문화소비 지출액이 가장 많은 도시가 베이징으로 일인당 3,610.9위안을 문화소비에 지출하였다. 문화소비지수가 증가한다는 것은 베이징시 총 소비에서 문화소비가 차지하는 비중이 그 만큼 증가한다는 의미이다. 베이징시 주민들의 소비에 있어서 문화소비에 대한 지출비중이 증가하고 있음을 알 수 있다.

(2) 베이징시의 문화소비 현황

세계적인 평균을 볼 때, 한 국가의 일인당 GDP가 3,000달러에 달했을 때 주민 소비가 물질적 소비 위주에서 정신적 문화소비로 넘어가는 과도기에 진입하게 되고, 5,000달러가 넘으면 문화소비 수요가 가장 왕성해지는 시기이다. 앞의 기준을 베이징시에 적용해보면

2005년에 일인당 GDP가 5,615달러였다. 그러므로 2005년부터 베이징의 문화소비가 활발히 이루어지기 시작하였음을 알 수 있다(김성자·이중희, 2014: 115).

아래 <그림 8-2>에 의하면 실제로 베이징시 도시주민 일인당 문화소비 지출금액이 2005년 이후 뚜렷한 증가를 보이기 시작하였다. 2005년의 베이징시 도시주민 문화소비 지출금액은 2,186.6위안으로 전년대비 70.3%의 증가율을 보인 이후 꾸준히 증가해 오고 있다. 관광여행이 주를 이루는 문화소비는 소득계층을 막론하고 국내 및 해외여행 소비가 왕성하게 이루어지고 있다. 본 절에서는 베이징 도시주민의 문화소비 현황 및 특징을 알아보고 문화소비에 있어서 가장 큰 비중을 차지하는 문화·오락서비스소비에 대해 분석한다. 그 중 가장 큰 지출비중을 차지하는 여행소비에 대해 살펴본다.

<그림 8-2> 베이징 도시주민 일인당 문화소비 지출금액과 지출비중 추이

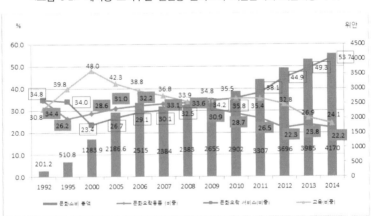

출처: 北京市统计局, 各年度.

<그림 8-2>에 의하면 1992년 베이징 도시주민의 일인당 문화소비 지출금액은 201.2위안에 불과하였으나 2014년 기준 4,170위안으로 약 20.7배 증가하였다. 베이징 도시주민의 소득수준 향상은 문화소비의 증가로 연결되어 전체적인 삶의 질을 향상시키고 있다. 그러나 2014년 기준 베이징시 주민의 문화소비 지출이 전체 가구소비에서 차지하는 비중은 여전히 14.9%에 불과하다.[78] 이는 선진국 문화소비의 가구소비 대비비중이 평균 30%이상(赵磊, 2015: 56)임을 볼 때 여전히 낮은 지출비중이다. 30% 수준으로 끌어올리려면 약 1,378억 위안의 소비가 더 필요하다(李洋, 2015.8.6.). 바꾸어 말하면 그만큼 중국 문화소비가 더욱 증가할 수 있는 잠재력이 크다고 해석할 수 있다.

문화소비를 크게 문화오락용품비, 문화오락서비스비, 교육비로 구분할 수 있다. 2008년 베이징 올림픽을 기점으로 문화소비구조의 변화가 시작되었다. 소득증가에 따라 문화소비지출이 증가하면서 문화오락서비스비에 대한 지출비중이 급격하게 증가하였다. <그림 8-2>에 의하면 2008년에서 2014년 사이 문화오락서비스비에 대한 지출비중이 32.5%에서 53.7%로 무려 21.2%p 증가하였다. 반면 교육비의 지출비중은 동기간 33.9%에서 24.1%로 9.8%p 감소하였다. 이는 평균적으로 가구소득이 증가하면 교육에 대한 지출이 가장 많이 늘어나는 것에 반하는 결과이다.[79]

교육비의 경우 2012년을 기점으로 지출비중이 급격히 감소하였다. 2012년에서 2014년 사이 교육비의 지출비중이 32.8%에서

---

78) 중국 전체평균 문화소비가 가정소비에서 차지하는 비중은 약 10.6%이다(关逸民, 2015.12.09).

79) 우리나라의 경우 가구에서 소득이 증가 했을 때 교육비의 지출이 가장 크게 늘어나고 다음은 보건비, 문화·오락비, 식품비 순으로 늘어났다(통계청, 『가계동향조사』, http://kosis.kr/).

24.1%로 감소하여 3년 사이 8.7%p 감소하였다. 2014년 기준 문화소비에 있어서 여행소비가 주를 이루는 문화오락서비스비는 베이징 도시주민 일인당 지출비중이 53.7%로 가장 높은 만큼 여행은 중국인들의 일반적인 여가생활이 되었다.

중국의 국내여행자 수는 매년 빠르게 증가하고 있다. 1994년에서 2015년 사이 국내여행자 수는 5억 2,400만 명에서 40억 명으로 늘어나 9.4배 증가하였다. 그 중 도시주민 여행자 수는 동기간 2억 500만 명에서 28억 200만 명으로 증가하여 무려 13.7배 증가하였다. 2015년 기준 중국인들이 국내여행에 지출한 총 금액은 3조 4,195억 1,000만 위안이다. 그 중 도시주민이 사용한 국내여행 비용은 2조 7,610억 9,000만 위안으로 전체 금액에서 80.8%의 비중을 차지한다. 도시주민 일인당 평균 지출금액은 985.5위안이다(中国人民共和国国家统计局, 2016: 142).

인터넷 재산 관리 플랫폼 와차이(挖财)와 아리뤼요우(阿里旅游)가 발표한 ≪여행자소비데이터보고(旅行消费数据报告)≫(이하 ≪보고≫)에 의하면 최근 1년 동안 중국인들이 여행경비로 일인당 평균 9,498위안을 지출하였다. 이는 국가통계국의 통계데이터와 비교해 봤을 때, 2015년 주민 일인당 평균 월가처분 소득의 5.2배에 달하는 금액이다. ≪보고≫에 따르면 베이징 여행자 중 부호들이 비교적 많으며 일인당 평균 지출금액이 중국 전체에서 가장 많은 도시이다(姜樊, 2016.10.11). 소득수준이 높은 계층일수록 여행소비, 특히 해외여행소비가 더 많을 것으로 예상된다.

다음 <그림 8-3>은 베이징시 아웃바운드 관광객 수의 성장추이와 베이징시 주민의 해외여행 출국국가의 현황을 나타낸 그림이다.

<図 8-3> 베이징시 아웃바운드 관광객 수 성장추이와 출국국가 현황

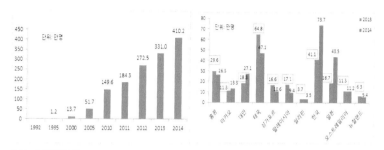

출처: 北京市统计局, 2015: 399-400.

<그림 8-3>에 의하면 베이징시의 아웃바운드 관광객 수는 1995년 부터 2014년 사이 1만 2,000명에서 410만 2,000명으로 증가하여 무려 341.2배 증가하였다. 최근 베이징시의 아웃바운드 관광객이 출국하는 국가들의 선호도가 변화하고 있다. 2012년만 하더라도 태국, 홍콩, 한국, 싱가포르, 일본 순으로 각각 40만 5,000명, 30만 7,000명, 23만 6,000명, 28만 4,000명, 21만 4,000명이 출국하였다(北京市统计局, 2013: 389). 그러나 2014년 기준 베이징시 주민이 가장 많이 찾는 국가는 한국으로 73만 7,000명이 출국하여 2013년 41만 1,000명에 비해 79.3%의 증가율을 보였다. 반면 1위였던 태국은 2013년에서 2014년 사이 64만 8,000명에서 47만 1,000명으로 줄어 -27.3%의 감소율을 나타냈다.

2008년부터 2012년 까지 베이징시 문화소비의 연평균 성장률은 12.1%로 동기간 전국 평균 성장률 13.4%에 미치지 못하였다. 랴오닝(辽宁), 윈난(云南), 후베이(湖北) 등은 문화소비 지출금액 면에서는 전국 평균보다 밑돌던 지역에서 비교적 높은 성장률을 보였다.[80] 비

---

80) 2008년~2012년 기간동안 랴오닝(辽宁), 윈난(云南), 후베이(湖北)의 연평균 문화소비 성장률은 각

단 문화소비가 동부 연해지역을 벗어나 중국 전역에서 활발히 이루어지고 있음을 짐작할 수 있다. 베이징시의 문화소비는 비교적 안정기에 접어들었기 때문에 앞으로 문화소비의 양적인 부분보다는 질적인 부분을 더욱 고려한 소비행위가 이루어질 전망이다.

3. 문화소비에 대한 소비행위 변화

본 장에서는 베이징시에 거주하고 있는 도시주민을 대상으로 한 심층면담을 통하여 문화소비에 대한 소비행위 변화를 분석한다. 통계데이터를 통해 분석한 베이징 도시주민의 문화소비구조 변화를 바탕으로 심층면담을 실시하였다. 이를 통해 더욱 정확한 중국인들의 문화소비의 현황 및 특징을 살펴보고자 한다.

(1) 면담대상자

이번 심층면담은 2016년 6월 15일～ 6월 18일, 베이징에 거주하는 도시주민을 대상으로 이루어졌다. 더욱 정확한 분석을 위해 설문지 뿐 아니라 녹음기를 이용하여 녹취한 후 면담내용을 면밀히 분석하였다. 설문내용은 베이징 도시주민들의 문화소비현황 및 문화소비구조의 특징과 관련된 질문으로 구성하였다. 심층면담의 주요 질문내용은 다음과 같다.

첫째, 문화소비 내 세 가지 영역 중에서 문화오락서비스비와 교육비 관련 질문을 하였다. 이들 각각의 영역 안에서 어느 부분의 소비

각 21.7%, 21.2%, 18.8%를 기록하였다(中央文化企业国有资产监督管理领导小组办公室·中国社会科学院文化研究中心, 2014: 22).

활동에 비중을 두는지에 대하여 면담하였다. 둘째, 문화소비에 있어서 중국정부와 베이징시정부의 문화소비 및 문화산업정책 변화의 영향을 받는다고 생각하는지에 대한 질문이다. 이를 통해 베이징시가 소비촉진을 위해 적극적으로 지원하고 있는 문화산업정책이 실제로 중국인들의 문화소비 행위에 어느 정도 영향을 미치는지 알 수 있다. 셋째, 경기변화에 따라 문화소비에 있어서 영향을 받는지에 대한 질문이다. 최근 몇 년 사이 중국경제의 경기둔화가 중국 소비자들의 소비심리를 위축시키고 있는데, 과연 베이징 도시주민의 문화소비에는 어느 정도 영향을 미치고 있는지를 알 수 있다.

<표 8-1> 심층면담 대상자들의 문화소비 지출구조 및 기본정보

연번	문화소비			기본정보			자녀교육 여부	
	문화·오락 용품비	문화·오락 서비스비	교육비	연령	직업	연평균 소득	교육중	종료 or 불필요
①	10%	50%	40%	70년대생	학교교사	10만 위안 이상		○
②	10%	35%	55%	80년대생	대사관 직원	10만 위안 이상	○	
③	10%	70%	20%	80년대생	대사관 직원	8만~10만 위안		○
④	20%	60%	20%	90년대생	대사관 직원	4만~8만 위안		○
⑤	10%	60%	30%	80년대생	직장인	8만~10만 위안		○
⑥	30%	60%	10%	60년대생	가사도우미	3만~4만 위안		○
⑦	40%	30%	30%	70년대생	식당종업원	3만~4만 위안		○
⑧	30%	40%	30%	60년대생	연구원	10만 위안 이상	○	
⑨	60%	40%	0%	90년대생	과일가게 아르바이트	4만~8만 위안		○

⑩	20%	30%	50%	60년대생	대학교수	10만 위안 이상	○	
⑪	20%	50%	30%	80년대생	직장인	10만 위안 이상	○	
⑫	20%	30%	50%	50년대생	유학원 사장	10만 위안 이상		○
⑬	10%	60%	30%	90년대생	유학원 직원	4만~8만 위안		○
⑭	30%	40%	30%	80년대생	유학원 직원	10만 위안 이상		○
⑮	20%	60%	20%	70년대생	대학교직원	10만 위안 이상		○
⑯	5%	80%	15%	70년대생	기업 CEO	10만 위안 이상	○	
⑰	무응답	무응답	무응답	50년대생	무직	3만~4만 위안		○

<표 8-1>에서 유치원생이나 학업중인 자녀를 둔 면담대상자와 자녀교육이 종료되었거나 미혼 혹은 자녀가 없는 면담대상자를 구분하였다. 문화소비에 있어서 교육소비의 경우 학업중인 자녀가 있는지 여부가 교육비 지출비중에 가장 큰 영향을 주는 변수로 작용하기 때문이다. 면담대상자는 베이징시 후커우(尸口) 소지자 및 베이징시에 10년 이상 거주한 중국인으로 설정하였다. 총 대상자수는 17명으로 50년대생, 60년대생, 70년대생, 80년대생, 90년대생이 각각 2명, 3명, 4명, 5명, 3명 등 다양한 연령대를 포함하고 있다.

면담대상자가 종사하는 직종은 다양하다. 노동자 및 단순노무자 3명, 사무직 종사자 3명, 교사 및 교육관련 기업 종사자 6명, 기업가 2명, 무직 1명, 기타 2명으로 비교적 다양한 계층 군으로 구성하였다. 이들의 연평균 소득은 10만 위안 이상이 9명으로 가장 많았고 다음은 4만~8만 위안 미만이 3명으로 두 번째로 많았다. 8만~10만 위안 미만과 3만~4만 위안 미만이 각각 2명씩이었고 2만~3만

위안 미만이 1명이었다. 10만 위안 이상의 대상자는 모두 대졸이상
의 학력 소지자였다.

(2) 문화소비 지출구조

<그림 8-4> 베이징 도시주민의 문화소비 지출구조[81]

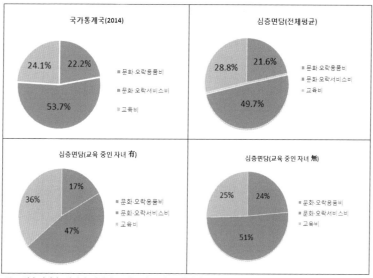

주 : 심층면담을 실시한 시기와 국가통계국 발표 데이터와의 시간적 차이가 2년 발생하였음을 밝힌다.
출처: 심층면담 자료와 北京市统计局, 2015: 217의 자료를 계산하여 정리.

<그림 8-4>에서 심층면담과 통계데이터상 베이징 도시주민의 문
화소비 지출 비중을 알 수 있다. 문화오락용품비에 대한 지출비중은
각각 22.2%와 21.6%로 비슷하다. 그러나 문화오락서비스비와 교육
비에는 약간의 차이가 있다. 심층면담 결과 교육비와 문화오락서비

---

81) 면담대상자 중 50년대생 한 명이 문화소비 지출비중을 묻는 질문에 응답하지 않아 문화소비지출비
중 산출에는 제외되었음을 밝힌다.

스비에 대한 연평균 지출비중은 각각 28.8%와 49.7%로 통계데이터와 비교해 보면 교육비가 4.7% 더 지출을 하고 문화오락서비스비는 4% 덜 지출하는 것으로 나타났다.

그러나 면담대상자 중 교육비에 대한 지출비중이 0%에서 55%까지 편차가 큰 것으로 드러났다. 다양한 요인이 있으나 크게 두 부류로 구분이 된다. 첫째, 재학중인 자녀를 둔 면담대상자(5명)이다. 이들의 문화소비구조에서 교육비가 차지하는 평균 지출비중은 36.0%로 통계국 데이터보다 11.9%p의 차이를 보였다. 둘째, 미혼이거나 자녀가 없는 면담대상자, 또는 자녀교육이 종료된 면담대상자(11명)이다. 이들의 평균 교육비의 지출비중은 25%로 역시 통계국데이터보다 0.9%p 큰 지출비중을 나타냈다. 그러나 직업적인 특징으로 교사이거나 교육관련 기업 종사자의 경우 비교적 높은 지출비중을 보였는데 가장 높은 지출비중은 50%였다.

문화오락서비스비는 면담대상자들 마다 다양한 지출비중을 보였는데 적게는 30%에서 많게는 80%까지의 편차를 보였다. 소득수준이 높은 면담대상자 일수록 문화오락서비스비에 대한 지출 비중이 높았다.

또 조사결과 소득수준이 낮은 면담대상자 일수록 문화오락용품비에 대한 지출비중이 많게는 60%로 높았으며, 소득수준이 높은 면담대상자 일수록 지출비중이 적게는 5%로 나타났다.

(3) 소비행위 변화

1) 여행소비의 증가

문화오락서비스비 중 어느 분야에 가장 많은 지출비중을 두고 있는지에 대한 질문에 면담대상자 16명 중 12명이 여행소비에 가장 큰 비중을 두고 있다고 답하였다. 주말에는 근교로 여행을 가고 공휴일 및 휴가기간에는 거주도시를 떠나 타 지역으로 여행을 떠난다. 면담대상자들은 여행소비를 필수소비로 인식하고 있다. 이는 비단 국내여행에만 국한된 것이 아니라 최근 몇 년 사이 해외여행소비가 활발하게 이루어지고 있다. 조사결과 불과 5~6년 전에는 국내여행이 주를 이루었으나 3~4년 전부터 해외여행을 가기 시작하였다.[82]

해외여행 소비가 급증한 주 원인으로는 주민 가처분소득의 증가가 가장 중요한 작용을 한다. 중국인들의 소득수준이 소비수준을 결정하고 소비결정에 대한 만족도에 따라서 소비구조의 변화를 가져오는데 소득수준이 향상되면 여행소비가 큰 폭으로 증가한다(姚丽芬 外, 2010: 92). 조사에 의하면 해외여행경험 국가는 한국, 일본, 태국, 대만[83]), 싱가포르, 말레이시아, 러시아, 미국, 괌, 독일, 영국, 오스트레일리아, 스페인, 이태리, 프랑스, 몰디브 등 다양한 나라의 여행경험을 가지고 있었다. 해외여행 경험이 있다고 답한 12명의 응답자 중 11명이 한국을 방문한 경험이 있었다.[84] 이들 중에는 연중 1~2회 우리나라를 방문하여 휴가를 즐기는 면담대상자도 있었고, 앞으로 재차 한국을 방문할 계획을 가지고 있는 대상자들도 있었다. 해외여행 경험이 있는 대상자들은 매년 평균 1~2회 해외여행을 가며 많게는 매년 5~6회 해외여행을 간다고 답하였다.

---

82) 이는 국가통계국에서 발표한 베이징시 아웃바운드 관광객 수 추이를 살펴보면 확인할 수 있다. 베이징시의 아웃바운드 관광객 수는 2005년 이후 급격히 증가한 이후 2011년 184만 3,000명이었던 것이 2012년에 와서 272만 5,000명으로 한 차례 더 급증하였다(北京市统计局, 2015: 399-400).

83) 해외여행 경험이 있는 면담대상자들은 대만을 외국으로 인지하고 있었다.

84) 앞서 밝힌바와 같이 2014년 기준 베이징시 주민 73만 7,000명이 우리나라로 출국하여 출국국가 중 1위를 차지하였다.

2) 교육비의 격차

응답자들의 교육소비에 대한 지출은 평균 28.1%로 2014년 통계국에서 발표한 24.1%보다는 많은 것으로 조사되었다. 교육소비의 절대금액 면에서는 더욱 큰 격차가 존재한다. 특히 자녀를 둔 대상자 중 학업이 종료된 자녀를 둔 대상자보다 학업 중에 있는 자녀를 둔 대상자들의 교육비 지출비중이 더 많았다. 아직 학업을 마치지 않은 자녀를 둔 대상자들의 평균 교육비 지출은 36%였다. 이들 중에는 교육비 지출비중이 50%이상도 있었는데 베이징 소재 국제학교에 재학 중이거나 해외유학 중이었다.

현재 의무교육이 실시되고 있는 중국은 자녀교육의 대부분을 사교육비로 지출하고 있다. 베이징에서 고등학교에 진학한 자녀에게 연간 약 6만 위안을 사교육비로 지출한다고 답한 면담대상자도 있었다.[85] 이들의 사교육비 종류는 각종 중요과목의 과외, 영어, 미술, 피아노, 스포츠 등 다양했다. 자녀교육이 종료된 대상자 중 자녀가 해외유학 당시 연간 약 20만 위안이 자녀교육비로 지출된다고 답한 대상자도 있었다.[86]

통계국에서 발표한 2014년 기준 베이징 도시주민 일인당 교육비 지출금액이 1,006.0위안인 것과는 상당한 격차가 존재한다. 胡咏梅・吳爽(2008)의 연구에 의하면 2008년 베이징시의 연소득 지니계수[87]

---

85) 연번⑧ 녹취: "지금 아이가 16세이다. 그래서 기본적으로 자녀교육비에 대부분 지출된다. 1년에 6만 위안 정도가 자녀교육비로 지출된다. 매월 5,000위안 정도 자녀교육비로 지출된다고 보면 된다. 현재 과외비가 한 시간에 200위안 정도 된다."

86) 연번⑫ 녹취: "현재 교육비 지출로는 도서구입을 주로 한다. 아들이 올해 33살로 이미 학업을 마쳤기 때문에 자녀교육비 지출은 없는 상태이다. 아들이 캐나다 유학시절까지만 하더라도 자녀교육비로 많은 금액이 지출되었다. 1년에 약 20만 위안을 자녀교육비로 지출했었다."

87) 이탈리아의 인구학자・통계학자・사회학자인 지니(Corrado Gini)가 소득분포에 관해 제시한 통계적 법칙인 '지니의 법칙'에서 나온 개념이다. 빈부격차와 계층 간 소득분포의 불균형 정도를 나타내는 수치로, 소득이 어느 정도 균등하게 분배되어 있는지를 평가하는 데 주로 이용된다. 지니계수는

와 교육지출 지니계수, 교육부담의 지니계수가 각각 0.5408, 0.5389, 0.5173(胡咏梅·吴爽, 2008)으로 2008년에 이미 베이징시의 계층 간 교육소비의 격차가 상당히 크고 불평등 정도가 심한 것으로 나타났다.

<그림 8-5> 중국인의 자녀교육소비

출처: http://www.baidu.com/

미혼 혹은 자녀가 없거나 자녀교육이 종료된 대상자들은 주로 성인교육비로 대부분의 교육비가 지출되고 있다. 교육비 지출이 0%인 대상자도 있었으나 1년에 10만 위안 이상을 자기계발을 위한 교육비로 지출한다는 응답자[88]는 주로 외국어학원을 다니거나 웰빙생활 관련 도서, 패션잡지 등을 구입한다. 취미생활 위주의 지출이 증가하는 추세인데 문학서적, 외국어학습, 댄스, 피아노 등 다양한 소비

0과 1 사이의 값을 가지는데, 값이 0에 가까울수록 소득분배의 불평등 정도가 낮다는 것을 뜻한다. 보통 0.4가 넘으면 소득분배의 불평등 정도가 심한 것으로 본다(두산백과, http://terms.naver.com/entry.nhn?docId=1222222&cid=40942&categoryId=31609(검색일 : 2016.10.22).

88) 연번① 녹취: "나는 심리학 방면의 책을 좋아하기 때문에 심리학 관련 잡지나 도서를 구입해서 읽는다. 그리고 매달 웰빙생활 관련 잡지와 도서, 패션잡지를 구입한다.... 성인교육이나 자기계발 위주의 학원에 지출하는 교육비가 비교적 많은 편이다. 예를 들어 영어학원에 다니고 사업관련 강연 등을 듣는다. 교육비에 관련한 지출은 1년에 10만 위안으로도 부족하다. 현재 학원비가 상당히 비싸기 때문이다. 내가 지금 다니고 있는 영어학원의 고급반 수업료는 1년에 10만 위안이 넘는다. 매달 분할 납부 할 수 있다."

를 하고 있었다. 최근 중국의 인터넷 보급률 증가[89]와 스마트폰 사용 증가[90]로 인해 전자도서 구입이 증가하고 있다. 미혼인 대상자들은 주로 종이책 보다는 훨씬 저렴한 전자도서를 구입하기 때문에 교육비에 대한 지출이 적은 편이다.[91] 자녀교육이 종료된 대상자들은 자녀가 교육을 받는 기간에는 문화소비의 70%이상을 자녀교육비로 지출한 것으로 조사되었다. 자녀교육이 종료되면서 교육비로 지출되었던 금액의 상당부분이 문화오락서비스비, 특히 여행소비로 지출되고 있다.

3) 소비욕구 증가

중국정부가 다방면으로 실시하고 있는 문화산업관련 정책들이 실제 문화소비생활에 영향을 받는다고 생각하느냐는 질문에 17명 중 10명이 영향을 받을 것이라고 답하였다. 그러나 응답자 중 대다수는 문화산업관련 정책들로 인해서 베이징시의 문화산업이 발전하게 된 계기를 마련하였지만 개인적인 체감도는 낮은 편이다. 응답자 중 50년대생과 60년대생은 베이징시의 문화산업 관련 시설들을 자주 이용함으로 직접적인 영향을 받는 것으로 조사되었다. 예컨대 박물관, 경극, 연극, 영화, 전시회 토크쇼 등을 주로 관람하는 대상자는 베이

---

89) 2015년 기준 베이징시의 인터넷 보급률은 75.3%, 네티즌 수는 1,593만 명으로 전국 1위를 차지하였다(左盛丹, 2015.02.03).

90) 중국의 스마트폰 보급률은 빠르게 증가하고 있다. 2013년만 하더라도 스마트폰 보급률이 21%에 불과하였으나 2015년 기준 2년 사이 무려 37%가 증가하여 58%의 스마트폰 보급률을 기록하였다(邓旭, 2016.07.29).

91) 연번④ 녹취: "나는 이미 학교를 졸업했다. 교육비는 주로 도서나 잡지를 보는데 책으로 구입하지 않고 주로 전자도서를 이용한다. 아주 저렴하다. 몇 위안 정도면 전자책 한권을 구입할 수 있다. 혹은 스마트폰을 이용하여 신문을 보거나한다. 젊은이들은 웨이보(微博)를 통해 신문 보는 것을 좋아한다." 연번⑤ 녹취: "전자도서를 이용하기 때문에 도서구입비는 적은 금액을 지출하고 있다.... 외국어교육비는 인터넷강의를 듣기 때문에 비교적 저렴한 편이다."

징시 정부의 정책적인 지지가 있었기에 다른 도시들보다 더 발전하였고 개수가 많아 문화적 혜택을 쉽게 누릴 수 있다고 답했다. 그러나 이러한 문화산업관련 정책적 지원이 있는 것은 알고 있지만 자신의 문화소비에는 영향을 받지 않는다고 응답한 대상자도 있다(17명 중 7명). 이들 중 다수는 문화소비를 필수소비로 인식하고 있기 때문에 정책에 의한 영향을 받기보다는 개인의 기호에 따라 소비하고 있다고 밝혔다.

<그림 8-6> 베이징시의 문화혜민 소비시즌

출처: http://zt.bjwmb.gov.cn/bjwhhmxfj/hmxfjhdjs/16cqx/t20131213_552879.html.

최근 몇 년 사이 중국경제의 경기침체로 소비자들의 소비심리가 불안한 가운데 베이징시 주민의 문화소비에 대한 욕구는 어떠한지 살펴보았다. 비교적 안정적인 직업을 가진 면담대상자는 경기침체가 자신의 문화소비에 크게 영향을 주지 않는다고 답하였다(교사 및 교육관련 기업 종사자, 사무직 중 정부기관에 종사하는 자). 앞으로 경기가 회복되거나 자신의 소득이 증가한다면 문화소비에 있어서 가장 먼저 여행소비에 지출하기를 희망(17명 중 13명)하여 여행소비에 대한 소비욕구가 강한 것으로 드러났다.

면담대상자들 중 2명을 제외하고는 자신을 저소득계층이라고 생각하지 않고, 또 고소득계층이라고도 생각하지 않았다. 연평균 소득이 통계기준 저소득계층에 속하는 2만 위안 이상~3만 위안 이하인 대상자도 자신을 중등소득계층에 속한다고 답하였고, 연평균 소득이 100만 위안 이상인 대상자도 자신을 중등소득계층에 속한다고 답하였다.[92] 또한 자신의 현재 소득수준에 만족하지 않고 더 많은 소득과 소비가 필요하다고 답하여 향후 중국인들의 소득수준이 향상됨에 따른 문화소비가 더욱 증가할 것임을 예상할 수 있다.

4. 소결

중국인들의 소득수준이 빠르게 향상됨에 따라 소비에 대한 질적인 변화를 가져왔다. 과거 의·식·주와 관련한 생계형 소비위주에서 삶의 질을 중시하는 향유형 소비위주로 빠르게 전환하여 왔다. 특히 대도시일수록 문화소비가 증가하는데 베이징시의 경우 문화적 자산이 풍부하고 다양한 문화산업정책 지원 등의 환경적 조건은 도시주민의 소득증가와 맞물려 문화소비가 활발하게 이루어지고 있다.

본 연구의 결과를 요약하면 다음과 같다. 첫째, 문화소비 지출구조가 변하였다. 문화소비를 크게 문화오락용품비, 문화오락서비스비, 교육비로 구분할 수 있다. 2008년 베이징 올림픽을 기점으로 문화소

---

92) 통계기준으로 저소득계층군에 속하는 대상자가 자신을 중등소득계층으로 생각한다는 것은 자신보다 더 높은 소득계층군의 소비를 지향한다고 할 수 있다. 이는 곧 소비동조화 현상을 야기 시키는 요인이 되기도 한다.

비구조의 변화가 시작되었는데 특히 문화오락서비스비에 대한 지출 비중이 급격하게 증가하였다. 2008년에서 2014년 사이 문화오락서 비스비에 대한 지출비중이 32.5%에서 53.7%로 무려 21.2%p 증가 하였다.

반면 교육비의 지출비중은 동기간 33.9%에서 24.1%로 9.8%p 감 소하였다. 이는 평균적으로 가구에서 소득이 증가하면 교육에 대한 지출이 가장 많이 늘어나는 것에 반하는 결과이다. 2014년 기준 여 행소비가 주를 이루는 문화오락서비스비의 지출비중이 53.7%로 가 장 높은 만큼 여행은 중국인들의 일반적인 여가생활이 되었다. 면담 대상자 중 문화오락서비스비에 대한 지출비중이 낮게는 30%, 높게 는 80%로 다양했다. 소득수준이 높을수록 문화오락서비스비에 대한 지출비중이 높았다.

둘째, 여행소비가 급격히 증가하였다. 중국인들의 여행소비는 국 내여행에만 국한된 것이 아니라 최근 몇 년 사이 해외여행소비가 급 증하였다. 우리나라는 베이징시 주민이 가장 많이 찾는 해외여행지 로 2014년 기준 73만 7,000명이 방문하였다. 중국인들에게 여행소 비는 필수소비로 인식되고 있다.

셋째, 교육소비의 격차가 크다. 크게 학업중인 자녀를 둔 그룹과 자녀교육이 종료되었거나 미혼 및 기혼이나 자녀가 없는 그룹으로 나눌 수 있다. 전자는 교육소비의 대부분이 자녀교육, 특히 사교육 비로 지출이 되었다. 후자의 경우 자기계발을 위한 교육비로 지출비 중이 0%에서 50%까지 다양했다. 향후 베이징 도시주민의 교육소비 에 있어서 질적인 향상을 가져올 것이다. '한 자녀 정책'을 고수하던 중국이 두 자녀를 공식적으로 허용함으로써 출산율 증가가 예상되 며 중국인들의 높은 교육열로 인해 자녀의 조기교육이 더욱 앞당겨

지고 다양해질 전망이다. 예를 들어 유치원, 국제학교, 유학, 온라인
교육 등 다양한 교육소비가 왕성하게 이루어질 것이다.

넷째, 문화소비욕구가 증가하고 있다. 특히 여행소비에 대한 소비
의욕이 높았다. 향후 소득이 증가한다면 문화소비 중 가장 선호하는
것이 여행소비(17명 중 13명)로 여행소비에 대한 소비욕구가 강한
것으로 드러났다. 2000년에서 2014년 사이 해외여행자 수가 약
29.9배 증가하였다. 이는 동기간 중국전체 해외여행자 수가 10.2배
증가한 것 보다 약 3배 많은 증가이다(中国统计局, 2006: 773; 中国
统计局, 2015: 567). 이러한 추세를 본다면 향후 베이징시 주민의 해
외여행은 더욱 증가할 것으로 예상된다.

이상과 같은 연구결과는 단순히 통계데이터로는 알 수 없는 것이
다. 본 연구는 특정지역의 현지 심층면담을 실시함으로써 통계수치
로는 밝혀낼 수 없는 중국인들의 문화소비에 대한 특징 및 문화소비
의 행위변화를 확인하였다는 것에서 연구의 가치를 찾을 수 있다.
그러나 중국지역마다 소득·소비의 격차가 크고, 특히 문화소비의
격차는 더 크기 때문에 본 연구를 통해 중국 전체의 문화소비 특징
을 알 수는 없다. 이를 보완하기 위해 향후 각 지역별, 도시별 문화
소비에 대한 연구와 함께 지역 간 비교연구가 진행될 것이다.

참고문헌

김난도·전미영·김서영, 『트렌드 차이나』, 오우아, 2013.

김상민 외, 『중국 업계지도』, 어바웃북, 2014.

김성자, "베이징시 문화소비의 추세와 소득계층별 특징 연구," 부경대학교 대학원 국제지역학과 박사학위논문, 2017.

김성자·이중희, "중국 베이징시 교통·통신비의 소비구조변화", 「中國學」 第47輯, 2014.

_____, "베이징시 소득계층별 문화소비추세 분석 -해외여행소비를 중심으로-", 「국제지역학논총」 제7권 1호, 2014.

김부용, "베이징시 자동차 등록 제한정책: 파급영향 및 평가", 『KIEP 대외경제정책연구원』, 2011.12.20.

김옥, "전환기 중국 중간계층의 소비문화 연구", 「남북문화예술연구」 통권 제14호, 2014.

김재현, "[김재현의 '차이나 인사이드'] 중국 대도시 부동산값 급등 또 급등", 「중앙시사메거진」, 2016.10.03.

김평수, "12.5규획으로 본 중국의 국가전략과 문화산업정책", 「글러벌문화콘텐츠」 제9호, 2012.

김훈·전주, "중국소비자의 라이프스타일과 가치관 연구: 권역별 소비자 비교를 중심으로", 「商業敎育硏究」 제26권 제1호, 2012.

대외경제정책연구원, "중국의 자동차 소비실태와 브랜드별 판매의 지리적 분포", 「중국경제 현안 브리핑」, 2007.11.09.

_____, "중국의 소비발전 단계와 12·5 규획 기간의 소비 정책", 「KIEP 북경사무소 브리핑」, 2011.02.23.

대한상공회의소, "베이징 소비시장과 소비자행위의 특징", 「코참 차이나비지니스 정보」, 2013.5.20.

두산백과, http://terms.naver.com/entry.nhn?docId=1222222&cid=40942&cat egoryId=31609(검색일: 2016.10.22).

랑셴핑, 『부자중국 가난한 중국인』, 미래의 창, 2011.

박종의, 『e-비지니스 시대 소비자 행동론』, 글로벌, 2003.

박창호, "인터넷 소비문화, 유동하는 근대성인가?", 「문화와 사회」 봄/여름호, 통권 10권, 2011.

삼정KPMG경제연구원, 『이머징마켓 소비트렌드 시장은 살아있다』, 올림,

2012.

안길상, "네트워크사회의 소비트렌드", 「産業과 經營」, 第13卷 第2號, 2001.

연합뉴스, "고소득층 교육비 지출, 저소득층의 8배 수준",
　　　http://hankookilbo.com/m/v/f08490ef819d4d119cb0a10a9a8f0cf8(검색
　　　일: 2015.02.27).

오혜정, "중국 문화산업이 지역경제에 미치는 영행에 관한 연구 - 광동성,
　　　상하이시, 베이징시를 중심으로 -", 부산외국어대학교 대학원 지역
　　　학 박사학위논문, 2013.

이정훈 외, "중국인 여가관광양식 변화와 전망", 「GRI 경기개발연구원」,
　　　2011.

이승일, 『소비의 미래: 소비를 알아야 미래가 보인다』, 한스미디어, 2014.

이정찬, "중국 보건의료제도 및 최근 개혁동향", 「해외의료정책 동향」,
　　　2015.01.30.

이정화, 『문화소비』, 커뮤니케이션북스, 2015.

이종일, "中 전 세계 사치품 47% 싹쓸이", 「상하이방」,
　　　http://www.shanghaibang.com/shanghai/news.php?code=ne0304&mode=
　　　view&num=38883&page=4&wr(검색일: 2014.02.24.).

이중희, "중국 도시의 소비 혁명: 소비구조의 변화를 중심으로", 『중국학연
　　　구』 43, 2008.

_____, "중국 네티즌의 추세와 라이프스타일의 변화", 「국제지역연구」,
　　　2008.

이중희, "중국 도시주민 식품소비의 다원화 추세(1985~2014)연구", 「中國
　　　學」 第 57輯, 2016.

이중희 · 김성자, "중국 도시주민의 문화소비에 대한 소비행위 변화: 베이징
　　　시 주민 대상 심층면담을 중심으로", 「동북아연구」 제31권 2호, 2016.

이철용, "수출에서 내수로, 이제 소비로", 「LG Business lnsight」, 2012.02.29.

이현주, "중국 관광수요자의 권역별 성향분석에 따른 방한관광 유치활성화
　　　방안 연구", 「경제 · 인문사회연구학회 대중국 종합연구 협동연구총
　　　서」, 2010.

장병권, "(중국의 국토개발과 한중협력)중국의 관광정책 동향과 한중 협력
　　　방안", 「국토연구원」 통권 359호, 2011.9.10.

전현택, "북경시 주택상품화의 전개과정과 공간적 패턴", 「地理學論集」 別
　　　號44, 2001.

정기은, "중국 아웃바운드시장 변화에 따른 효과적인 중국관광객 유치 전략에 관한 연구", 「中國研究」第48卷, 2010.

정안진, "중국의 사치품 시장현황 및 발전", 「glrobalwindow」, 2015.01.29.

중앙일보, "中 가전 소비장려책 '종료'", 2011.12.22.

최명해, "중국 '12·5규획'의 주요 내용과 시사점", 「SERI 경제 포커스」, 2010.

최철호, "중국 관광산업의 현주소", 「Chindia Journal」 10월호, 2010.

최현진, "2014 중국 문화 소비 시장을 주목하라!", 「global window」, 2014.1.23.

타오바오뱅크, "중국의 문화소비 현황 분석", 2012.05.18.

통계청, 『가계동향조사』, http://kosis.kr/.

한국보건산업진흥원, "중국 고령화 추이와 시사점", 2016.05.25.

한국콘텐츠진흥원, 『중국 콘텐츠 산업동향』, kocca, 2014.03.28.

홍선영, "부상하는 중국의 소비 및 혁신역량 평가", 「삼성경제연구소」, 2011.6.22.

百度百科, http://baike.baidu.com/view/3093925.htm (검색일: 2014.03.13.).

百度百科, http://baike.baidu.com/item/%E6%96%87%E5%8C%96%E6%B6%88%E8%B4%B9/942672?fr=aladdin(검색일: 2016.10.08).

北京市统计局, 『北京统计年鉴』北京: 中国统计出版社, 1993-2016.

北京市经济和信息化委员会, 『北京市 "十二五"时期电子信息产业发展规划』, 2011.10.

北京市统计局, 『北京统计年鉴』, 北京: 中国统计出版社, 各年度.

CNNIC, 『第23次中国互联网发展状况统计报告』, 2009.01.

CNNIC, 『第25次中国互联网发展状况统计报告』, 2010.01.

CNNIC, 『第27次中国互联网发展状况统计报告』, 2011.01.

CNNIC, 『第29次中国互联网发展状况统计报告』, 2012.01.

CNNIC, 『第33次中国互联网发展状况统计报告』, 2014.01.

CNNIC, 『第35次中国互联网发展状况统计报告』, 2015.01.

CNNIC, 『第37次中国互联网发展状况统计报告』, 2016.01.

CNNIC, 『第39次中国互联网发展状况统计报告』, 2017.01.

沈晓平·王曦, "科技创新与文化消费提速北京创意产业", 「科技智囊」第09期, 2012年.

陈雪柠, "消费对北京经济增长贡献率近七成", 「北京日报」, 2016.10.11.

邓旭, "中国智能手机普及率58% 全球普及率43%." 「中关村在线」, 2016.07.29.

郭俊华, "京津冀文化消费水平实证研究." 「天津大学学报(社会科学版)」 第01期, 2013.

关逸民, "文化, 你消费了吗? —从北京文化产业文化消费看百姓文化需求", 「中国信息报」, 2015.12.09.

方圆, "河北省城镇文化消费及其对经济增长影响的研究", 「河北经贸大学硕士论文」, 2011.

胡咏梅·吴爽, "北京市居民家庭义务教育负担实证研究", 「教育科学研究」 第06期, 2008.

HKTDC, "China's 13th Five-Year Plan: The Realities of Rising Consumer Demand", 「RESEARCH經貿研究」, 2016.06.28.

贾玉娥 外, "河北省城镇居民文化消费现状研究", 「河北省社会主义学院学报」 第03期, 2011.

KOTRA, 『중국을 읽는 50가지 키워드』, 2014.

第一财经日报, "'12·5' 전자상거래 거래액 18조 위안 돌파 목표", 2012.06.08.

黄海, "北京網民規模目前約1218萬人 互聯網普及率69.4%", 「新聞中心」, 2011.02.06.

李洋, "第三届惠民文化消费季启动, 同时公布北京文化消费指数 北京人文化消费自掏腰包增多", 「北京新闻」, 2015.08.26.

李筱光·韩立岩, 『北京市居民消费结构研究』, 北京大学出版社, 2012.

李佳佳, "报告称中国人买走全球近半奢侈品为最大客户", 「中国新闻网」, 2013.11.14.

李恩静, "从居民消费结构变化看扩大内需的动力取向", 『商业时代』 01, 2008.

刘岩, "北京车市下滑近60% 40万辆目标或成泡影", 『每日经济新闻』, 2011.11.18.

刘敏, "北京网络文化消费现状及问题", 「中国国情国力」 第07期, 2016.

王娟, "享受型消费的现状分析", 「科技创业月刊」 第8期, 2006.

西安交通大学中国管理问题研究中心, 『2015中国社会治理发展报告』, 北京, 科学出版社, 2015.

段文杰, "车联网将带来新的生活方式", 『Market Analysis 市场分析』, 2014.02.

孟固, "文化消费与文化产业 - 以北京为例", 「城市问题」 第03期, 2001.

孟亚明 外, "河北文化产业集群与文化消费市场的综合培育研究", 「石家庄经济学院学报」 第03期, 2014.

姜樊, "中国旅游者人均旅行花费近万元", 「北京晨报」, 2016.10.11.

姜宝君, "汽车互联大势所趋 车联网将赶超移动互联网", 『北京晚报』, 2014.03.18.

KBENEWS, "中, 2015년 세계 최대 소비시장 부상", 2012.05.20.

人民网, "中国居民人均储蓄过万储蓄率52%世界绝无仅有", 2012.11.21.

郭俊华, "京津冀文化消费水平实证研究", 『天津大学学报社会科学版』 2013年 01期, 2013.

市地宝, "2014年度北京职工平均工资6463元(附全国309个城市平均工资单)", 2015.06.12, http://bj.bendibao.com/news/201568/190770.shtm.

戎素云・闫鞹, "河北省文化消费条件影响居民文化消费的实证分析", 「消费经济」 第01期, 2013.

冯其予, "上半年消费对经济增长贡献率达73.4%", 「人民网」, 2016.10.10.

苏丹, "2013中国文化消费指数发布----文化消费存在巨大市场空间", 「文化周刊文化纵横」, 2013.12.07.

王亚南, 『中国文化消费需求景气评价报告(2012版)』, 社会科学文献出版社, 2012.

王敏・郑艳丽, "北京消费特点与潜力的分析判断", 「研究世界」, 2013.

王晔君, "北京促消费政策杠杆效应最高达35倍", 「北京商报」, 2013.09.03.

云中, "农村汽车消费进入 '后政策' 时代", 「国际商报」, 2011.05.16.

严小平, "文化消费: 拉动文化产业发展的引擎", 「消费经济」 第29卷 第2期, 2013.

温源, "文惠卡 能给文化消费市场带来啥." 「光明日报」, 2015.09.10.

吳惠貞・企星子, "베이징시의 문화소비추세와 공연예술산업 발전관계", 「CHINA 연구」 제17집, 2014.

姚丽芬 外, "中国居民收入与旅游消费关系的协整分析", 「地理与地理信息科学」 第06期, 2010.

佚名, "2014年度 '中国省市文化产业指数' 及 '文化消费指数.' 「中国社会科学网」, 2015.02.16.

张召, 『改革开放以来中国消费文化变迁研究-以北京市为列』, 北京交通大学 博士学位论文, 2013.

赵萍, "扩消费政策推动消费高速增长", 「国际商报」, 2012.08.13.

赵磊, 『一带一路: 中国的文明型崛起』, 中信出版社(China DITIC Press), 2015.

赵易 外, "关于河北省居民文化产业消费习惯的调查报告", 「现代商业」 第30期, 2012.

郑红娥, 『社会转型与消费革命』, 北京大学出版社, 2006.

郑艳丽, "北京经济增长迈向消费驱动时代", 「Special Report」, 2013.

中商情报网, "2014年北京市网民规模及互联网普及率增长趋势分析", 2015.02.04.

中国国家统计局,『中国统计年鉴』北京: 中国统计出版社, 1993-2015.

中国新闻网, "十年间中国旅游发展年增16.9% 超世界水平5倍", 2011.04.27.

中央文化企业国有资产临督管理领导小组办公室・中国社会科学院文化研究中心,『中国文化消费报告(2014)』, 社会科学文献出版社, 2014.

中国国家统计局,『中国统计年鉴』北京: 中国统计出版社, 1993, 1996, 2001, 2013.

中国电子商务研究中心,『2012年度中国电子商务市场数据监测报告』, 2013.03.20.

中国互联网络信息中心, "2012年中国手机网民上网行为研究报告", 2012.11.16. http://www.cnnic.net.cn/hlwfzyj/hlwxzbg/ydhlwbg/201211/t20121116_37222.htm.

中国社会科学院文化研究中心,『中国文化消费报告(2014)』, 社会科学文献出版社, 2014.

中国人民共和国国家统计局,『中国统计摘要』, 中国统计出版社, 2016.

中央文化企业国有资产临督管理领导小组办公室・中国社会科学院文化研究中心,『中国文化消费报告(2014)』, 社会科学文献出版社, 2014.

"2015年北京市居民人均消费支出同比增长8.7%", 「国青年网」, 2016.01.21., http://news.youth.cn/jsxw/201601/t20160121_7552816.htm.

"2015中国文化消费指数发布消费能力水平等均上升", 「中国网」, 2015.11.01.

左盛丹, "CNNIC: 国内互联网普及率北京居首 达75.3%", 「中国新闻网」, 2015.02.03.

中国统计局网站 http://www.stats.gov.cn/

北京统计信息网 http://www.bjes.gov.cn/

中国社会科学网 http://www.cssn.cn/

제 4 부

제9장 중국 모바일소비의 성장

　중국 도시와 농촌의 소득이 증가함에 따라 공급구조의 개혁이 심화되고 소비시장도 급속히 증가하고 있다. 이에 따라 소비가 경제발전에 차지하는 비중도 계속해서 증가하고 있다. 2016년 중국 사회소비품소매 총액은 33조 2,316억 위안으로 1978년 이래 연평균 15.2%씩 성장하고 있으며, 소비가 GDP 증가에 차지하는 비중도 59.7%로 1978년 38.3%에서 큰 폭으로 증가하였다(国家统计局). 특히 중국정부는 2008년 글로벌 금융위기 이후 소비를 경제발전의 새로운 성장동력(新引擎)으로 삼으면서 소비는 경제성장의 핵심으로 자리 잡았다. 이러한 상황에 특히 주목을 받는 것이 인터넷을 통한 소비, 그 가운데 모바일소비가 빠르게 증가하고 있다.

　중국의 인터넷은 지난 십 수 년 간 비약적으로 발전하였다. 양적으로, 인터넷 사용자가 1997년 9월 62만 명에서 2017년 6월 7억 5,116만 명으로 비약적으로 증가하였다. 동 기간 모바일 인터넷 사용자 수도 7억 2,361만 명에 이르렀으며, 전체 인터넷 사용자 가운데 모바일 인터넷 사용자의 비율도 96.3%에 이른다. 전체 인구 가운데 절반이상이 인터넷을 사용하며 인터넷 사용자는 대부분 모바일 사용자인 셈이다.

　모바일소비가 증가하면서 중국인의 라이프스타일과 소비구조를 변화시키고 있으며, 경제성장에도 중요한 작용을 하고 있다(胡世良, 2017: 17). 용이함과 편리성을 함께 내포하고 있는 모바일소비는 중국의 소비시장을 급속히 장악하고 있다. 인터넷을 통해 제품을 판매하는 중국기업의 비중도 점차 증가하고 있다. CNNIC의 조사에 의하면, 2016년 말 기준, 전체 중국기업 가운데 45.3%가 인터넷에서 제품을 판매하고 있으며 2011년 대비 19.3%p 증가하였으며 이는 전년대비 12.7%p 증가한 것이다. 중국기업들은 매장의 디지털 수준을 적극적으로 제고시키고 있으며, 온-오프라인 연계를 통한 주문, 배송 등을 추진하고 있다. 2016년 광군제(光棍节, 솔로데이, 11월 11일)기간 동안 100만개의 가전, 의류, 자동차, 인테리어, 화장품 등의 기업들이 알리바바의 텐마오(天猫)를 통해 제품을 판매하였고, 6만개의 신선식품 기업은 매장의 인터넷과 연계하여 주문, 배송, 정보제공 등이 가능하게 하였다(商务部, 2017.7.3: 12).

<그림 9-1> 인터넷 판매 기업 비중(2011-2016)

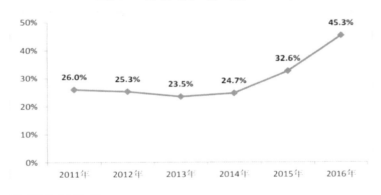

출처: 商务部(2017.7.3: 13)

또한 모바일소비의 발전은 새로운 산업의 성장을 촉진하고 있다. 모바일소비가 증가하면서 모바일결제시장의 규모도 빠르게 증가하고 있다. 바이두, 알리바바, 텐센트(위챗) 등 인터넷과 모바일을 기반으로 한 ICT기업들이 모바일결제시장의 주도권을 잡고 있는 가운데 한국의 삼성, 미국의 애플, 중국의 샤오미(小米)와 화웨이(华为) 등의 기업도 중국의 모바일결제시장에 속속 진출하고 있으며, 기존의 상업은행들도 진출을 준비하거나 이미 진출하였다. 그리고 소비 확대에 따른 유통시장도 급속히 성장하고 있으며 온라인과 오프라인을 연계한 O2O산업도 다양하게 변화하고 있다.

신조어와 새로운 경제용어도 출현하고 있다. 공유경제가 빠르게 성장하면서 중국 소비자의 소비인식과 소비행태도 변화하고 있으며 인터넷스타(한국어로는 파워블로거와 유사하다)인 왕홍(网红)을 기반으로 한 왕홍경제란 용어도 중국사회에 등장하였다. 대부분이 모바일인터넷을 기반으로 하고 있는 것이 특징이다. 다시 말하면 모바일을 기반으로 한 새로운 소비가 중국사회와 경제를 빠르게 변화시키고 있는 것이다. 이를 확인하는 것이 중국사회와 경제를 예측하는 데 반드시 필요하다.

향후 중국의 모바일 혁명을 더욱 심화시킬 한 요인은 4차 산업혁명에 대비한 중국의 "인터넷+(互联网+)"전략에 있다. 인터넷+는 모든 전자기기에 인터넷을 더한다는 뜻으로, 리커창 중국 총리가 2015년 3월에 발표한 중국정부의 발전전략이다. 모바일 인터넷, 빅데이터, 사물인터넷(IoT), 클라우드 컴퓨팅 등을 제조업과 융합시켜 전자상거래, 인터넷 금융 등의 발전을 이루고 중국 인터넷 기업이 글로벌 시장에서 입지를 다지도록 하는 것이 4차 산업혁명 전략이다(네이버 백과사전). 인터넷+플러스는 전통산업에 인터넷 관련 기술을 적용해 산업의 첨단화를 이끌고 신성장동력을 창출한다는 것이 중국의 4차 산업혁명 전략이다. 따라서 상거래, 금융, 오락, 공공서비스 등 전 분야에서 모바일을 사용한 서비스가 확산되고 있다.

모바일이 전 분야에서 활용되는 기반에는 "모바일 결제시스템"이 있다. 모바일결제가 뒷받침되었기 때문에 모든 영역에서 모바일 혁명이 가능했다(이승환, 2016). 중국의 모바일혁명은 전 영역에서 나타나고 있기 때문에 모바일소비를 이해해야만 중국의 사회경제적 대변혁을 이해할 수 있다. 중국의 모바일혁명은 단기간에 중국 사회를 급격히 변화시켰다. 나아가 모바일혁명은 상당기간 지속하면서 중국사회를 더욱 새로운 모습으로 변모시킬 것이다.

1. 모바일소비 규모

(1) 모바일네티즌 규모와 현황

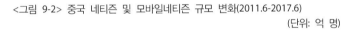

<그림 9-2> 중국 네티즌 및 모바일네티즌 규모 변화(2011.6-2017.6)

(단위: 억 명)

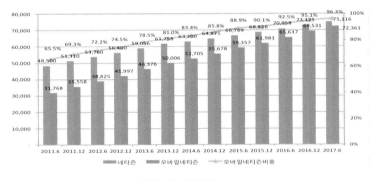

출처: CNNIC, "第33次-40次中国互联网络发展状况统计报告". http://www.cnnic.net.cn/.

중국의 네티즌은 2011년 6월 4억 8,500만 명에서 연평균 7.6%씩 증가하여 2017년 6월 현재 7억 5,116만 명으로 증가하였다. 동 기간 모바일네티즌은 3억 1,768만 명에서 2017년 6월 7억 2,361만 명으로 연평균 14.7%씩 증가하였다. 전체 네티즌 가운데 모바일네티즌이 차지하는 비중이 동 기간 65.5%에서 96.3%로 증가하여 네티즌 대부분이 모바일네티즌임을 알 수 있다.

<그림 9-3> 중국 네티즌 연령구조(2016.12-2017.6)

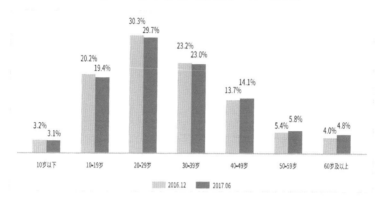

출처: CNNIC, "第40次中国互联网络发展状况统计报告", http://www.cnnic.net.cn/, 2017.6.

<그림 9-3>의 중국 네티즌 연령구조를 보면, 전체 네티즌 가운데 20-29세가 가장 높다. 그러나 2016년 12월에 비해 2017년 6월 30.3%에서 29.7%로 0.6%p 하락하였다. 두 번째로 큰 비중을 차지하는 연령은 30대(30-99세)로 2016년 12월 23.2% 2017년 6월 23.0%를 차지하고 있다. 세 번째로 큰 비중을 차지하는 연령은 10대(10-19세)로 2016년 12월 20.2%, 2017년 6월 19.4%를 차지하고 있다. 또 하나의 특징은 고연령대의 인터넷 사용자가 점차 증가하고 있다는 점이다. 동 기간 40대(40-49세)는 13.7%에서 14.1%, 50대(50-59세)는 5.4%에서 5.8%, 60대 이상은 4.0%에서 4.8%로 증가하였다. 인터넷이 중국사회에 확대되면서 네티즌의 연령대도 높아지고 있는 것이다.

<그림 9-4> 인터넷접속 장치 사용 상황(2016.12-2017.6)

출처: CNNIC, "第40次中国互联网络发展状况统计报告", http://www.cnnic.net.cn/, 2017.6.

인터넷 접속시 사용하는 장치를 보면, 2016년 12월 기준, 데스크 탑 컴퓨터가 60.1%, 노트북이 36.8%, 휴대폰이 95.1%, TV가 25.0%, 태블릿이 31.5%로, 휴대폰이 가장 높다. 2017년 6월의 상황 을 보면, 데스크탑컴퓨터는 55.0%로 5.5%p, 노트북도 36.5%로 0.3%p, 태블릿도 28.7%로 2.8%p 하락하였다. 반면 휴대폰은 96.3% 로 1.2%p 증가하였고 TV는 26.7%로 1.7%p 증가하였다. 휴대폰을 통한 인터넷 접속이 절대다수를 차지하고 있다.

(2) 모바일소비 규모와 현황

경제가 발전하면서 중국의 소비시장도 빠르게 성장하고 있다. 국 가통계국의 자료에 따르면, 2016년 중국의 인터넷 소비시장 규모는 5조 1,556억 위안으로 전년대비 26.2% 성장하였다. 2010년에 비해 10.1배 증가하였으며 연평균 47.1%씩 증가하였다. 인터넷소비가 사회소비품소매 총액에서 차지하는 비중도 크게 증가하였다. 2010년 사회소비품소매 총액의 3.2%에 불과하였던 인터넷소비 규모는 2013년 6.2%로 증가하였고 2016년에는 15.5%로 증가하였다. 동기 간 사회소비품소매총 액이 연평균 13.2%씩 성장한 것에 비해 인터

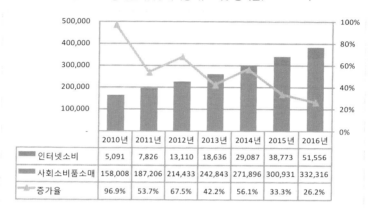

<그림 9-5> 중국인터넷구매시장 규모 및 증가율(2011-2016)

	2010년	2011년	2012년	2013년	2014년	2015년	2016년
인터넷소비	5,091	7,826	13,110	18,636	29,087	38,773	51,556
사회소비품소매	158,008	187,206	214,433	242,843	271,896	300,931	332,316
증가율	96.9%	53.7%	67.5%	42.2%	56.1%	33.3%	26.2%

출처: 商务部和国家统计局: CNNIC(2016: 27)에서 재인용.

<그림 9-6>중국 인터넷구매시장 거래규모 비중(2011-2018)

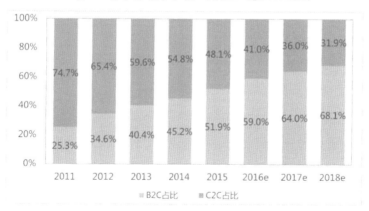

출처: 艾瑞咨询(2016.7.3).

넷소비 규모가 크게 증가한 것을 알 수 있다. 보스턴컨설팅그룹 (Boston Consulting Group)은 2010년 중국의 온라인소비시장은 10조 346억 위안에 이를 것으로 예측하였다(Boston Consulting Group, 2013.5.2).

iResearch(艾瑞咨询)에 따르면, 2015년 중국의 인터넷구매 거래액 가운데 B2C(기업과 소비자 간의 거래) 거래액은 2조 위안으로 전체 인터넷구매의 51.9%를 차지하며, 2015년 처음으로 C2C(소비자대 소비자 간의 거래) 거래액을 추월하였다. 인터넷을 통한 거래가 시작하던 초기에는 개인 소비자 간의 거래인 C2C가 많은 부분을 차지하였으나 신용과 편리성 그리고 다양성에서 C2C보다 유리한 B2C가 급속히 성장하고 있다. B2C는 기업이 공급의 주체이기 때문에 다양한 형태의 마케팅활동이 가능하며 소비자의 욕구를 더욱 충족시킬 수 있는 특징이 있다. <그림 9-6>을 보면 2011년 중국 전체 인터넷구매시장의 거래에서 25.3%에 불과하던 B2C는 해마다 증가하여 2015년에는 51.9%가 되었고 2018년에는 68.1%까지 증가할 전망이다.

중국의 B2C시장은 알리바바(阿里巴巴)의 계열사인 텐마오(天猫, Tmall)가 전체 B2C 거래액의 65.2%를 차지하고 있으며, 뒤이어 징동(京东)이 23.2%를 차지하고 있다. 텐마오와 징동이 중국 B2C시장의 약 90%를 차지하고 있으며, 그 밖에 쑤닝이거우(苏宁易购)가 5.3%로 3위를 차지하고 있다. 2014년과 비교하면, 징동, 쑤닝이거우, 웨이핀후이, 궈메이짠셴의 비중이 약간 증가하였다(艾瑞咨询, 2016.7.3).

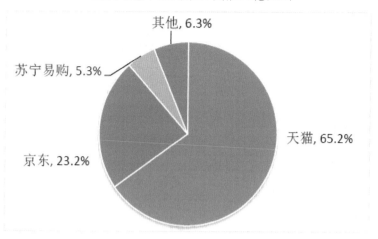

<그림 9-7>중국 B2C사이트 거래규모 비중(2016)

출처: 商务部(2016).

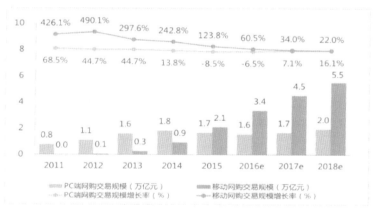

<그림 9-8> 중국 PC와 모바일 구매 거래액 비교(2011-2018)

출처: 艾瑞咨询(2016.7.3).

인터넷구매시장에 모바일을 통한 구매가 급속히 증가하고 있다.
2015년 기준 전체 인터넷구매 거래액 가운데 PC를 통한 거래액 비중이 44.5%이고 모바일을 통한 거래액이 55.5%로 처음으로 PC를 제쳤다. 2018년에는 모바일소비 비중이 73.8%까지 상승할 전망이다((艾瑞咨询, 2016.7.3).

2011년 PC를 통한 인터넷 거래액은 8,000만 위안이었고 모바일은 통한 거래는 거의 없었다. 그러나 적은 금액이지만 모바일을 통한 거래가 2011년 426.1% 증가율을 보이며 전년대비 큰 폭으로 성장하고 있음을 알 수 있다. 2015년까지 매년 100%이상 고속성장을 하여 규모도 2.1조 위안으로 증가하였다. PC를 통한 구매증가율이 2011년 68.5%에서 2014년 13.8%으로 증가율이 큰 폭으로 감소하였고 2015년에는 -8.5% 감소한 것과 비교하면 모바일을 통한 구매가 상당히 빠르게 성장하고 있는 것을 알 수 있다. iResearch의 예측에 따르면, 2018년까지 모바일을 통한 구매증가율은 20%대로 하락할 것이나 규모면에서는 5.5조 위안에 달하며 인터넷을 통한 거래와의 격차도 더욱 확대될 것이다.

<그림 9-9>를 보면 PC를 통한 구매자는 2013년 3억 189만 명에서 2015년 4억 1,325만 명으로 연평균 17.0%씩 증가하고 있다. 반면 모바일을 통한 구매자는 동 기간 1억 4,400만 명에서 3억 3,967만 명으로 연평균 53.4% 증가하여 모바일을 통한 구매자가 빠르게 성장하고 있다. 이러한 추세가 계속되면 구매자면에서도 모바일을 통한 구매자가 PC를 통한 구매자가 조만간 추월할 것으로 예측된다.

모바일을 통한 구매자가 가장 많이 구입하는 상품은 일용품이 47.3%로 가장 높다. 일용품은 구매자가 습관적으로 구매, 사용하는 상품으로 중저가 제품이 대부분이다. 예를 들면 컵, 화장지, 칫솔, 물통 등이 이에 속한다.

<그림 9-9> PC와 모바일 구매자 규모 비교(2011-2018)

(단위: 억 명)

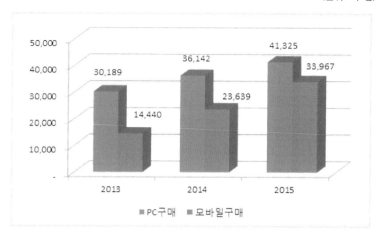

출처: 商務部(2016).

<그림 9-10> 모바일 구매자의 구매상품 및 분포(2015)

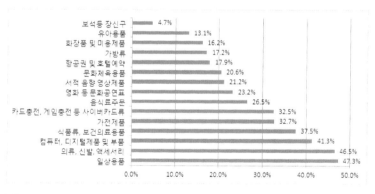

출처: CNNIC(2016).

그 외에 의류, 신발, 액세서리류가 65.5%, 컴퓨터, 스마트폰 등 디지털 관련 제품이 41.3%, 식품류 및 보건의료용품이 37.5%, 가전제품 32.7% 등이 뒤를 잇는다. 중국 모바일 구매자 대부분은 일상용품, 의류, 식음료 등 가격이 저렴하고 일상적인 상품을 구매하는 빈도가 높은 것으로 나타났다. 그 밖에 중국의 모바일 구매자는 가전제품, 게임용 사이버카드 충전, 음식료 주문, 영화 등 공연 관련 표, 서적, 항공권 등을 모바일을 통해 구매하였다. 모바일을 통한 구매 상품의 종류가 음식 주문부터 고가의 핸드백, 보석류 등으로 다양하게 분표되어 있다.

<그림 9-11> 모바일기업 시장점유율(2015-2017Q1)

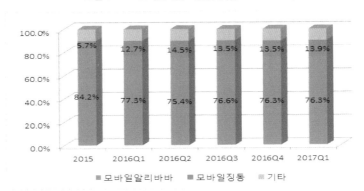

출처: 艾瑞咨询(2016.7.3); 中国产业信息(2017.7.19).

2015년 기준 중국 모바일기업의 거래규모 시장점유율을 보면, 모바일알리바바(阿里无线)가 84,2%로 가장 높고 모바일징동(手机京东)이 5.7%를 차지하고 있으며, 그 밖에 모바일웨이핀후이(手机唯品会), 모바일쑤닝이꺼우(手机苏宁易购) 등 인터넷구매에 강세를 보이는 기업이 모바일소비에도 강세를 보이고 있다. 특히 알리바바는 인터넷과 모바일 B2C시장의 최강자로 독보적인 위치를 차지하고 있다. 시장조사기관인 쯔옌컨설팅(智研咨询)에 따르면, 모바일알리바바의 시장점유율은 2015년 84.2%에서 2016년 1분기 77.3%로 하락하였고 2017년 1분기에는 76.3%로 약간 더 하락하였다. 반면 모바일징동의 시장점유율은 2015년 5.7%에서 2017년 1분기 13.9%로 상승하였다. 모바일기업의 경쟁도 시간이 지날수록 더욱 가열되고 있다(中国産业信息, 2017.7.19)

모바일소비의 대부분이 스마트폰을 통해 이루어지는데 모바일소비의 증가는 스마트폰의 증가와 관련이 크다. 2011년 0.81억대에 불과하던 스마트폰 판매량은 2012년 1.75억대로 증가하였고 2016년에는 5.20억대로 2011년 대비 6.5배 증가하였다(商务部, 2017.7.3).

<표 9-1> 연령대별 스마트폰 사용자 비중(2014-2020)

(단위: %)

구분	2014	2015	2016	2017^e	2018^e	2019^e	2020^e
0-11	23.8	26.7	26.7	28.8	31.3	34.6	37.0
12-17	60.0	65.1	69.9	73.6	76.5	79.0	80.0
18-24	78.3	82.4	83.0	85.2	88.3	91.9	93.4
25-34	68.8	71.5	73.6	76.6	81.4	85.4	87.3
35-44	52.4	58.7	65.5	71.2	78.9	85.0	88.8
45-54	30.0	34.4	38.0	42.3	48.6	55.8	63.3
55-64	18.1	22.0	26.2	30.3	34.0	38.0	42.2
65이상	8.3	10.6	13.1	16.4	19.1	21.8	25.2
합계	49.0	52.5	55.3	58.5	62.8	66.9	70.1

주: 한 달에 적어도 한차례 이상 사용, 홍콩 제외
출처: eMarketer(2016.4)

중국의 스마트폰 사용자가 해마다 증가하고 있다. eMarketer의 조사에 의하면, 전체 휴대폰 사용자 가운데 스마트폰 사용자 비중은 2014년 49.0%에서 2016년 55.3%로 증가하였다. 2020년이 되면 스마트폰 사용자는 70.1%까지 증가할 전망이다 매년 3.7%p 증가한 수치이다. 연령대를 보면, 18-24세의 스마트폰 사용자 비중이 가장 높다. 2016년 기준, 18-24세 인구의 전체 휴대폰 사용자 가운데 83.0%가 스마트폰을 사용 중이다. 2020년이 되면 사용자는 93.4%까지 증가하여 18-24세 대부분의 스마트폰을 사용하게 될 것이다. 18-24세 뒤이어 25-34세가 73.6%, 12-17세가 69.9%, 35-44세가 65.5%로(2016년 기준) 비교적 스마트폰 사용자 비중이 높다. 2020년이 되면 44세가 88.8%, 25-34세가 87.3%, 12-17세가 80.0%까지 증가할 전망이다. 각 연령대 모두 스마트폰 사용자가 매년 증가할 것으로 전망되며, 전체 연령대 가운데 12-44세가 스마트폰의 주 사용자이다.

2. 모바일소비 성장의 배경

(1) 모바일결제시장의 급성장

소득이 증가하면서 소비가 증가하고 이와 비례하여 온라인소비도 증가하고 있다. 중국에서 온라인소비가 급증하는 원인은 중국정부의 소비촉진정책의 정책적 요인과 함께 알리바바와 같은 전자상거래 플랫폼 및 기업의 온라인쇼핑몰의 확대, 제3자 결제방식의 등장, 8억에 가까운 모바일(스마트폰) 보유 등이다. 프라이스워터하우스(PWC)에 따르면, 전 세계에서 중국 소비자의 온라인쇼핑 빈도가 가장 높아, 중국 소비자의 온라인쇼핑 횟수는 아시아지역 소비자의 4배, 미국과 영국 소비자의 2배에 달한다(곽복선, 2016: 39). 최근 수년 간 오프라인을 통한 소비는 감소하고 있고 온라인을 통한 소비는 증가하고 있다. 오프라인 유통채널의 대표하고 할 수 있는 백화점업의 경우 이윤이 지속적으로 하락하고 있으며 프랜차이즈 소매기업의 매출과 이윤도 하락하고 있다. 중국백화점협회(中国百货商业协会)의 자료에 따르면, 2014년 101개 회원사의 이윤총액이 평균 15% 감소하였으며(곽복선, 2016: 41), 2016년 상반기 100대 대형소매기업의 소매판매액은 전년 동기 대비 3.2% 감소하였다(中国百货商业协会, 2016). 중국 프랜차이즈경영협회(中国连锁经营协会)의 조사에 따르면, 2000년 이후 중국의 소매기업 점포수는 매년 2배씩 증가하였는데 2010년 이후 오프라인 점포의 매출과 이윤이 하락하고 있다. 오프라인 기업들은 비용절감, 매출확대를 위해 자체 온라인유통망을 확충하고 있으며 나아가 온-오프라인이 결합된 신소매가 주목을 받고 있다(곽복선, 2016: 41).

온라인쇼핑을 주도하고 있는 것이 모바일소비이다. 인터넷기술과 모바일 기기의 발전에 따라 모바일을 통한 소비가 급속히 성장하고 있다. 2016년 7월 현재, 중국의 모바일인터넷 사용자수는 13.04억 명이며, 그 가운데 4G 사용자가 6.46억 명이다. 대표적인 온라인쇼핑 사이트인 타오바오(淘宝网)과 텐마오(天猫)의 자료에 따르면, 총 거래액의 60-70%가 무선단말기를 통해 이루어진다(牛瑞瑞, 2016: 61)

2002년 "모바일결제포럼(Mobile Payment Forum)"에 따르면, 모바일결제란 거래 쌍방이 이동단말기를 사용해서 제품과 서비스에 대한 채무를 지불함으로써 화폐가치를 이전하는 것을 말한다. 이동단말기에는 휴대폰, PAD, 태블릿PC 등이 있다. 그 가운데 휴대폰 특히 스마트폰이 가장 일반적이다(刘艳秋, 2017: 4). 중국에서 모바일결제서비스가 처음 시작된 것은 2000년이다. 차이나모바일(中国移

动)이 중국은행, 중국공상은행, 초상은행 등 금융기관과 연합하여 휴대폰은행서비스를 시작한 것이 시초이다. 당시 기술의 한계와 소비관념의 제한으로 모바일결제서비스의 발전은 대단히 느렸다(刘艳秋, 2017: 4). 10여 년이 지난 2010년에도 중국의 모바일결제는 초보적인 단계를 벗어나지 못했다. 모바일결제 규모도 6,000억 위안(한화 1,103억 원)에 지나지 않았다. 2011년 중국인민은행이 인롄(银联), 알리페이(支付宝), 텐페이(财付通) 등 모바일결제기업에 처음으로 영업허가증을 발급하였고 이때부터 제3차 결제방식이 도입되면서 모바일결제시장은 폭발적으로 상정하기 시작하였다(李方明, 2017: 48).

<그림 9-12> 중국 모바일결제금액(2010-2016)

(단위: 조 元)

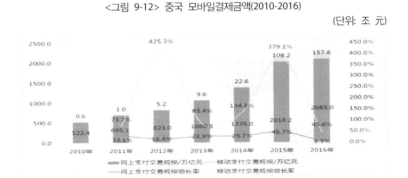

출처: 艾媒咨询(2017.8.10).

중국 모바일결제서비스의 가장 큰 성공비결은 QR코드 사용이다. QR코드를 통해 대형 백화점에서 거리의 작은 상점까지 어디서나 쉽게 스마트폰을 이용해 결제가 가능해지면서 모바일소비도 비례해서 증가하였다. 중국은 거리의 상점이나 잡화점 등에 신용카드 단말기가 설치된 곳이 많지 않다. 또한 근거리무선통신(NFC) 단말기는 더더욱 부족하다.[93] QR코드는 편리성과 함께 위폐문제 해결, 현금 불필요, 수수료 무료 등으로 중국 소비자와 판매자가 선호하게 되었다(백진규, 2017.8.23.). 최근에는 기존의 모바일결제 강자기업인 알리페이, 위쳇페이 외에 휴대폰제조기업인 애플, 삼성, 화웨이(华为), 샤오미(小米) 등도 자신의 이름을 딴 페이(PAY, 예컨대 애플페이, 삼성페이 등)를 내놓고 있으며 전통적 금융기구인 대형 상업은행들도 모바일결제시장에 속속 진입하고 있다(蔡晓卿, 2017.1.13).

중국은 신용카드 보급이 확대되기 전에 모바일결제가 시장에 급속도로 확대되고 있다. 2010년 인터넷 결제액 522.4조 위안 가운데 모바일 결제액은 6,000억 위안으로 전체 인터넷 결제액의 0.1%에 불과하였다. 그러나 2016년 기준 모바일결제액은 157.6조 위안으로 6년 만에 263배 증가하였고 전체 인터넷 결제액의 7.6%로 증가하였다. 인터넷결제액이 2010년 522.4억 위안에서 2016년 2,850.0억 위

<표 9-2> 중국 모바일소비 규모 및 증가율(2014-2015)

(단위: 억 元, %)

연도/분기	소비액	증가율(전년대비)
2014Q1	1,372.9	276.3
2014Q2	1,680.9	256.0
2014Q3	2,335.8	276.2
2014Q4	3,227.0	178.5
2015Q1	3,566.8	159.8
2015Q2	4,289.9	155.2
2015Q3	5,243.0	124.5
2015Q4	7,653.0	137.2

출처: 易观智库, 邱琼·韩炜(2017: 96).

93) 이는 중국 결제시장의 후발주자로 진입한 애플페이와 삼성페이의 실패원인으로 꼽힌다. 2016년 2월 중국에 진출한 애플페이는 중국의 인롄(Unionpay)와 연계해 진출 1개월 만에 1,200만 명의 이용자를 확보했으나 보안성은 뛰어나나 편의성에서 QR코드에 밀려 소비자들이 외면하였다. 삼성페이도 마찬가지로 NFC와 카드단말기를 모두 지원하였으나 QR코드를 이겨내지 못했다(백진규, 2017.8.23).

안으로 연평균 25.9% 증가한데 비해 모바일결제액은 동 기간 6,000만 위안에서 157.6억 위안으로 연평균 153.0%로 급증하였다. 모바일결제가 점차 인터넷결제의 핵심으로 성장하고 있다.

<표 9-2>는 2014-2015년의 모바일소비 규모와 전년대비 증가율이다. <표 4-2>를 보면, 2014-2015년 중국의 모바일소비가 폭발적으로 증가하였음을 알 수 있다. 2015년 모바일소비액은 2.1조 위안으로 전년대비 140.6% 증가하였다. 온라인소비에서 차지하는 비중도 54.1%에 달하며 2018년에는 70%에 육박할 것으로 예측되고 있다 (邱琼·韩炜, 2017: 96).

<그림 9-13> 중국 모바일결제 이용자 규모 및 증가율(2014-2019)

(단위: 억 명)

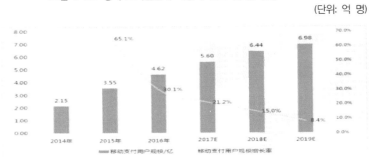

출처: 艾媒咨询(2017.8.10.).

모바일결제 이용자도 큰 폭으로 증가하였다. 2014년 2.15억 명이었던 모바일결제서비스 이용자수는 2016년 4.62억 명으로 불과 2년 만에 2배가 되었고 2019년이 되면 2014년의 3.5배가 될 전망이다. 그 기간동안 연평균 26.6% 증가하는 수치이다.

<그림 9-14> 중국과 미국 모바일결제금액 비교 및 시장점유율(2015)

(단위: 달러, %)

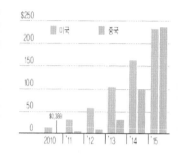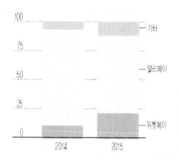

출처: 한국금융연구원(2016).

시장조사 전문기업인 Euromonitor International에 따르면, 중국의 모바일결제액은 이미 2015년 미국을 추월하였다. 2015년 미국의 모바일결제액은 전년대비 42% 성장한 2,301억 달러이고 중국은 전년대비 130% 성장한 2,350억 달러이다.

<그림 9-15> 알리페이(支付宝), 위챗페이(微信支付), 인렌(银联)

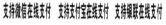

출처: https://image.baidu.com

2015년 FT Confidential Research가 중국 도시 거주자 1,000명을 대상으로 설문조사한 결과, 최근 3개월간 모바일결제 플랫폼을 이용했다는 비중이 응답자의 98.3%에 달했다. 그 가운데 2015년 기준 알리페이가 79.5%를 차지하고 있으며 위챗페이가 26.0%를 차지하고 있다. 그 외에 중국의 은행연합카드사가 연합해서 설립한 中国银联(China UnionPay)이 있다.

중국의 모바일결제가 확대된 원인 가운데 하나는 제3자 결제방식의 시행이다. 중국에서 제3자 결제방식이 처음 시작된 것은 2003년이다. 제3자 결제방식이란 구매자가 결제업체에 먼저 대금을 송금하면 판매자는 물건을 배송하고, 물건배송을 확인한 뒤 결제업체가 판매자에게 대금을 다시 송금하는 방식이다(백진규, 2017.8.23). <그림 9-15>를 보면 2013년을 기점으로 제3자 결제방식이 큰 폭으로 성장하고 있는 것을 알 수 있다.

iResearch의 조사에 따르면, 2011년 중국의 제3자 모바일결제방식을 통한 거래액은 1,000억 위안이었으나 2016년 58.8조 위안(약 8.6조 달러)로 급성장하였고 2019년에는 229조 위안에 이를 것으로 전망하였다. 특히 2016년에 거래액이 폭발적으로 증가하였는데 이는 전년대비 381.9% 증가한 수치이다. 2017년 이후 증가율이 60%대로 다소 하락할 전망이나 여전히 고속 성장할 것으로 예측된다. 그리고 중국의 제3자 결제시장은 알리페이와 텐센트가 주도하고 있으며, 특히 2016년 3분기 이후 텐센트는 위챗과 QQ를 기반으로 소액결제와 송금시장을 공략하면서 알리페이를 추격하고 있다. 2016년 3분기 알리페이와 텐페이(財付通)의 제3자 결제시장 점유율은 각각 55.4%, 32.1%였으나 2017년 1분기 53.7%, 39.5%로 격차가 23.3%p에서 14.4%p로 축소되었다. 두 업체는 해외에서도 경쟁을 벌이고 있다. 알리페이는 27개국, 텐페이는 13개국에서 사용가능하다(백진규, 2017.8.23.).

<図림 9-16> 중국 제3자 모바일결제 거래액과 시장점유율

(단위: 조 元)

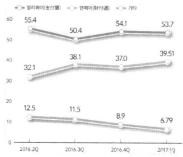

출처: TONGYI CHEN(2017); 백진규(2017.8.23.).

디지털 시장조사기업인 eMarketer의 조사에 따르면, 중국에서 모바일결제서비스를 이용이 가장 활발한 연령대는 20대(21-29세)로 전체 모바일결제 이용자의 43.0%를 차지하고 있다. 두 번째로 이용이 활발한 연령대는 30대(31-39세)로 35.0%를 차지하고 있는데 2-30대 이용자가 전체 이용자의 78.0%를 차지하고 있다. 모바일결제서비스의 이용목적을 보면, 중국인이 가장 많이 이용하는 모바일

<그림 9-17> 연령대별 모바일결제서비스 이용자 비중 및 모바일결제 이용목적(2015)

(단위: %, 복수응답)

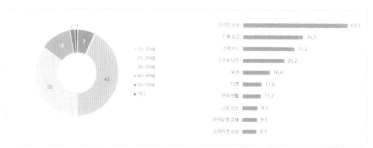

출처: DMC MEDIA(2016.10.24.: 17).

결제서비스는 온라인쇼핑으로 전체 응답자의 63.2%를 차지하고 있으며, 은행송금, 신용카드 결제가 각각 36.3%와 31.2%로 뒤를 잇고 있다.

현재 중국의 모바일결제시장을 주도하고 있는 계층은 80후(1980년대 출생)와 90후세대(1990년대 출생)이다. 2016년 기준, 80후세대 일인당 모바일결제금액은 12만 위안(한화 2,000만원)을 초과하여 연령대별로 최고 수준이었고 90세대는 모바일결제사용 비중이 91%를 초과하였다(蔡晓卿, 2017.1.13).

모바일결제가 폭발적으로 증가한 원인은 첫째, 모바일결제에 대한 인식과 신뢰가 향상되었다. 모바일결제 환경이 개선됨에 따라 더욱 많은 중욱 소비자가 모바일결제를 사용하고 있으며 중소도시까지 모바일결제시스템이 도입되고 있다. 스마트폰만 있으면 종이화폐가 없어도 생활하는데 전혀 지장이 없을 정도로 중국사회가 발전하고 있기 때문이다.

둘째, 4G인터넷망 뿐만 아니라 5G까지 이미 상용화 단계에 들어서면서 다양한 산업에서 모바일결제가 가능해지고 있으며 스마프폰 보급이 계속해서 증가하고 있다. 특히 중국정부는 2014년 5월 모바일결제국가표준을 실시함으로써 모바일결제의 표준화와 규모화를 선도하고 있다.

셋째, 모바일금융이 함께 발전하면서 소비의 관념, 즉 소비의 라이프스타일 자체의 변화를 촉진시키고 있다. 전통적인 중국인은 먼저 저축하고 소비하고 돈을 지불하기를 선호한다. 그래서 소비가 자신이 계획한 목표를 초과하면 소비를 중지하게 된다. 그러나 80후 90후세대의 모바일을 통한 소비는 다르다. 신세대는 먼저 소비하고 남은 돈을 저축한다. 즉 소비를 항상 먼저 생각하게 된다(蔡晓卿,

2017.1.13). 이러한 관념을 가능하게 한 것이 모바일결제시스템이다. 신용카드 사용이 부진한 중국은 전통적인 신용사회의 갭을 모바일결제로 뛰어넘고 이로 인해 새로운 라이프스타일을 만들어가고 있다.

모바일결제시스템의 발전은 다음과 같은 특징을 가지고 있다. 첫째, 모바일결제가 중소도시와 농촌까지 빠르게 확산되고 있다. 나아가 중소도시의 도시화 질을 높이고 있다. 스마트폰 보급이 확대되고 4G와 5G 광대역통신망이 전국으로 확충됨에 따라 각 지방정부는 농촌지역의 전자상거래를 지원하고 있으며 중소도시의 온-오프라인이 연계된 판매서비스 구축을 지원하고 있다. 그 과정 중에 중소도시와 농촌주민의 모바일결제가 증가하고 있으며 일상생활에서 대도시 주민과 똑같이 편리함을 느끼고 있다. 조사에 따르면, 4-5선도시 네티즌 가운데 모바일결제를 이용하는 비율은 각각 43.5%와 38.0%에 이른다.

<그림 9-18> 모바일결제 영역과 거리의 모바일결제모습

출처: https://image.baidu.com

둘째, 모바일결제 장소가 다양화되고 있다. 알리바바와 징동 등 전자상거래기업이 모바일결제시스템을 홍보하고 시장이 확대됨에 따라 모바일지불이 기존의 오프라인 매방에서 단순한 물건을 사고 계산하는데서 인터넷 결제, 공과금 납부, 재테크 등 다양한 부분에서 사용되고 있다. 자료에 따르면, 2016년 광군절 텐마오의 하루 매출은 1,207억 위안(한화 20조 4,400억 원)에 달했는데 그 가운데 82%가 모바일을 통한 결제였다. 모바일결제의 증가는 시간과 장소의 제약을 허물고 있다. 언제 어디서나 물건을 구매하고 외식예약을 하고 차를 예약할 수 있고 심지어 노점상에서도 모바일결제를 할 수 있다. 모바일결제가 현금과 카드를 대체하고 일상생활의 중요한 결제수단이 되고 있는 것이다(刘艳秋, 2017: 4). 프랑스의 시장조사기업인 입소스(Ipsos)가 2017년 7월에 발표한 보고서에 따르면, 중국인 10명 가운데 4명은 외출할 때 100위안(한화 17,000원) 이하를 소지하고 절반이상은 한 달 소비지출액의 단 20%만을 현금으로 지출하는 것으로 나타났다. 현금없는 사회가 가장 빠르게 진행되고 있는 도시는 베이징시이고 선쩐시, 광저우시, 상하이시가 뒤를 잇고 있다. 1선도시가 아닌 지역으로는 1.5선도시인 동관시가 6위, 2선도시인 포산시는 각각 6위와 10위를 차지하며 모바일결제가 활발한 곳으로 조사되었다(홍석윤, 2017.8.1).

향후 중국소비의 핵심이 모바일을 통해 이루어질 것으로 예상되나 모바일소비를 제한하는 다양한 문제가 출현하고 있다. 먼저 모바일결제 안전에 대한 사고가 끊이지 않고 있다. 인렌이 발표한 자료에 따르면, 2016년 모바일소비 사기사건이 계속해서 증가하고 있고 소비자의 피해도 비례해서 증가하고 있다. 특히 50세 이상의 중노년층의 피해가 총 피해사건의 50%이상을 차지하고 평균보다 11%p 더 높다(人民日报, 2017.1.23). 민경(警民)연합 인터넷사기사건 신고 사이트인 레왕플랫폼(猎网平台)이 발표한 "2016년 인터넷사기추세연구보고(2016年网络诈骗数据报告)"에 따르면, 2016년 접수된 인터넷사기건수는 20,623건이며 신고금액은 1.95억 위안(한화 329억원)이며 일인당 피해액은 9,471위안(한화 160만원)이다. 전년대비 신고건수는 17.1% 감소했으나 일인당 피해금액은 85.5%가 증가하여 피해액 규모는 증가하였다(刘艳秋, 2017: 5).

모바일소비의 문제점이 증가하는 원인은 다음과 같다. 첫째, 인터넷 관련 법률이 미비하다. 중국의 인터넷은 짧은 기간에 폭발적으로 발전하고 있다. 그러나 인터넷 기술의 발전에 비해 법률의 제정과 보완은 더디다. 이로 인한 인식은 공감하나 중국사회에 대한 영향을 종합적으로 고려해야하기 때문에 중국정부의 법률제정은 인터넷 발전 속도를 따라잡지 못하고 있다. 지금까지 모바일결제와 관련하여 "전자서명법(电子签名法)", "전자은행업무관리방법(电子银行业务管理办法)" 등을 제정하였으나 현실에 나타나는 다양한 문제점을 해결하기에 부족하다(刘艳秋, 2017: 5).

둘째, 모바일소비의 안전에 대한 대비가 부족하다. 인터넷 보안기술의 낙후와 사기판매 등으로 중국 소비자의 피해가 증가하고 있다. 중국은 모바일 소비시스템의 안전성, 설비, 보안기술 등이 여전히 낙후되어 있다.

셋째, 개인정보의 유출에 노출되어 있다. 중국의 소비자 대부분은 모바일에 정보(QQ비밀번호, 신용카드번호, 결제 비밀번호, 이메일, 게임 개인정보 등)를 저장하고 있다. 모바일소비 과정 중에 개인정보가 개인 혹은 구매사이트 등에 불법적으로 도용 혹은 제공됨으로써 개인의 경제적 피해가 나타나고 있다(张连浩, 2017: 163).

중국의 온라인쇼핑 증가는 앞으로도 계속 증가할 것이기 때문에 중국정부는 이러한 문제점을 보완하고 시정하려고 노력할 것이다. 온라인소비가 지속적으로 중국의 사회경제를 발전시키고 라이프스타일을 변화시키려면 중국정부는 증가하고 있는 관련 문제점을 파악하고 해결해야 한다. 중국정부도 이러한 문제점에 주목하고 있다. 중국 내수시장에 진출하려면 한국기업은 이러한 문제점도 발생추이와 원인을 파악해야 한다.

제10장 공유경제의 성장

1. 공유경제 발전현황과 원인

공유경제(Sharing Economy)란 한번 생산된 제품을 여럿이 공유해 쓰는 협업소비를 기본으로 하는 경제방식이며, 재화에 대한 공유적 사용권과 공동의 협업적 소비는 인터넷을 포함한 정보통신 기술의 발전에 따라 폭발적으로 증가하고 있다. 더욱이 세계경제가 침체하고 무역이 경제성장에 차지하는 비중이 축소되면서 내수시장 확대를 견인하는 새로운 경제역역으로 공유경제가 주목을 받고 있다(김수한·신문경, 2017: 2). 중국은 내수시장 위주의 내수경제 육성을 경제발전의 핵심 추진방향으로 설정하면서 공유경제를 대대적으로 육성하고 있다.

모바일인터넷의 발전을 기반으로 유휴자원과 서비스 혹은 제품의 정보를 연계하는 플랫폼이 공유경제의 핵심이다. 기존의 유휴자원을 통한 경제활동은 정보의 비대칭으로 수요자와 공급자를 제대로 연결하지 못했다. 유휴자원 보유자는 자원의 가치 가운데 일부분만을 스스로 사용하는데 그쳤고, 수요자는 새로운 자원을 소비할 수밖에 없었다(郑永彪·王丹, 2015: 3-4).

공유경제란 이러한 수요공급의 미스매치를 줄이고 자원의 효용을 증가시키기 위해 출현하였다. 하나의 자원을 다수의 수요자가 공동으로 사용하고 사용가치에 따른 비용만 지불하고 공급자는 자원의 이용 빈도를 증가시킴으로 수익을 내는 것이다. 공유경제가 발달하면 사람들은 모든 자원을 구입할 필요가 없다. 예를 들면, 자동차, 자전거, 우산, 주택 등을 필요에 따라 공유경제 플랫폼을 통해 구입하면 된다. 거래의 효율과 자원이용의 효율성이 공유경제를 통해 증가하는 것이다.

공유경제는 협력적 소비(Collaborative consumption)란 용어로 처음 등장하였다. 1978년 미국의 사회학자인 마르쿠스 펠슨(Marcus Felson)과 죠 엘. 스패스(Joe L. Spaeth)가 쓴 논문 <사회구조와 협력소비: 일상적인 활동에서의 접근법>에서 협력적 소비란 용어가 처음 출현했으며, 이 용어가 공유경제의 시초라 할 수 있다(丁汀·白禹·刘潺, 2017.7.3). 그러나 이 당시 협력소비는 인터넷을 기반으로 한 것이 아니기 때문에 광범위한 호응이나 효과를 나타내지 못했다.

공유경제(Sharing Economy)란 용어가 처음 사용한 것은 2008년 하버드대 법학과 교수인 로렌스 레식(Lawrence Lessig)이다. 로렌스 레식은 가격 및 재화로 교환하지 않고 여러 사람이 서로 빌려주고 나누어 쓰는 경제활동을 공유경제라 하였다(Lawrence Lessig, 2008). 활용되지 않는 재화와 서비스와 무형자원을 대여하고 차용하여 사용하는 경제방식이 공유경제이며, 생사된 자원을 소유가 아닌 여럿이 공유해 쓰는 개념이라 할 수 있다(권애라, 2013).

인터넷과 SNS의 급속한 확산으로 개인 간의 정보공유가 용이해졌으며, 온라인에서의 네트워크가 형성되어 다양한 정보를 검색하고 공유하기 시작하면서 공유경제가 급속히 발전하였다. 특히 스마트폰이 보급되면서 공유경제의 중심이 스마트폰에 접목되면서 폭발적으로 성장하게 되었다.

공유경제의 발전은 중국경제뿐만 아니라 라이프스타일의 많은 부분에 영향을 미치고 있다. 공유경제가 중국사회 전반에 영향을 미치는 원인은 최근의 경제침체와 관련이 크다. 경제가 침체되면서 자원에 대한 효율성이 강조되고 개인의 유휴자원을 공유함으로써 새로운 가치를 창출하고 있는 것이다, 그 가운데 새로운 소비행태가 출현하고 있다. 공유경제의 핵심은 유휴자원의 활용에 있다. 현재 공유경제가 출현하는 영역은 주택, 자동차 등 자산과 관련이 있다. 이러한 자산은 대부분이 많은 자금을 투자해야 한다. 그러나 투자한 자금에 비해 활용도는 높지 않다. 자원이 낭비되고 있는 것이다. 자동차를 예를 들면, P2P 차량공유플랫폼인 바오쟈주처(宝驾租车) CEO 인밍런(尹明仁)의 주장에 따르면, 현재 중국에 총 1.3억대의 자동차가 있는데 그 가운데 8,500만 대가 개인차량이다. 개인차량 90%가 유휴상태라고 그는 주장하였다. 차량공유서비스가 이러한 유휴차량의 낭비를 막고 개인의 차량수요를 만족시키고 있는 것이다.

또한 공유경제는 유휴자원의 사회화 재이용에도 장점을 가지고 있다. 전통산업은 영리를 목적으로 하기 때문에 가격이 높다. 반면 공유경제에 활용되는 자원은 저렴한 가격에 이용할 수 있기 때문에 소비자의 편익을 높일 수 있다. 단기임대시장을 예를 들면, 기존의 호텔은 인테리어, 종업원임금 및 관리, 시설 등 다양한 비용을 포함하기 때문에 높은 가격을 책정할 수밖에 없지만 주택공유서비스는 이러한 비용을 고려할 필요가 없고 소유자산의 재이용이기 때문에 가격이 비싸지 않다. 그밖에 공유경제는 외부효과도[94] 나타나는데, Airbnb는 호텔보다 저렴하기 때문에 절약한 돈으로 여행기간을 늘리기도 한다(鄭永彪·王丹, 2015: 4).

국가정보센터(国家信息中心) 산하 공유경제연구센터(分享经济研究中心)는 공유경제를 정보화의 발전에 따라 각 분야의 분산된 자원을 집중시키고 다양한 수요에 정확히 부합할 수 있도록 하여 수요와 공급 쌍방에 최적화를 실현하는 자원배치 방식이라고 평가하였다. 기존의 전통적 경제활동과 비교하여 공유경제는 자본소비가 적고 진입장벽이 낮으며 오염배출이 적은 3저(低)의 특징과 더불어 효율과 체험 그리고 신뢰성이 높은 3고(高)의 경제활동으로 평가하고 있다(김수한·신문경, 2017.7.17: 3).

공유경제는 다양한 산업과 업종으로 빠르게 확산되고 있다. 먼저, 전 세계적으로 빠르게 성장하고 있는 여행객 등의 숙박을 위한 공유서비스로는 Airbnb(爱彼迎), 住娘家 등이 있다. P2P(개인 대 개인)의 자금대출플랫폼인 금융 공유서비스로는 陆金服, 人人贷, 宜贷网 등이 있으며, 차량공유에는 丁丁停车, 滴滴出行 등이 있으며 공유자전거에는 ofo 등이 있다.

---

94) 외부효과란 어떤 경제활동과 관련해 당사자가 아닌 다른 사람에게 의도하지 않은 혜택이나 손해를 발생시키는 것을 말하며, 외부성(Externality)이라고도 한다. 외부효과는 외부불경제(Externality Diseconomy)와 외부경제(Externality Economy)로 구분되는데, 외부불경제는 어떤 행동의 당사자가 아닌 사람에게 비용을 발생시키는 것이고 외부경제는 어떤 행동의 당사자가 아닌 사람에게 편익을 유발하는 것이다. 외부불경제의 예로는 대기오염, 소음공해 등을 들 수 있고 외부경제는 과수원주인과 양봉업자와 관계 등을 들 수 있다(NAVER지식백과).

<표 10-1> 중국 공유경제 비즈니스모델과 주요 서비스

분야	주요 서비스	주요 플랫폼
금융	P2P(개인 대 개인) 자금대출 플랫폼	陆金服, 人人贷, 宜贷网
지식/콘텐츠	e-Book, 음원 등 공유	鸠摩搜书, Kindle推
숙박	여행객을 위한 주택공유서비스	Airbnb(爱彼迎), 住娘家,
교통/차량	차량공유, 공유자전거	滴滴出行, 苏打出行, ofo
생활서비스	음식배달, 차량정비, 미용, 가사도우미	陪爸妈, 回家吃饭, DogVacay
생산설비	기계설비, 검사정비 등 공유	
의료	의료정보 공유, 온라인진료, 의료 예약대행	春雨医生, 点点医, 平安好医生

출처: 김수한·신문경. 2017.7.17: 4)를 참조하여 필자 보완

2016년 중국의 공유경제 시장규모는 약 3조 4,522억 위안(한화 583조원)으로 전년대비 103% 증가하였다. 우리나라 한 해 예산인 400조원보다 크다. 규모면에서는 금융 공유경제 서비스가 2조 853억 위안으로 가장 크고 증가율에서는 지식/콘텐츠 공유경제서비스가 205%로 가장 빠르다.

<표 10-2> 중국 공유경제 주요 분야 시장규모(2015-2016)

분야	거래금액(억 元)		증가율
	2015	2016	
금융	10,000	20,863	103%
지식/콘텐츠	200	610	205%
숙박	105	243	131%
교통/차량	1,000	2,038	104%
생활서비스	3,603	7,233	101%
생산설비	2,000	3,380	69%
의료	70	155	121%
합계	16,978	34,522	103%

출처: 김수한·신문경. 2017.7.17: 5)

<표 10-3> 2016-2017년 공유경제 주요 정책 내용

시기	문건명	내용
2016.3	2016년 정부업무보고	• 공유경제 발전 지향, 자원이용 효율 제고 • 신기술, 신산업, 신경영방식의 성장 촉진 • 제도, 시스템 혁신을 통한 공유경제 발전 촉진
	녹색소비 촉진에 관한 지도 의견	• 공유경제 발전 장려 • 개인 유휴자원 효율적 이용 • 인터넷 예약 주택임대, 물물교환 이용 등 발전 • 신용체계의 완비 • 관리감독방식의 혁신
2016.4	인터넷+유통 행동계획 시행의견	• 공유경제발전의 새로운 비즈니스 모델 지원 • 시장주체의 창업혁신 장려 • 기업의 인터넷 플랫폼 활용 자원 배분 • 상품, 서비스 소비의 신공간 확장
2016.5	제조업 및 인터넷 융합 심화 발전 지도의견	• 중소기업 자원과 인터넷플랫폼의 융합 • 제조업의 온라인 협력 및 거래의 실현 • 제조업 분야의 공유경제 발전
2016.7	국가정보화 발전전략강요	• 공유경제 발전 • 인터넷 협력 혁신체제 구축
2016.8	인터넷+ 스마트교통 발전 촉진 실시방안	• 인터넷+교통의 새로운 경영방식 발전 • 규모화, 네트워크화, 브랜드화의 점진적 실현 • 대중창업, 만인혁신의 추진
2017.7	공유경제발전에 관한 지도의견	• 자원의 효율적 배치를 통한 고효율의 공유경제모델 • 공유경제 발전을 저해하는 문제점 해소

출처: 김수한·신문경(2017.7.17: 13); 周雷(2017.7.26) 필자 재정리

중국정부는 2016년 이후 공유경제를 본격적으로 발전시키고 관련 비즈니스모델을 육성하기 위해 다양한 정책을 시행하고 있다. 2016년 3월 양회 정부업무보고에서 리커창(李克强)총리는 공유경제 발전을 정부의 중요한 정책으로 제시하면서 자원의 효율적 이용을 강조하고 신산업 신경영방식의 성장을 촉진하였다. 이것은 공유경제의 발전을 촉진하기 위한 정책적 방향을 제시한 것으로 평가되고 있다. 동 기간 중국정부는 <녹색소비 촉진에 관한 지도의견>을 통해 공유경제의 지침을 제시하였다. 공유경제는 개인의 유휴자원을 효율적으

로 이용하고 주택공유 및 물물교환 등을 통해 자원을 효율적으로 배분하고 신용체계와 관리감독체계의 건립을 요구하였다.

2016년 4월 중국정부는 <인터넷+유통행동계획 시행의견>을 통해 인터넷과 유통 및 물류산업을 연계하고, 그 가운데 공유경제발전을 위한 새로운 발전모델을 모색하였다. 발전모델은 시장부체의 혁신을 이끌어내고 기업의 인터넷플랫폼을 활용한 자원배분시스템을 건립하도록 유도하고 있다. 상품 및 서비스의 소비를 공유경제를 통해 확대하려는 것이 중국정부의 목표이다. 당해 5월, 중국정부는 <제조업 및 인터넷 융합 심화 발전 지도의견>에서 중소기업과 인터넷플랫폼의 연계를 제시하였고 제조업분야의 공유경제 발전을 강조하였다. 7월 <국가정보화 발전전략강요>에서는 공유경제와 인터넷 협력의 체계를 구축할 것을 요구하였다. 8월에는 <인터넷+스마트교통 발전촉진 실시방안>을 발표하였는데, 공유경제의 규모화, 브랜드화, 네트원트화를 유도하고 공유경제를 통한 창업을 독려하였다(김수한·신문경(2017.7.17: 10-12).

2017년 7월 국가발전계획위원회(国家发展改革委) 등 8개 부서가 공동으로 발표한 <공유경제발전에 관한 지도의견>에서 공유경제는 자원의 효율적 배치에 유라기 때문에 정부의 적극적인 지원이 있을 것이며, 공유경제∥ 발전을 저해하는 요소 제거에 주력할 것이라고 밝혔다. 중국정부는 공유경제 발전을 저해하는 요소로 비규범적인 인식과 제도, 중앙정부의 적극적인 개입 미비, 플랫폼 부족, 정보부족 등을 꼽았고 중앙정부는 이를 해소하기 위해 계속해서 지원해 나갈 것이라고 밝혔다(周雷, 2017.7.26.). 전국정협(全国政协) 위원인 왕첸환(王茜迓)은공유경제가 해결해야 할 문제점으로, 소비자와 서비스제공자 양자의 권익을 어떻게 보호할 것인가, 자원이 효율적으로 배분되도록 어떻게 관리감독 할 것인가를 제시하였다. 그 방법으로 양자가 참여하는 공동해결시스템을 건설하고 공유경제에 관한 법률을 보완해야 한다고 주장하였다(张颖浩, 2017.3.15).

2. 차량공유서비스

공유경제의 대표적인 산업이 카쉐어링(Car Sharing) 즉, 차량공유 서비스이다. 우버(Uber)는 카쉐어링의 대표 기업이다. 2009년 3월 미국에 설립된 우버는 자가용콜 형태를 가진 주문형 개인기사서비스라 할 수 있다(이상민, 2014).

<그림 10-1> 우버의 이용시스템

출처: 이상민(2014).

<그림 10-1>의 우버 이용시스템을 보면, 모바일 앱(APP)을 이용하여 차량과 운전자를 고객에게 유상으로 연결시켜 승차서비스 이용자는 앱을 통해 신청하고 요금을 결제하고 차량소유 운전자는 우버에 수수료를 지급하고 승차서비스 이용자에게 차량과 운전서비스를 제공한다. 모바일 앱을 통해 유휴자원인 차량소유자는 차량과 운전서비스를 제공하고 요금을 받게 되고 승차서비스 이용자는 택시

보다 고급운송서비스를 제공 받는 것이다.

2016년 말 기준 중국의 공유교통서비스 시장규모는 2,038억 위안으로 저년대비 104% 성장하였다. 공유교통서비스는 차량 혹은 차량과 기사를 소비자의 필요에 따라 제공하는 시스템이다. 중국에서 공유교통서비스를 이용하는 소비자는 3.5억 명으로 추정되며, 전년대비 40% 증가하였다(한국무역협회 성도지부, 2017: 8).

공유교통서비스는 두 가지 형태가 있다. 하나는 차량공유로 일종의 사설택시 개념으로, 기사 본인의 차량으로 손님을 태우고 운행하는 서비스이다. 대표적인 기업은 디디추싱(滴滴出行)이다. 차량공유는 모바일 앱을 통해 차량을 호출하면 해당 기사가 차량을 몰고 손님이 있는 곳으로 이동하며, 이용 후 별도의 현금결제 없이 모바일 앱으로 결제하는 시스템이다. 다른 하나는 공유자동차로 공유자전거와 마찬가지로 이용자가 직접 운전하는 개념이다(한국무역협회 성도지부, 2017: 9). 공유자동차는 베이징시 상하이시 등 대도시를 중심으로 단시간에 차량이 필요한 소비자를 만족시키는 서비스로 큰 인기를 끌고 있다. 모바일 앱을 통해 자신의 위치와 가장 가까운 자동차를 찾아 모바일로 시동을 걸고 이용하며, 사용이 끝나면 지정된 장소 혹은 추가 요금 지불 후 사용자가 원하는 장소에 주차하면 된다. 사용자가 이용한 시간에 따라 모바일 결제시스템을 통해 실시간으로 결제된다.

택시를 대체하는 승용차 중심이었던 차량공유서비스는 최근 더욱 다양해져 출퇴근 시간 주요 산업단지와 주거지역을 오가는 버스 공유서비스도 등장하였다. 대표적으로 디디추싱에서 운영하는 제워바스(接我巴士, 버스 태워주세요)와 샤오주바스(小猪巴士, 돼지버스) 등은 20여개 도시에서 2,000여개 노선을 운영하고 있다(한국무역협회 성도지부, 2017: 10).

2008년 글로벌 금융위기 이후 전 세계 경제가 침체에 빠지면서 공유경제에 대한 관심이 증가하였고 2013년 이후 폭발적인 성장세를 보이고 있다. 2016년 6월 현재 세계 공유경제 기업 수는 993사이며, 51개국에 분포해 있다(丁汀·白禹·刘漏, 2017.7.3.).

<그림 10-2> 공유교통서비스 기업

| 디디추싱 | 쑤다추싱 |

출처: https://image.baidu.com

중국에서 공유경제가 출현한 시기는 2010년이며 본격적인 발전이 시작된 시기는 2011년이다(徐沙沙·谭江涛, 2016: 18). 2016년 기준 중국 공유경제 시장 거래액은 3조 4,520억 위안(한화 약 583조원)이며 2015년 대비 103% 증가한 수치이다. 동 기간 공유경제 활동에 참여한 수는 6억 명을 초과하였으며 2015년 대비 1억 명이 증가하였다(丁汀·白禹·刘漏, 2017.7.3).

중국에서 공유경제가 짧은 기간 동안 폭발적으로 성장한 원인은 다음과 같다. 첫째, 중국경제가 침체함에 따라 중국 국민들은 생활 비용을 절감하고자 하는 동시에 수준 높은 생활수준을 원하고 있다.

비용절감과 생활수준 향상이라는 두 가지 모순점을 해결할 수 있는 것이 공유경제이다. 둘째, 사람과 사람, 사람과 제품, 제품과 제품을 연결하여 수요와 공급의 법칙을 원활하게 소통시켜주는 공간이 모바일이며 공유경제이다. 전통적인 중국 사회경제의 수요와 공급에 대한 정보는 구전(口傳)에 기반을 두고 있다. 구전에 의한 정보교류는 수요와 공급을 효율적으로 하는데 한계가 있다. 이러한 한계를 극복하게 한 것이 인터넷과 모바일서비스이다. 셋째, 청년층의 물질에 대한 수요욕구가 공유경제를 통해 해소된다((郑永彪·王丹, 2015: 4). 중국의 주요 소비계층과 라이프스타일 변화를 이끌고 있는 계층은 80후, 00후세대이다. 80후는 1980년대, 00후는 2000년대 출생자로 10대 후반부터 30대 중반까지의 연령대이다. 이들은 개혁개방 (1978년) 이후 출생자로 중국경제발전과 함께 성장한 계층이다. 이들의 소비행태와 라이프스타일은 한국, 일본분 만 아니라 서구의 선진국과 크게 다르지 않다. 반면 소득은 다른 국가보다 낮기 때문에 공유경제를 이용하게 되는 것이다.

3. 공유자전거

2017년 1분기 기준 공유자전거 어플리케이션 비중은 오포(ofo)가 51.2%, 모바이크(MOBIKE) 40.1% 순으로 두 업체가 전체시장의 91.3%를 점유하고 있다. 오포는 2014년 중국 최초로 대학생을 대상으로 예상하여 설립되었다. 시민들의 낡은 자전거를 회수하여 노란색 페인트로 칠하고 이를 보급하는 시스템이었다. 이용요금은 시간당 학생 0.5위안, 일반인 1위안으로 저렴한 가격의 특징을 가지고 있다. 모바이크는 2015년 1월에 설립되었으며 이용요금은 시간당 2위안이다. 2017년 1월 아이폰 조립업체로 유명한 폭스콘(富士康)과 전략적 제휴를 맺고 투자, 생산, 기술개발 등에 협력하기로 결정했다.(한국무역협회 성도지부, 2017: 5-6)

〈그림 10-3〉 오포와 모바이크

| 오포 | 모바이크 |

출처: https://image.baidu.com

공유자전거는 모바일 앱을 통해 자전거의 위치를 파악하고 사용한다. 결제도 이용시간에 따라 자동으로 기록되어 모바일 금융시스템을 통해 실시간으로 결제된다. 공유자전거는 모바일 지불시스템의 융합이 발전의 원동력이다. 오포는 웨이신(WeChat)을 통해 사용하는 비율이 55%, 오포앱을 통해 사용하는 비율이 45%로 별도의 앱을 깔지 않더라도 사용할 수 있는 장점이 있다(한국무역협회 성도지부, 2017: 4).

공유경제연구센터의 조사에 의하면, 공유자전거 이용자 가운데 남성이 56.4%, 여성이 43.6%이며, 소재지는 1선도시 59.3%, 2선도시 22.6%, 3선도시 11.1%로, 주로 도로망이 잘 갖추어져 있고 대중

교통의 보조적 교통수단이 필요한 1선도시의 이용률이 높다(한국무역협회 성도지부, 2017: 6).

중국 최대 차량공유기업인 디디추싱(滴滴出行)이 성공한 것을 계기로 공유경제 기업에 막대한 투자가 이루어지고 있다. 중국 최대 전자상거래 기업인 알리바바와 최대 인터넷 기업인 텐센트 두 회사가 공유경제에 투자한 금액이 86억 6,000만 위안(한화 약 1조 4,650억 원)이며, 2016년 공유경제에 투자된 총 금액은 1,710억 위안(한화 약 29조 원)으로 전년대비 130% 증가하였다. 하지만 수익을 내는 공유서비스기업은 많지 않다(강동균, 2017.8.25). 자전거 공유시장의 91.3%(2016년 기준)를 차지하는 오포와 모바이크는 아직 수익을 내지 못하고 있으며, 2016년 6월 충칭시 공유자전거기업인 우쿵(悟空)은 서비스를 중단했다. 우쿵은 1,200대의 공유자전거를 투자했으나 회수한 차량은 10%에 불과하였다(王楠, 2017.6.22).

공유자전거는 대중교통 사각지대의 교통수단으로써 각광받고 있어 이용자가 계속해서 증가할 전망이다. 그러나 해결해야할 문제점도 비례해서 증가하고 있다. 우쿵처럼 자전거를 제대로 회수하지 못하거나 고장률이 높고 아무데나 방치하는 지전거가 늘면서 인력과 비용이 낭비되고 있다. 그리고 모바일결제시스템 외에 다른 결제수단이 없기 때문에 이에 익숙하지 않거나 스마트폰이 없는 경우 이용할 수 없다. 또한 주요 7개 공유자전거 업체 중에 오포만이 잔액환불이 가능한 단점도 있다.(한국무역협회 성도지부, 2017: 7-8).

4. 공유지식/콘텐츠

지식공유서비스란 개인이나 기업이 소유하고 있는 각종 지식 및 콘텐츠, 노하우를 공유함으로써 가치를 창출하는 서비스이다. 중국의 지식공유서비스 시장규모는 2016년 610억 위안을 기록하며 전년 대비 205%로 급증하였으며 사용자수는 3억 명에 이른다. 서비스 종류는 지식콘텐츠(보고서 등) 공유, 공공질의 응답, 예술콘텐츠(음원 공유) 등 다양한 형태가 있다. 대표적인 플랫폼은 다음과 같다. 첫째 쯔후(知乎)는 2016년 기준1,700만 명의 회원을 보유한 중국의 대표적인 지식공유서비스로 보고서, 글, 간행물 등을 자유롭게 업데이트할 수 있다. 회원은 궁금한 점이 있으면 질문을 올리고 그에 상응하는 콘텐츠를 제공받는다. 둘째, 펀다(分答)는 질의응답 어플이다. 회원 간에 건강, 재테크, 직업, 인생문제 등 자유로운 주제에 대해 질문을 올리면 회원 간에 답변을 음성녹음으로 업데이트한다. 콘텐츠의 질 저하, 지적재산권의 보호 미흡, 관리감독 부실 등의 문제가 존재하지만 지식공유서비스는 향후 지속적으로 성장할 것으로 전망된다(한국무역협회 성도지부, 2017: 15-16).

베이징시에는 최근 4-5m² 크기의 작은 부스 안에 러닝머신을 갖춘 공유헬스장이 등장했다. 스마트폰 앱을 내려 받아 회원등록을 한 뒤 보증금 99위안(한화 약 16,700원)만 내면 누구나 이용할 수 있다. 상하이 지하철 출입구에는 공유우산 거치대가 있다. 보증금 39위안을 내고 등록한 뒤 거치대의 QR코드를 스캔해 열쇠를 풀어 우산을 이용하면 된다. 베이징 중관촌에는 근무 중 쉬는 시간에 잠시 눈을 붙일 수 있는 공유수면방이 문을 열었다. 중국에는 자전거부터 휴대폰배터리, 우산, 농구장, 유모차 등 다양한 공유서비스가 생겨나고 있다(강동균, 2017.8.25.).

5. 공유의료서비스

공유경제 의료서비스는 환자가 병원에 방문하지 않고 온라인상에서 의사와 직접 대화를 하거나 비슷한 증상을 겪는 다른 사용자의 증상을 참고할 수 잇도록 하는 서비스이다. 전통적인 의료서비스는 병원접수에 많은 시간을 소비하고 특히 명의한테 진료를 받기 위해 밤새 줄을 서거나 뒷돈을 주는 경우도 있었다. 반면 春雨医生은 무료로 건강에 대한 자문을 제공하고 의사와 3분 내 의료상담을 진행한다. 특히 환자가 자신의 의료정보를 언제든 열람할 수 있고 운동, 체중, 음식, 혈압 등 다양한 의료서비스를 제공받을 수 있다. 春雨医生은 2015년 7월 현재 6,500만 명이 가입해 있으며 20만 명의 의사와 7,000만 개가 넘는 의료데이터를 확보하고 있다(Baidu百科).

〈그림 10-4〉 각종 공유서비스

| 공유헬스장 | 공유우산 |

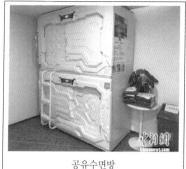

| 공유수면방 | 공유의료서비스 |

출처: https://image.baidu.com

2017년 8월 후난성(湖南省) 성도인 창사시(长沙市)는 전국에서 처음으로 모바일의료플랫폼(移动医疗平台)을 설립하여 중국사회의 주목을 받고 있다. 중난대학(中南大学) 샹야싼병원(湘雅三医院)은 53개의 임상의료실험실과 500여 명의 의사를 보유하고 있으며 100여 곳의 시현병원(市县医院), 기층보건센터(基层社区卫生服务中心)와 연계된 공립병원이다. 샹야싼병원은 모바일 앱을 통해 의료플랫폼인 "샹야싼병원원격진료센터(湘雅三医院远程医疗中心)"에 진료를 신청하면 병원에서 전문가가 원격진료를 싱시한다. 모바일 앱을 통한 원격진료는 대도시가 아닌 농촌이나 병원이 먼 지역의 사람들에게 의료서비스를 제공하는데 편리하다. 더욱이 중국은 의료기관의 80%가 대도시에 집중되어 있고 농촌에 거주하는 노인인구 등은 병원을 오가며 진료받기가 쉽지 않다. 모바일 앱을 통한 원격진료는 누구나 의료정보와 진료를 공유할 수 있다(李琪, 2017.8.27)

제11장 왕홍경제의 개념과 발전

1. 왕홍의 개념

왕홍이란 '왕뤄홍런(网络红人)'의 줄임말로 파워블로거나 유튜버와 같이 중국내 온라인 미디어 등을 통해 영향력을 끼치는 사람을 가리키다. 연예인이나 스타는 아니지만 상당한 영향력을 가지고 있으며 왕홍경제라는 용어를 만들만큼 이들을 활용한 다양한 비즈니스가 이루어지고 있다. 초기에 왕홍이 개인이 중심이 된 형태였다면 지금은 기업이 체계적으로 왕홍을 양성하고 관리하고 있다. 왕홍은 대부분이 눈에 띄는 외모 혹은 전문지식을 가지고 있으며, SNS를 통해 많은 네티즌과 다양한 방식으로 소통하면서 영향력을 확대하고 있다(한국콘텐츠진흥원, 2016: 1).

과거에도 인터넷에 출현하는 인터넷 유명인들이 있었으며 이들은 대부분 단기적인 이슈화에 그치는 경우가 많았다. 그러나 최근의 인터넷 유명인(왕홍)은 새로운 산업으로써 직접적인 매출을 올리고 있다. 중국에서는 이를 왕홍경제라 일컫는다. 왕홍은 2015년 중국 10대 유행어에 선정되기도 하였다. 인터넷을 통해 상품 정보를 습득하는데 능숙한 청년층이 중국의 주요 소비자층으로 성장함에 따라 이들에게 정보를 전달하고 소비를 촉진시키는 촉매제로서 왕홍의 경제적 가치가 지속적으로 상승하고 있다(김정덕·김정주, 2016: 3).

2. 왕홍의 발전과정

인터넷이 발전함에 따라 인터넷상에서 자신의 견해나 정보를 표현하기도 한다. 이것을 1인 미디어하고 하는데 1인 미디어가 발전하면서 플랫폼이 생겨나고 사회에 대한 영향력도 증가하였다. 대표적인 플랫폼은 블로그(博客), BBS(전자게시판), SNS(微信, 트위터, 페이스북, QQ, 人人) 등 있다.

중국도 인터넷과 스마트폰의 보급이 확대됨에 따라 1인 미디어가 발전하고 있다. <표 4-6>을 보면 중국의 1인 미디어는 4세대를 거치며 발전하였다. 1세대가 포털사이트인 新浪, 搜狐등이 주요 플랫폼이었으며 PC를 통해 문자와 사진을 보내는 수준이었다. 주로 기업의 배너광고를 통해 수익을 얻었다. 2세대는 블로그시대이다. PC의 개인블로그에 문자나 사진 등을 올리고 수익은 협찬이나 블로그에 제품을 올려서 판매하는 것이었다. 3세대는 마이크로 블로그인 微博와 微信(Wechat)이 주요 플랫폼이다. 微博와 微信은 문자와 사진뿐만 아니라 동영상을 올리기에 편리하다. 그리고 3세대부터 스마트폰이 1인 미디어의 주요 기기가 되었다. 스마트폰은 즉시성과 현실성이라는 장점을 보유하고 있는데 2011년 7월, 중국 원저우시(溫州市)에서 고속철 두 대가 충돌하여 사고가 났는데, 웨이보를 통해 이 사건이 전파되고 수습과정에서 중국정부의 무능함과 부패가 이를 통해 고발됨으로써 중국사회에 웨이보의 역할이 부각되었다(허재철, 2015.2.5). 지금은 1인 미디어 4세대시대이다. 생방송플랫폼이 주요 활동무대이며 실시간동영상을 통해 유저와 실시간으로 소통한다. 주요 수익은 협찬, 선물, 제품판매 등이다. 이러한 과정 중에 왕홍이 탄생한 것이다.

<표 11-1> 중국 1인 미디어의 발전과정

구분	1세대	2세대	3세대	4세대(왕훙)
주요 활동	포털사이트	블로그	마이크로블로그	생방송플랫폼
대표 플랫폼	新浪, 搜狐	新浪 Blog	微博, 微信	斗鱼, 熊猫
콘텐츠형식	문자+사진	문자+사진	문자+사진+동영상	(실시간)동영상
중심기기	PC	PC	스마트폰	스마트폰
커뮤니케이션	원천자료 제공	정보해석, 심화	즉시성, 현실성	실시간 소통
수익모델	배너광고	협찬, 판매	협찬, 광고, 판매	협찬, 선물, 판매

출처: 김정덕·김정주(2016: 2).

왕훙이 짧은 시간에 중국사회에 등장하여서 왕훙의 발전단계를 몇 단계를 나눌지는 다양한 견해가 존재한다. 인터넷기술의 발전에 따라 왕훙이 등장하는 조건이 달라지며 왕훙의 특성도 달라진다. 이를 기준으로 왕훙의 발전단계를 나누면 다음과 같다. 1단계는 BBS나 블로그시대이다. 전파모델의 제약 때문에 일반인은 BBS나 블로그에서 상대적으로 큰 영향력을 발휘하기 힘들다. 1단계 왕훙은 콘텐츠에 공을 들여야만 팔로워를 늘릴 수 있고 주목을 받을 수 있다. 이 단계는 평범한 인물이 BBS나 블로그를 통해 왕훙이 되는 경우이다. 온라인 문학작품으로 왕훙이 된 유형도 있고 섹스일기, 개인사진 등으로 왕훙이 된 유형도 있다. 2단계는 웨이보 대중화시대이다. 웨이보는 신속성, 대중성 및 연동성의 특징을 가진다. 이전보다 개별 네티즌이 SNS에서 영향력을 발휘하기 용이해졌다. 개인이 화제를 집중하면 개인의 주목을 끌 수 있다. 3단계는 모바일 인터넷 온라인방송시대이다. 스마트폰은 신속성과 편리성을 더욱 확대시켰다. 이에 따라 왕훙의 영향력은 더욱 확대되었다. 왕훙 경제가 새로이 탄생한 단계이다. 대표적인 사례는 파피쟝이다. 이는 왕훙 회사의 포장결과이기도 하다.

　3단계에는 크게 콘텐츠를 내보내는 방식이나 수익모델의 차이에 따라 세 가지 유형으로 나눌 수 있다. 첫째, 전자상거래 왕훙이다. 이 유형은 왕훙경제를 키워드로 하는 수익모델이다. 장다이(張大奕)는 웨이보와 웨이신을 전시상품의 진열장으로 활용한다. 방대한 팔로워가 그녀의 잠재적 고객군이다. 2015년에 광군제 하루 만에 타오바오점 판매액이 6,000만 위안에 이르기도 했다. 이 유형은 판매형 왕훙이다. 타오바오점을 수익실현의 경로로 삼는다. 타오바오를 통하면 비용절감이 되고 완전히 대외공개가 되기 때문에 1인 미디어를 사용하여 특정 고객을 대상으로 정확한 마케팅을 진행한다. 둘째, 콘텐츠 왕훙이다. 최근 온라인 생방송과 짧은 동영상이 유행함에 따라 동영상 블로그 주인과 동영상 플랫폼 BJ가 콘텐츠 왕훙에 진입한다. 인터넷 유료화가 발전함에 따라 콘텐츠는 사람들의 주목을 끌고 있다. 콘텐츠 왕훙 활동 플랫폼은 매우 다양화되어있다. 웨이보, 웨이신, 짧은 동영상플랫폼, 동영상사이트, 생방송 플랫폼 등이 있다. 수익실현방식도 더욱 다양화된다. 예컨대 광고, 구독료, 팔로워 요금, 플랫폼계약, 업무 전환 등이 있다. 셋째, 생방송 왕훙이다. 자신의 특성에 의존해 팔로워의 관심을 끄는 왕훙이 끊임없이 발전하는 온라인 생방송에 의존해 신흥 오락서비스를 제공하는 유형이다. 생방송 시간 외에는 팔로워 수를 유지하는 데 많은 시간을 들인다. 게임 BJ가 가장 많다. 왕훙은 발전된 게임기술과 훌륭한 외모로 팔로워 지지를 획득한다. 수익실현방식에는 팔로워의 사이버 선물이 있다. 선물을 많이 받을수록 왕훙의 인기는 높은 것이다(김정덕·김정주, 2016: 5).

3. 왕홍경제 규모와 발전 원인

온라인소비를 이끄는 20-30대 청년층은 왕홍의 콘텐츠를 적극적으로 소비하며 이들의 추천 제품을 구매하는데 익숙하다. 인기 왕홍의 팔로워 규모는 명사와 버금가는데 대표적인 왕홍인 파피장(papi酱)은 웨이보 팔로워 수가 1,997만 명(2016.11 기준)으로 2,135만 명인 알리바바의 마윈회장과 차이가 없으며 샤오미의 레이쥔회장의 1,387만 명을 크게 상회한다(김정덕·김정주, 2016: 2).

<그림 11-1> 중국 왕홍산업 규모 예측(2016-2018)

(단위: 억 원)

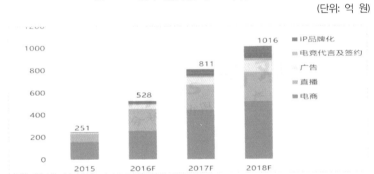

출처: Anaiysys易观&蘑菇街(2016.11.3).

왕홍경제의 매출은 IP브랜드화, e-Sports 광고모델, 광고, 방송, 전자상거래 등에서 발생되는데 전자상거래와 생방송이 86.4%로 대부분을 차지한다. 규모면에서 2015년 왕홍산업 규모는 251억 위안이었으며 2018년이면 1,016억 위안으로 연평균 59.4%씩 성장할 전망이다. 왕홍이 기업과 결합되면서 수익발굴을 위한 다양한 시도가 있을 것이며 왕홍의 규모도 증가할 것이기 때문에 왕홍산업의 규모도 비례해서 증가할 것이다.

<표 11-2> 전통마케팅과 왕훙마케팅 비교

기존 마케팅	왕훙마케팅
TV,잡지 등 이용으로 전파성 제한적 고비용, 저빈도 노출 특정 소비층 타겟팅 어려움	온라인 등 이용으로 전파성 높음 저비용, 고빈도 노출 타겟팅 용이(왕훙 확보 팬)

출처: 김정덕·김정주(2016: 2).

기존의 마케팅은 TV나 잡지 등을 통해 전파됨으로써 이를 보는 사람은 제한적이다. 게다가 TV광고나 잡지광고는 가격이 비싸며 송출횟수도 제한적이다. 특히 원하는 타겟계층만을 위한 마케팅은 더더욱 어렵다. TV나 잡지는 불특정 계층이 보기 때문이다. 반면 왕훙마케팅은 전파성이 높다. 온라인 혹은 모바일인터넷을 통해 전파됨으로 빠른 시간에 많은 지역에서 동시시청이 가능하다. 그리고 온라인에서 전파되기 때문에 가격이 저렴하고 언제든지 접속하면 시청할 수 있다. 그리고 왕훙팬을 이용하면 특정 계층의 맞춤형 마케팅도 가능하다. 이러한 점 때문에 한국의 중소기업은 중국시장을 진출하기 위해 왕훙마케팅을 이용하는 것이다.

국내기업도 중국시장 공략을 위해 왕훙마케팅에 뛰어들고 있다. 한국이업 가운데 중국의 내수시장을 공략하기 위한 생활용품, 화장품 등이 주로 왕훙마케팅을 시행하고 있다. 2017년 8월 25일 1,000만 팔로워를 보유한 왕훙 7명이 한국을 방문하였다. 이들은 한국어교육을 비롯해 몸매관리, 연기, 메이크업, K-POP댄스 등을 교육받고 향후 한국기업을 홍보하는 역할을 하게 된다(한국경제, 2017.8.25). 패션 뷰티 관련 국내 O2O기업인 이투스네트웍은 2017

년 8월 중국 마케팅기업 인터내셔널엠과 왕홍마케팅을 위한 MOU (업무협약)을 체결하였다. 이투스는 판매 중개하는 브랜드와 제품을 왕홍을 통해 중국에 전파시켜 매출을 확대하고 자사 브랜드를 홍보할 계획이다(박준호, 2017.8.18). KOTRA는 중국의 온라인쇼핑시장을 공략하기 위해 소비자플랫폼(C2C), 운영대행사, 왕홍마케팅을 적극적으로 활용해야 한다고 분석하였다. 2017년 8월 13일 <중국 온라인 쇼핑시장 진출방식 제어> 보고서에서 한국 중소기업에 적합한 온라인 쇼핑시장 진출방식 가운데 하나로 왕홍마케팅을 제시하였다. KOTRA는 보고서에서 왕홍마케팅은 가성비가 높고 브랜드와 자금력이 약한 중소기업에 적합하다고 주장하였다. 왕홍이 만은 동영상 콘텐츠를 유저가 보고 제품을 구매함으로 직접적이고 즉각적인 매출증가와 브랜드 홍보효과를 누릴 수 있다고 평가하였다(정영일, 2017.8.13).

　왕홍경제가 발전한 원인은 다양한 소비자층의 욕구와 심리를 대변하기 때문이다. 왕홍경제의 주 이용자는 80후세대 이후 세대이다. 이들은 개성화된 소비를 중시한다. 이들은 가격보다 디자인과 혁신을, 오프라인보다 온라인을 중시하는 세대이다. 특히 90후세대는 PC와 모바일을 통한 인터넷환경에 일찍부터 노출되었으며 SNS를 통해 취향과 정보를 공유하는데 익숙하다. 중국 전자상거래 플랫폼과 대학 등이 발표한 조사결과에 따르면, 90후세대의 약 61%가 모바일 인터넷을, 39%가 PC인터넷을 이용하는 것으로 나타났다. 특히 90후세대는 하루 3.8시간 휴대폰을 사용하며, 월 121개의 온라인동영상을 시청하는 것으로 나타났다. 모바일소비에 익숙한 90후세대는 단순히 정보를 전달하는 전통적인 형태의 설명보다 이해가 쉬운 동영상을 선호한다. 왕홍은 이러한 90후세대를 만족시키는 데 유리하다(이민정, 2016.8.28).

왕홍의 특징은 첫째, 제품을 소개하고 사용하는 방법 등의 정보를 직접 보여준다. 실시간 방송을 통해 자신이 입은 옷이나 화장품 등을 보여주고 해당 옷에는 어떤 다른 패션 아이템이 어울리는지 코디법까지 알려주고, 화장품을 활용해 어떻게 메이크업 하는 것이 옷과 잘 어울리는지 단계별로 보여준다. 소비자는 왕홍을 다각적인 정보와 간접 경험을 할 수 있다.

<그림 11-2> 왕홍스타

출처: https://image.baidu.com

둘째, 왕홍은 실시간으로 댓글을 통해 소비자의 질문이나 요구사항을 즉각적으로 반영한다. 소비자들과 상품에 대해 피드백을 주고받는 등 소통을 하면서 유대감과 만족감을 이끌어 낼 수 있다. 소비자의 입장에서 자신이 믿는 왕홍이 소개하는 제품에 대해 더 신뢰도를 가지고 있다. 왕홍은 이전 세대와 다른 소비패턴을 보이는 신세대들이 원하는 정보와 서비스를 제공할 수 있기 때문에 왕홍경제로 발전할 수 있었던 것이다(이민정, 2016.8.28).

4. 왕홍경제의 벨류체인

전통적인 엔터테인먼트산업과 비교하면 왕홍산업의 벨류체인은 비교적 단일한 소비구조를 가지고 있다. 왕홍의 벨류체인은 왕홍-매니지먼트-플랫폼-사용자의 구조로 되어 있다. 왕홍은 전문BJ왕홍, 1인 미디어왕홍, 전자성거래왕홍, 일반인왕홍, 유명인왕홍 등으로 다양하다. 왕홍이 소비자와 교류하는 방법은 직접 소셜 플랫폼을 통하는 방법, 매니지먼트 기업을 거쳐 다시 소셜 플램폼이나 화상채팅 플랫폼을 통하는 방법이 있으며, 소셜 플랫폼이나 화상채팅 플랫폼이 다시 전자상거래 플랫폼을 통해 소비자와 만나는 방법 등이 있다. 전통적인 스타 만들기보다 왕홍이 인지도를 높이는 방법은 다양하다. 특히 소비자들과 직접적인 교류가 가능하다는 점은 인지도를 높이는 장점이 된다. 왕홍이 산업화된 지 얼마 되지 않았기 때문에 체계적인 왕홍 육성이나 관리는 여전히 부족하다. 그러나 왕홍이 소비에 미치는 영향력이 점차 커지고 있기 때문에 관련 매니지먼트기업은 더욱 증가할 것으로 예상된다.

<그림 11-3> 왕홍의 벨류체인

출처: iResearch: 한국콘텐츠진흥원(2016: 4)에서 재인용.

왕홍 매니지먼트는 왕홍의 형태에 따라 일반 매니지먼트, 전자상
거래 매니지먼트, 콘텐츠 제작 매니지먼트로 나누어진다. 가장 보편
적인 일반 매니지먼트는 기존 왕홍을 관리하고 왕홍을 육성하는 전
통적인 연예인 매니지먼트와 유사하다. 전자상거래 매니지먼트는 직
접적인 상품을 판매하는 왕홍을 위주로 관리하고 있으며, 주로 마케
팅에 주력하고 있다. 콘텐츠 제작 매니지먼트는 사진 또는 영상물
등 왕홍의 홍보를 위한 전문적인 콘텐츠를 제작하는데 주력하고 있
다(한국콘텐츠진흥원, 2016: 5).

종추앙왕(中创网)은 매년 10대 왕홍스타를 평판, 창조력, 영향력
등을 취합하여 중국 10대 왕홍을 뽑는다. 2016년 기준, 10대 왕홍에
TFBOYS, 王思聡, 鹿晗 등이 이름을 올렸다. TFBOYS는 베이징스타
펑쥔문화예술발전기업(北京时代峰峻文化艺术发展有限公司)가 만든 3
인조 소년 가수이다. TFBOYS는 인터넷스타로 이름을 날리다 주류
연예계로 진출한 경우이다. 王思聡은 국민왕홍(国民网红)이란 칭호를
받고 있으며 아버지가 부자인 금수저(富二代)임에도 다양하고 개성

된 삶이 인터넷에서 인기를 얻고 있다. 푸위안후이(傅园慧)는 원래 중국 국가대표 수영선수로, 2016년 리우데자네이루 올림픽 100m 배영 준결승에서 58로95로 개인최고기록을 세웠다. 시합 후 그녀는 인터뷰에서 다양한 재미난 표정을 보였고 단숨에 왕홍스타가 되었다. 그녀는 2016년 10대 왕홍스타에 선정 되었을 뿐만 아니라 같은 해 "중국의 10대 영향력 있는 90후 인물"에도 선정되었다. 10대 왕홍 가운데 남자 왕홍이 절반에 이르는 특징도 보이고 있다.

<표 11-3> 중국의 영향력 있는 10대 왕홍(2016)

순위	2016				
	이름	평판	창조력	영향력	종합
1	TFBOYS*	95.25	88.67	94.17	92.70
2	王思聪*	94.50	92.05	79.50	88.68
3	鹿晗*	90.58	95.64	81.04	87.76
4	傅园慧	92.27	90.74	80.17	87.73
5	章泽天	88.91	91.71	78.40	86.34
6	papi酱	91.85	92.40	69.99	83.41
7	姚尚坤*	87.40	84.98	71.71	81.36
8	凤姐	84.16	84.35	69.71	79.41
9	张天一*	85.42	82.29	65.99	77.70
10	滕雨佳	78.99	79.82	69.36	76.60

주: *는 남성
출처: 鲍文玉(2017.2.21).

저상촹터우(浙商创投) 이사장인 니민(倪敏)은 일부 왕홍은 한 달에 50만 위안(한화 8,500만 원) 심지어 100만 위안(한화 1억 6,900만 원)을 벌고 있으나 실제 콘텐츠가 부족하거나 혁신이 없기 때문에 미래 전망이 밝지 않다고 주장하였다. 왕홍이 지속적으로 발전하려면 콘텐츠를 개발하고 수준높은 마케팅이 되도록 혁신을 강구해야

한다고 주장하였다. 창동팡투자(创东方投资) 설립자인 샤오수이룽(肖水龙)은 왕홍마케팅은 실시간으로 유저와 소통하기 때문에 새로운 콘텐츠 제공이 중요하다. 그러나 현재 왕홍은 대부분이 인적자원에만 의존하고 있는데 이는 발전하는데 한계가 있다. 따라서 지금보다 업그레이드된 왕홍이 요구되는 시점이라고 밝혔다. 왕홍에 자본과 기업을 연계하고 왕홍을 브랜드화하는 전략이 필요하다고 주장하였다(皮成名, 2017.6.19.).

제12장 O2O시장의 발전과 신소매(新零售)의 출현

1. O2O시장의 발전

최근 오프라인 소매업체의 증가율 감소, 업종세분화, 비용압력의 증가, 전자상거래 마케팅 증가 등의 특징이 중국사회에 두드러진다. 그 가운데 온·오프라인이 결합된 O2O시장이 급속도로 확대되고 있다.

O2O서비스란 Online to Offline(线上到线下)의 약자로 온라인과 오프라인을 연결한 마케팅을 말한다. 이용자가 스마트폰 등 온라인으로 상품이나 서비스를 주문하면 오프라인으로 이를 제공하는 서비스이다. 정보통신기술의 발달과 인터넷의 보급 등으로 O2O서비스는 일상생활의 다양한 분야에서 볼 수 있다. 예컨대 음식배달, 택시 요청, 숙박예약 등이 이에 해당된다. 한국은 음식배달 주문서비스가 O2O의 형태로 이루어지고 있는데, 요기요, 배달통, 부탁해 등

의 음식주문 앱 등이 있으며, 카카오택시, 쏘카 등의 공유차량서비스도 이에 해당된다(NAVER지식백과).

<그림 12-1> O2O서비스 운영방식

출처: https://image.baidu.com

O2O서비스의 주체는 이용자(소비자, 用戶), O2O 앱(O2O应用), 오프라인소매점(线下商家)이다. 여기서 이용자를 중국에서는 线上(온라인)라 부르고 O2O서비스는 "线上到线下"라 부른다. 이용자가 O2O 앱을 통해 수요 의사(需求传递)를 표시하면 O2O서비스 플랫폼은 오프라인소매점에 제품을 판매하라는 신호(价值传递)를 보내게 된다. O2O플랫폼을 통해 이용자와 오프라인소매점이 실체(实体)와 가상(虚拟)을 연결하는(打通) 역할을 하는 것이다. 오프라인이 소비자와 연결되는 과정이 기존보다 빠르고 편리하기 때문에 O2O시장이 급속도로 발전하고 있다.

O2O서비스는 다음 세 가지 장점이 있다. 첫째, O2O서비스는 오프라인소매점의 브랜드가치와 서비스를 당지 소비자에게 전달하는 새로운 경로가 되었으며, 소매상의 비용을 절감시킨다. 동시에 온·오프라인에 소비행위를 자극하고 있다. 둘째, O2O서비스는 지불방식

의 변화와 이종업종 간의 연합판매시대를 열었다. O2O서비스는 대부분 온라인결제시스템을 이용하기 때문에 소매점 현장에서 물건 값을 지불하지 않는다. 소매점 입장에서 현금을 받거나 결제하는 과정을 생략할 수 있으며 위조지폐나 은행입금 등의 번거로움을 피할 수 있다. 또한 O2O 플랫폼은 다양한 업종의 거래가 이루어지기 때문에 공동판매가 가능하며 홍보효과도 있다. 셋째, O2O서비스는 소비자가 소재한 지역의 할인, 우대행사, 제품정보 등을 확인할 수 있기 때문에 소비자에게는 정확한 정보를 전달할 수 있고 소매점에게는 새로운 소비를 창출할 수 있다. O2O서비스는 온라인이라는 무한한 공간에서 제품을 구매하고 소재지 근처에서 물건을 수령하거나 서비스를 이용할 수 있는 새로운 마케팅방식이다(盘숙, 2017.8.21.). 중국도 한국과 마찬가지로 O2O시장은 음식배달, 차량공유, 여행 등 일상생활에 필요한 서비스를 중심으로 발달하고 있다. 특히 중국정부는 인터넷+ 정책의 일환으로 온-오프라인 상호연계를 통한 유통혁신과 산업고도화를 추진하면서 O2O산업을 육성하고 있다(구진경, 2017.1.16.).

중국의 O2O서비스는 2013년 6월 쑤닝(苏宁)이 온-오프라인의 제품가격을 동일하게 하고 온라인 주문과 오프라인 배송을 시작하면서 본격적으로 발전하기 시작하였다(Baidu百科). 중국정부의 O2O산업 발전을 위한 주요 정책은 다음과 같다. 2015년 3월 중국정부는 인터넷+정책을 통해 모바일 인터넷, 클라우딩 컴퓨터, 빅데이터, 사물인터넷(IoT)을 전통산업과 결합시켜 산업구조 혁신과 고도화를 추진하는 정책을 내놓으면서 O2O산업 발전에 힘을 불어 넣었다. 2015년 9월 중국정부는 <온-오프라인 상호연계를 통한 무역·유통 혁신발전과 산업고도화 추진에 관한 의견(关于推进线上线下互动加快

商贸流通创新发展转型升级的意见)>을 발표하고 도소매업, 물류업, 생활서비스업, 비즈니스 서비스업 등 분야에 온-오프라인 연계를 통한 산업고도화와 효율성 제고를 추진하였다. 2016년 4월에는 <인터넷+유통 행동계획에 관한 의견(互联网+流通"行动计划的意见)>을 발표하고 농촌 및 중소도시의 전자상거래 인프라 구축과 전통 유통업과 온-오프라인 융합을 통한 O2O 유통채널 구축을 적극적으로 지원하기 시작하였다(구진경, 2017.1.16.).

2. O2O 시장규모

<그림 12-2> 중국 O2O 시장규모(2011-2015)

(단위: 억 元)

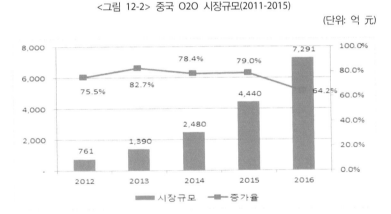

출처: Trustdata(2017.2.8).

중국의 O2O 시장규모는 2012년 761억 위안에서 2016년 7,291억 위안으로 연평균 75.9% 증가하였다. 2016년 전년대비 증가율이 64.2%로 증가율이 다소 하락하였으나 여전히 고속성장을 하고 있다. (구진경, 2017.1.16).

중국의 O2O서비스에서 가장 많이 이용한 서비스는 음식배달로 56.6%를 차지하고 있으며 이어서 차량공유 33.7%, 여행 31.7%, 신선식품 주문 11.6%를 차지하고 있다. 각 서비스별 연령대 비중을 보면, 음식배달은 주 이용자가 20세 미만-30대로, 각각 50.3%, 66.6%, 54.6%가 이용하였으며, 차량공유서비스는 20-30대가 주 이용자로 각각 37.8%, 35.1%를 차지하고 있다. 여행은 20-40대가 주 이용자로 각각 32.1%, 35.2%, 33.0%, 31.0%를 차지하면서 다양한 연령대가 온라인을 통해 여행서비스를 이용하는 것으로 나타났다.

<그림 12-3> 중국 O2O서비스 분야별 점유율 및 연령대 비중(2015)

		20세 미만	20대	30대	40대	50대	60대 이상
음식	56.6%	50.3%	66.6%	54.6%	37.4%	35.4%	35.1%
차량공유	33.7%	25.2%	37.8%	35.1%	25.5%	26.0%	27.6%
여행	31.7%	21.2%	32.1%	35.2%	33.0%	31.0%	24.7%
신선식품	11.6%	7.5%	10.9%	15.0%	10.7%	10.2%	14.9%
부동산	11.4%	7.5%	12.2%	11.7%	12.4%	10.6%	7.5%
내부장식	6.9%	7.7%	6.4%	7.1%	7.3%	8.0%	6.3%
자동차	4.8%	3.9%	4.8%	7.8%	7.0%	7.8%	4.0%
가사관리	4.3%	3.9%	3.6%	4.6%	5.3%	8.7%	6.3%
미용	3.0%	4.4%	3.0%	2.5%	2.0%	3.5%	5.7%

주: 조사대상 11,261명
출처: 腾讯网.企鹅智酷: 정주용·모비인사이드(2016.1.5)에서 재인용.

조사대상 가운데 70.9%가 O2O서비스를 이용한 경험이 있으며, 특히 20대는 75.9%, 30대는 75.0%로 2-30대의 청년층이 주로 O2O 서비스를 이용하는 것으로 나타났다. 직업면에서 보면, 사무직(화이트컬러)이 87.9%로 가장 높고 노동자(블루컬러)가 72.0%, 회사원이 71.9%, 학생이 71.6%로 비교적 높은 이용률을 보였다. 도시규모면

에서는 직할시 및 성도(성 소재지)가 82.7%로 가장 높고 도시규모
가 작아질수록 낮게 나타났다. 학력은 4년제 대학 이상이 82.8%로
가장 높고 전문대, 고등학교 학력이 각각 75.2%, 64.4%를 차지하였
다. 결론적으로 중국의 O2O서비스는 대도시의 4년제 대학 이상의
학력을 가진 청년 회사원이 주도적으로 이용하는 것을 알 수 있다.

중국의 O2O 시장은 란런(懶人)경제시대를 맞아 대도시의 회사원
을 중심으로 발전하고 있다. 란런경제란 "게으른 자(懶人)"들이 늘어
나면서 이들의 수요를 만족시키는 상품이나 서비스산업이 활성화되
는 것을 말한다. 게으른 자는 바쁜 일상 때문에 가사노동시간을 최
대한 줄이는 도시인, 배달음식을 시키는 회사원과 소비자를 지칭한
다. 이들은 스마트폰 보급과 함께 음식배달 식품배달 등 앱으로 일
상생활을 유지하면서 O2O시장을 산도하고 있다. KOTRA 베이징무
역관에 따르면, 중국은 란런이 증가하는 현상에 발맞춰 로봇청소기,
토스터기, 커피머신 등 소형가전과 도심 내 O2O서비스시장이 급속

<그림 12-4> 중국 O2O서비스 이용률(2015)

주: 조사대상 11,261명
출처: 腾讯网.企鹅智酷; 정주용·모비인사이드(2016.1.5)에서 재인용.

도로 성장하고 있다(강은영, 2017.8.1).

3. O2O 플랫폼과 BAT기업

중국의 O2O 시장은 온라인을 기반으로 한 거대 IT기업뿐만 아니라 전통적인 오프라인 유통기업들도 뛰어들면서 각 기업의 각축장이 되고 있다. BAT(Baidu, Alibaba, Tencent)로 대표되는 중국의 거대 IT기업들은 이미 O2O시장을 주도하며 시장의 지배력을 높이고 있다. 바이두(Baidu)는 2015년 6월 향후 200억 위안(한화 3조 4,000억 원)을 생활서비스 앱에 투자할 것을 밝혔고 알리바바(Alibaba)는 유통업체인 쑤닝윈상(苏宁云商) 지분 20%를 확보하면서 오프라인시장에 적극적으로 진출하고 있으며, 온-오프라인 통합 운영시스템을 건설하기 위해 메이투안(美团, 소셜커머스), 어러머(饿了么, 외식예약)등과 같은 O2O서비스기업을 인수합병하고 있다. 텐센트는 부동산 O2O서비스기업인 58통청(58同城, 부동산정보)의 지분 20%를 인수한데 이어 따쫑디엔핑(大众点评, 음식, 오락, 레져 등 할인쿠폰 제공)을 인수하였다(구진경, 2017.1.16.).

따쫑디엔핑은 중국 최대 생활정보 및 거래 사이트이다. 2003년 중국 지역 서비스 소비자 평가 웹에서 출발하여 지금은 맛집의 메뉴, 위치, 가격, 소비자평가뿐만 아니라 공동구매, 예약, 포장주문, 온라인 할인쿠폰 등 다양한 서비스를 제공하며 중국 O2O 플랫폼의 선두주자로 자리잡았다. 2016년 1월 메이퇀-따쫑디엔핑의 앱인 "따쫑디엔핑"은 2015년 텐센트가 선정한 가장 사랑받는 10대 앱에 선정되었고 음식-헬스류 앱에서 유일하게 선정되었다(Baidu百科).

<그림 12-5> 중국의 O2O플랫폼

大众点评

饿了么

출처: https://image.baidu.com

　어러머(배고파?, 饿了么)는 O2O플랫폼에서 음식(음식, 반찬, 도시락 등 포함)을 주문하고 배송을 받거나 소매점에서 직접 주문음식을 수령하게 하는 O2O서비스 플랫폼이다. 어러머는 2009년 설립되었으며, 2017년 6월 기준, 전국 2,000여 개 도시에서 서비스가 가능하며 130만 개의 가맹점을 보유하고 있으며 이용자는 2.6억 명에 달한다(Baidu百科). 어러머는 현재 배달앱 전성시대에 점유율 1위를 차지하고 있다. 어러머는 2015년 텐센트, 징동, 미국 세콰이어캐피탈로부터 3억 5,000만 달러를 투자받았고 2014년에는 따쫑디엔핑으로부터 8,000만 달러를 투자받았다. 그만큼 어러머는 성장성을 인정받고 있는 것이다(한국인터넷진흥원, 2015: 12-13).

　BAT기업은 O2O시장의 다양한 업종에 포진해 있다. 접속포탈로부터 음식, 여행, 차량공유서비스, 문화서비스, 결제시장까지 진출해 있으며, BAT기업은 O2O서비스에 기반한 기업들이다.

<그림 12-6> BAT기업의 O2O생태계

출처: https://image.baidu.com

알리바바(阿里巴巴)는 1999년 저장성 항저우시에서 현재 회장인 마윈을 포함한 18명이 설립하였다. 알리바바는 인터넷을 통해 시장 경쟁에 참여하였고 인터넷소비에 강점을 가지면서 세계적인 기업으로 성장하였다. 2017년 회계연도 기준, 1,587.7억 위안(한화 26.9조 원)의 매출과 578.7억 위안(한화 9.8조원)의 순이익을 달성하였다. 바이두(百度)는 2000년 베이징시의 중관촌(中关村)에서 리옌훙(李彦宏)회장이 검색엔진기술을 토대로 설립하였다. 2016년 말 기준, 바이두는 705.5억 위안(한화 12조원)을 달성하였다. 텐센트(腾讯)는 1998년 마화텅(马化腾) 등 5인이 선쩐시에 설립하였으며, 중국 최대의 인터넷종합서비스기업 중의 하나이다. 텐센트는 SNS와 통신서비스인 QQ와 위쳇(微信, WeChat), SNS플랫폼인 QQ쿵지엔(QQ空间) 등을 보유한 중국을 대표하는 인터넷종합서비스기업이다. 2016년 말 기준, 1,519.4억 위안(한화 25.7조원)의 매출을 올렸다(Baidu百科). 온라인을 기반으로 한 비즈니스모델을 혁신하고 새로운 신업을 창출시키는데 BAT기업은 대단히 유리한 조건을 갖추고 있으며

O2O시장의 최강자에 자리 잡고 있다.

4. 신소매의 출현과 발전

신소매(新零售)는 O2O서비스보다 한 단계 발전된 유통형태로, 기업이 온라인을 기반으로 빅데이터, AI(인공지능) 등 IT기술을 통해 제품의 생산, 유통과 판매 등 전 과정을 융합하는 새로운 소매판매 방식을 말한다. 신소매는 온라인서비스, 오프라인 체험, 현대 물류방식 등이 모두 결합되어 있다(Baidu百科). 신소매란 알리바바의 마윈(马云)회장이 2016년 언급한 개념으로, 온라인+오프라인+물류의 세 분야를 융합한 전자상거래를 대체하는 미래유통의 모델을 말한다.

<그림 12-7> 신소매의 개념

출처: 김봉철(2017.6.1).

중국의 전자상거래를 대표하는 두 기업인 알리바바와 징동이 온오프라인을 통합하는 신소매에 적극적으로 나서고 있는데, 특히 알리바바는 동네 상권부터 대형 백화점까지 자사의 유통망에 편입시키며 신소매 분야의 1인자로 부상하고 있다. 특히 주택가에 위치한 소규모점포들을 신소매와 연계시키면서 중국의 소비유통망을 장악하고 있으며, 도시뿐만 아니라 농촌지역에도 유통망을 확대시키고 있다. 징동은 자사 편의점 100만개 목표를 세웠으며 그 가운데 절반을 농촌지역에 구축하여 중국 각 지역을 공략하고 있다(이동현, 2017.8.21)

신소매의 등장은 중국 유통업계의 획기적인 변화를 발생시키고 있다. 중국의 소매유통산업은 다음 4단계의 과정으로 발전하였다. 1단계는 1990년대 말까지로, 이 시기에는 시장, 슈퍼마켓, 대형마트 등이 소매유통을 주도하였다. 소비자가 원하는 제품을 소비자가 직접 찾아가서 구매하고 직접 배송하는 시스템이었다. 1990년 말부터 인터넷과 PC의 보급이 확대되고 이를 기반으로 한 전자상거래가 시작되면서 오란인 유통망이 성립되기 시작하였다. 2000-2010년 기간은 전자상거래가 소매에 중요한 위치를 시작하는 첫 단계이다. 타오바오, 징동 등이 이 시기에 사업영역을 넓히고 유통업계의 강자로 등장하기 시작하였다. 2010-2015년은 전자상거래기업과 기존 오프라인소매점들이 서로 경쟁하기 사작하였으며, 그 가운데 기존 소매업체들이 온라인에 속속 진출하기 시작하였다. 2016년 이후는 전자상거래기업이 오프라인에 진출하기 시작하였으며, O2O서비스가 소매유통의 주도권을 잡기 시작하였다. 알리바바와 징동이 O2O시장에서 강자로 부상하였다. 특히 신소매라는 O2O서비스보다 진보된 소매유통이 출현하면서 온-오프라인의 협력이 대세를 이루고 있다.

<표 12-1> 중국 소매유통의 발전과정

시기	내용
1990년대 말까지	• 시장, 슈퍼마켓, 대형마트 • 2000년대 들어 전자상거래 등장으로 직격탄
2000-2010년	• 전자상거래가 소매 장악 • 타오바오, 징동, 당당왕, 메이투안 등이 유통업계 강자로 등장
2010-2015년	• 기존소매업체의 온라인화 진행 • 전자상거래업체와 기존 소매업체의 경쟁 심화
2016년 이후	• 전자상거래업체의 오프라인 공략 출현 • 알리바바와 징둥상청이 주도 • 전자상거래업체와 오프라인 유통업체가 투자 혹은 협력 강화 • O2O서비스에 첨단기술을 더한 신소매가 유통의 새로운 트렌드로 성장 중

출처: 강소영(2017.7.21)을 필자가 정리

신소매는 인터넷의 편리함, 혁신성과 오프라인의 장소가 제공하는 쇼핑의 즐거움을 함께 제공할 수 있다는 점에서 기존 오프라인과 전자상거래와 차별성이 있다. 알리바바의 마윈회장이 신소매의 핵심으로 "사람, 사물, 장소"를 꼽는 것도 이 때문이다. 신소매의 구제척인 특징은 다음과 같다. 첫째, 기존의 전자상거래와 달리 체험을 통한 즐거움과 선택이 가능하다는 점이다. 대표적인 것이 무인편의점인 벤리펑(便利蜂)과 신선식품 유통기업인 허마센성(盒马鲜生) 등이다. 이들은 스마트폰을 통해 본인확인을 거친 후 입장하고 물건을 담아서 별도의 계산대에서 QR 코드를 이용해 직접 결제하는 방식으로 운영된다(강소영, 2017.7.21).

둘째, 신소매는 새로운 소비트렌드를 만들어가고 있다. 직원이 없는 편의점, 현금이 필요 없는 모바일결제, 나아가 결제행위가 필요 없는 완전 자동화 쇼핑, 초고속 배송, 드론을 통한 배송 등 중국의 소비자는 혁명에 가까운 소비트렌드를 경험하고 있다. 알리바바는

2107년 8월 항저우에서 열린 타오바오 메이커페스티벌에서 "필림고 영화관"을 선보였는데, 필림고 영화관에서 관객은 편하게 침대에 누워 공짜 영화를 감상하면서 영화 속에 나오는 다양한 PPL 상품을 침대 옆 구매버튼을 눌러 구매할 수 있다(강소영, 2017.7.21.).

<그림 12-8> 신소매의 다양한 형태

| 便利蜂 | 淘咖啡 |

출처: https://image.baidu.com

알리바바는 무인슈퍼마켓인 타오까페(淘咖啡)를 2017년 7월 런칭하였다. 타오까페(淘咖啡)는 물건을 고른 후 별도의 결제 없이 가방에 담아 매장을 떠나면 자동으로 모바일결제가 진행된다. 타오까페는 중국에 무인계산이라는 새로운 유통방식을 실험하고 있는 곳이다. 기존의 소매연쇄점이든 전자상거래든 O2O서비스든 미래 소매유통의 승패는 비용절감과 소비자의 체험에 달려 있다고 마윈은 주장한다. 소비자에게 조금이라도 싼 가격에 제품을 제공할 수 있어야하며 소비자는 단순히 정적으로 제품을 배송 받거나 구매하는 것이 아니라 편리한 제품구매체험, 원스톱계산 체험, 먹고 마시는 체험 등을 소비자에게 제공해야 한다는 것이다. 이미 미국의 아마존은 아마존 고(Amazon GO)라는 무인편의점을 세계 최초로 설립하여 운영하고 있다(赵正, 2017.8.27). 신소매는 단순히 소비자가 상점에 들러 원하는 물건을 사가는 것이 아니라 소비자가 상점에 들러 제품을 사게끔 유도하는 것이라 할 수 있다. 무인슈퍼마켓은 첨단기술을 통해 이를 실현하는 하나의 실험이며 앞으로 미래 소매유통의 발전방향이라고 할 수 있다.

참고문헌

강동균, "공유 없는 중국 공유경제 기업들이 자전거·우산 대량 구입해 대여"「한국경제」, 2017.8.25.

강소영, "중국 3차 유통혁명 신소매가 제시하는 미래형 소비",「뉴스핌」, 2017.7.21.

강은영, "중국은 '란런(懶人)경제'시대 찾아가는 O2O 서비스가 대세",「산업일보」, 2017.8.1.

구진경, "중국 O2O 시장 현황과 정책적 시사점",「I-KIET 산업경제이슈」2017-03호, 2017.1.16.

권애라, "IT비지니스 발전에 따른 공유경제 성장 전망 및 시사점",「산업은행경제연구소 산은조사월보」제689호, 2013.

김봉철, "마윈, '신소매' 앞세워 오프라인 유통 정복",「아주경제」, 2017.6.1.

김수한·신문경, "중국 공유경제의 발전과 특징-기본 형황 및 전책 환경",「INChinaBrief」Vol.343, 2017.7.17.

김정덕·김정주, "중국 오너라인 마케팅의 핫이슈, 왕홍 이렇게 활용하라",「한국무역협회 TRADE FOCUS」2016년 46호, 2016.

박준호, "패션·뷰티 O2O 업체 '이투스네트웍', 중국 마케팅社와 손잡고 '왕홍 마케팅' 나서",「브릿지경제」, 2017.8.18.

백진규, "스마트폰이 빚어낸 기적, 중국 페이(Pay)경제",「뉴스핌」, 2017.8.23.

이동현, "포스트 전자상거래 신소매 중국 유통질서 재편 가속",「뉴스핌」, 2017.8.21.

이민정, "중국 경제 신패러다임 왕홍, 그들은 누구?",「아이뉴스24」, 2016.8.28.

이승환, "중국인들의 라이프스타일 송두리째 바꾼 모바일결제서비스 대해부",「차이나랩」, 2016.

정영일, "중국 온라인 쇼핑시장 공략 3대 키워드는 'C2C플랫폼, 운영대행사, 왕홍마케팅',「전자신문」, 2017.8.13.

정주용·모비인사이드, "2015-2016 텐센트 인터넷 트렌드 보고서", http://www.mobiinside.com, 2016.1.5.

한국경제, "중국 SNS 스타 '왕홍' 7인 한국 상륙 8일간 MCT 프로젝트 참여",「한국경제」, 2017.8.25.

한국금융연구원, "중국 모바일결제시장 급성장과 부작용, 「한국금융연구원 주간금융브리프」25권22호, 2016.

한국무역협회 성도지부, "최근 중국 공유경제의 발전현황 및 시사점", http://www.kita.net, 2017.4.

한국인터넷진흥원, 「Industrial Internet Issue Report OSO편」, 2015.

한국콘텐츠진흥원, "대한민국 영토, 콘텐츠로 넓힌다", 「중국콘텐츠산업동향」 21호, 2016.

허재철, "정부도 떨게 하는 중국 인터넷 여론, 「프레시안」, 2015.2.5.

홍석윤, "중국인 84%, 현금 없이 전화기만 있어도 만사OK", 「이크노믹리뷰」, 2017.8.1.

DMC MEDIA, "2016 모바일 간편 결제 서비스시장 현황과 전망", 「DMC REPRT」, 2016.10.24.

艾瑞咨询, "2016年中国网络购物行业监测报告", http://www.199it.com, 2016.7.3.

_____, "艾媒报告:支付宝财付通双寡头 仅2成网民看好苹果发力中国支付市场", 「观察者」, 2017.8.10.

蔡晓卿, "80后去年人均 "刷宝"12万元 移动支付变革引领消费升级 ", 「通信信息报」, 2017.7.13.

丁汀·白禹·刘潺, "你好 分享经济", 「经济日报」, 2017.7.3.

李方明, "移动支付市场参与者分析与展望", 「时代金融」2017年 第01期, 2017.

李琪, "共享医生来了 湖南首个移动医疗平台建立", 「华声在线」, 2017.8.27.

刘艳秋, "浅谈移动支付的发展现状及问题分析", 「科技与创新」2017年 第11期, 2017.

牛瑞瑞, "我国移动电子商务发展状况及对策研究", 「信息与电脑」2016 年第 20 期, 2016.

盘爷, "城市门户:带你领略O2O市场魅力, 「剑客网」, 2017.8.21.

鲍文玉, "2016中国十大网红排行榜出炉 TFBOYS组合夺冠", 「中创网」, 2017.2.21.

皮成名, "网红经济需要模式转换", 「信息时报」, 2017.6.19.

邱琼·韩炜, "2016年中国移动消费分析", 「中国流通经济」 第31卷 第1期, 2017.

王楠, "首家共享单车倒闭!悟空单车退出共享单车市场", 「环球网科技」, 2017.6.22.

徐沙沙·谭江涛, "我国分享经济发展现状的研究", 「观察评论」, 2016.

张连浩, "网络购物所带来安全问题及解决策略", 「网络安全技术与应用」2017(4), 2017.

张颖洁, "分享经济热潮下纠纷不断　消费维权亟需监管完善", 「通信信息报」, 2017.3.15.

赵正, "无人店: 新零售实践样本", 「中国经营报」, 2017.8.27.

郑永彪·王丹, "基于移动互联网背景的分享型经济发展探析", 「北京市经济管理干部学院学报」第30卷　第2期　总第109期, 2015.

中国产业信息, "2017年Q1中国电子商务行业发展情况分析", http://www.chyxx.com/industry/201707/542462.html, 2017.7.19.

中国百货商业协会, "2016年上半年全国百家重点大型零售企业零售额同比下降3.2%", http://www.ccagm.org.cn/, 2016.

周雷, "国家发展改革委有关负责人解读关于促进分享经济发展的指导性意见", 「经济日报」, 2017.7.26.

Anaiysys 易观&蘑菇街, "2016中国网红经济下的女性社会化电商发展", http://www.useit.com.cn, 2016.11.3.

Boston Consulting Group, "Understanding China's E-commerce Market", http://www.wumingland.com, 2013.5.2.

CNNIC, "2016年中国网络购物市场研究报告", http://research.cnnic.cn/, 2017.1.

_____, "2015年中国网络购物市场研究报告", http://research.cnnic.cn/, 2016.6.

_____, "第33次-40次中国互联网发展状况统计报告", http://www.cnnic.net.cn/

Lawrence Lessig, "REMIX: Making Art and Commerce Thrive in the Hybrid Economy", Bloomsbury Publishing: London, 2008.

TINGYI CHEN, "2017 China 3rd Party Mobile Payment Report", 「New WeChat features」, 2017.6.25.

Trustdata(移动数据监测公司), "2016年O2O整体交易规模达4231亿", http://www.ebrun.com/20170208/213482.shtml, 2017.2.8.

이중희

(현) 부경대 중국학과 교수
(전) 연세대 경영학 학사 및 미국 브라운대 사회학 박사
(전) 부경대 국제지역연구학회 회장
(전) 부경대 국제교류본부장
(전) 북경대, 중국인민대, 중산대 방문학자 역임
(전) 대우경제연구소 연구위원
(전) 현대중국학회 부회장 및 편집위원장
(전) 부산중국연구회 회장
(전) 중국 관련 공동저서와 논문을 수십편 발표
『차이나 인사이트』산지니, 2014년 11월(공저).
『현대중국사회』세종출판사, 2009년 9월(공저).
『현대중국의 이해』나남, 2005년 10월(공저)
"중국의 산자이 열풍과 지적재산권문제: 국가와 이해당사자," 『아시아연구』14(2),
2011년 6월.

김경환

(현) 부산대 중국연구소 전임연구원
(현) 중국지역학회 사무차장
부경대 국제지역학박사 중국응용지역경제 전공
「중국 농촌토지에 건설된 소산권주택의 재산권 처리방안에 관한 연구」(2017). 공동연구
「중국 국가급신구의 증가에 따른 유령도시화 현상 검토」(2017). 공동연구
「중국 농촌토지 사용권의 시장화 추진방향에 관한 연구」(2015)
「중국 농촌토지개혁 중에 출현한 소산권 주택의 경제적 기능에 대한 논쟁과정 검토」
(2015). 공동연구
「중국신토지 개혁 이후 농민소득 변화 분석 -충칭시 지표(地票)제도를 중심으로」
(2014). 공동연구
「중국 농민공의 계층분화 과정과 보유자원 현황」(2014)
『차이나 인사이트』산지니(2014). 공저 그 외 다수

김성자

(현) 부경대 중국학과 시간강사
부경대 대학원 국제지역학과 국제지역학박사
창원대 대학원 중국학과 중국학석사
『베이징시 문화소비의 추세와 소득계층별 특징 연구』(2017), 부경대학교 대학원 국제지역학과 박사학위논문
「중국 도시주민의 문화소비에 대한 소비행위 변화; 베이징시 주민 대상 심층면담을 중심으로」(2016), 공동연구
「중국 베이징시 교통·통신비의 소비구조변화」(2014), 공동연구
「베이징시 소득계층별 문화소비추세 분석; 해외여행소비를 중심으로」(2014), 공동연구
「베이징시의 문화소비추세와 공연예술산업 발전관계」(2014), 공동연구
『중국내 반한류 현상에 대한 연구』(2009), 창원대학교 대학원 중국학과 석사학위논문

환태평양시대 중국소비론

초판인쇄 2018년 3월 5일
초판발행 2018년 3월 5일

지은이 이중희·김경환·김성자
펴낸이 채종준
펴낸곳 한국학술정보㈜
주소 경기도 파주시 회동길 230(문발동)
전화 031) 908-3181(대표)
팩스 031) 908-3189
홈페이지 http://ebook.kstudy.com
전자우편 출판사업부 publish@kstudy.com
등록 제일산-115호(2000. 6. 19)

ISBN 978-89-268-8354-9 93330